DEBT FINANCING EARNINGS QUALITY AND CAPITAL ALLOCATION EFFICIENCY

李庆德 著

债务融资、盈余质量与资本配置效率

企业管理出版社
EMPH ENTERPRISE MANAGEMENT PUBLISHING HOUSE

图书在版编目（CIP）数据

债务融资、盈余质量与资本配置效率 / 李庆德著 .—北京：企业管理出版社，2022.7
ISBN 978-7-5164-2608-1

Ⅰ. ①债⋯ Ⅱ. ①李⋯ Ⅲ. ①企业债务 – 企业融资 – 研究 – 中国②企业管理 – 资本经营 – 研究 – 中国 Ⅳ. ① F279.23

中国版本图书馆 CIP 数据核字（2022）第 072283 号

书　　名： 债务融资、盈余质量与资本配置效率
书　　号： ISBN 978-7-5164-2608-1
作　　者： 李庆德
策划编辑： 侯春霞
责任编辑： 侯春霞
出版发行： 企业管理出版社
经　　销： 新华书店
地　　址： 北京市海淀区紫竹院南路 17 号　　**邮编：** 100048
网　　址： http://www.emph.cn　　**电子信箱：** pingyaohouchunxia@163.com
电　　话： 编辑部18501123296　　发行部（010）68701816
印　　刷： 北京虎彩文化传播有限公司
版　　次： 2022年7月第1版
印　　次： 2022年7月第1次印刷
开　　本： 710mm × 1000mm　　1/16
印　　张： 13.75印张
字　　数： 211千字
定　　价： 75.00元

前　言

盈余信息能直观反映企业的盈利能力、偿债能力等财务信息，是债权人做出信贷决策、投资者做出投资决策的重要依据。现有研究已经证实，高质量的盈余信息能够降低信息供需双方的信息不对称程度，进而提升企业的资本配置效率。从债务融资的视角来看，绝大部分研究表明企业债务融资可以抑制股东和经理之间的代理冲突，部分研究则表明企业债务融资可能加大股东与债权人之间的利益冲突，加剧企业的非效率投资问题。从既有的盈余质量影响企业资本配置效率的相关研究成果来看，现有研究既没有细致考察盈余质量对非效率投资的具体形式（投资过度或投资不足）的影响及其机理，也没有考虑企业盈余质量和债务融资两种治理方式对企业资本配置效率影响的替代抑或互补作用，更没有细致考察债务融资比例和债务融资类型的治理差异及其对盈余质量与企业资本配置效率关系的影响。

针对上述研究不足，本书在检验盈余质量对资本配置效率影响的基础上，分别从融资约束路径、代理冲突路径以及二者的双重路径研究盈余质量对资本配置效率的影响机理。然后，分别从债务融资比例和债务融资类型两个维度进一步考察企业债务融资对盈余质量与资本配置效率的关系是否存在增量影响，以及其影响是否视企业投资过度或投资不足而存在差异。在广泛借鉴国内外相关研究的基础上，本书综合运用定性与定量研究相结合、规范与实证研究相结合的方法，系统研究了债务融资、盈余质量和资本配置效率之间的关系，研究结果具体如下。

（1）盈余质量与资本配置效率显著正相关，但这种关系在不同性质的企业中存在着差异。其中，相对于国有企业，非国有企业中盈余质量对资本配置效率的影响更为明显。分组检验发现，随着企业盈余质量的不断提高，企业投资不足或者投资过度的情况将得到缓解。

（2）高质量的盈余信息可以通过缓解融资约束、减少代理冲突来提高资本配置效率，即融资约束和代理冲突是盈余质量影响资本配置效率的中介变量。融资约束的中介作用在盈余质量对投资不足公司资本配置效率的影响中更为突出，代理冲突的中介作用则在盈余质量对投资过度公司资本配置效率的影响中更为突出。当同时考虑融资约束和代理冲突两大中介变量时，发现两者在盈余质量影响资本配置效率的机制中具有显著的双重中介效应，同时两者在盈余质量影响投资不足或投资过度的机制中都具有显著的双重中介效应。

（3）债务融资比例与盈余质量、资本配置效率均呈倒“U”型关系。当债务融资比例较低时，债务融资的积极治理效应占优势，即债务融资可以减少公司的盈余管理行为，提高公司的盈余质量，同时提高公司的资本配置效率；随着债务融资比例的提高，债务融资的负面效应开始占优势，即债务融资降低了盈余质量，同时降低了资本配置效率。将样本分为投资不足和投资过度两个子样本进行研究发现，债务融资比例与投资不足呈“U”型关系，与投资过度呈倒“U”型关系，进而证明了债务融资比例对不同形式的非效率投资（投资过度或者投资不足）的治理效果存在着显著差异。同时检验债务融资比例、盈余质量对资本配置效率的影响发现，随着债务融资比例的提高，盈余质量的改善对投资不足的缓解效应将会弱化，盈余质量的改善对投资过度的抑制作用也会降低。

（4）不同类型债务融资的治理效果存在着明显差异。银行贷款和企业债券融资与资本配置效率显著正相关，商业信用融资与资本配置效率显著负相关。进一步将样本分为投资不足和投资过度两个子样本，分别进行检验发现，不同的债务融资类型对企业盈余质量和资本配置效率的影响有所不同。在投资不足样本中，银行贷款虽然可以抑制公司的投资不足，但是这种抑制作用不显著。而商业信用融资显著抑制了公司的投资不足，提高了公司的投资水平。企业债券融资不仅不能缓解公司的投资不足问题，一定程度上还加重了公司的投资不足问题。在投资过度样本中，银行贷款使公司投资加大，恶化了公司的过度投资问题。商业信用融资显著抑制了公司的过度投资，提高了公司的投资水平。企业债券融资虽然加大了公司过度投资的程度，但是这种作用并不显著。相比于投资过度样本，债务融资类型和盈余质量对投资不足样本的影响更为突出。

基于上述研究结论，本书认为企业应合理安排债务融资规模和债务融资类型，完善内部治理结构，提高企业盈余质量，降低融资约束程度，减少企业的投资不足问题，提高资本配置效率。此外，国家监管层面则需要实施有效监管，优化投融资市场环境，并加强对金融监管的顶层设计和强化企业政策信息披露机制，遏制盈余管理活动，减少企业的机会主义行为。

目录

1 绪论 …… 1
1.1 研究背景及问题提出 …… 1
1.2 研究意义 …… 3
1.2.1 理论意义 …… 3
1.2.2 实践意义 …… 4
1.3 文献综述 …… 4
1.3.1 盈余质量与资本配置效率的文献综述 …… 5
1.3.2 盈余质量对资本配置效率影响路径的文献综述 …… 8
1.3.3 债务融资与盈余质量的文献综述 …… 9
1.3.4 债务融资与资本配置效率的文献综述 …… 14
1.3.5 文献评述 …… 17
1.4 研究思路与技术路线 …… 19
1.4.1 研究思路 …… 19
1.4.2 技术路线 …… 19
1.5 研究内容与研究方法 …… 20
1.5.1 研究内容 …… 20
1.5.2 研究方法 …… 21
1.6 本书特色及创新之处 …… 22

2 概念界定与理论基础 …… 23
2.1 概念界定 …… 23
2.1.1 盈余质量 …… 23
2.1.2 债务融资 …… 24

2.1.3 资本配置效率 …… 26
2.2 理论基础 …… 27
2.2.1 委托代理理论 …… 27
2.2.2 信息不对称理论 …… 29
2.2.3 债务契约理论 …… 31
2.2.4 会计盈余功用论 …… 32
2.3 本章小结 …… 34

3 盈余质量与资本配置效率 …… 35
3.1 引言 …… 35
3.2 理论分析与假设提出 …… 37
3.2.1 盈余质量与资本配置效率 …… 37
3.2.2 产权性质、盈余质量与资本配置效率 …… 39
3.3 研究设计 …… 40
3.3.1 样本选择与数据来源 …… 40
3.3.2 变量定义 …… 40
3.3.3 实证模型设定 …… 43
3.4 变量的描述性统计和相关性分析 …… 45
3.4.1 变量的描述性统计 …… 45
3.4.2 相关性分析 …… 49
3.5 多元回归结果及分析 …… 51
3.5.1 盈余质量对资本配置效率的回归结果及分析 …… 51
3.5.2 盈余质量对投资不足的回归结果及分析 …… 54
3.5.3 盈余质量对投资过度的回归结果及分析 …… 56
3.5.4 产权性质、盈余质量与资本配置效率的回归结果及分析 …… 58
3.5.5 产权性质、盈余质量与投资不足的回归结果及分析 …… 61
3.5.6 产权性质、盈余质量与投资过度的回归结果及分析 …… 63
3.6 稳健性检验 …… 66
3.7 本章小结 …… 77

4 盈余质量影响资本配置效率的机制检验 …… 78
4.1 引言 …… 78
4.2 基于融资约束的中介效应检验 …… 80
4.2.1 样本选择与数据来源 …… 80
4.2.2 变量定义与实证模型设定 …… 80
4.2.3 变量的描述性统计和相关性分析 …… 83
4.2.4 实证检验结果与分析 …… 87
4.3 基于代理冲突的中介效应检验 …… 93
4.3.1 样本选择与数据来源 …… 93
4.3.2 变量定义与实证模型设定 …… 94
4.3.3 实证检验结果与分析 …… 95
4.4 基于融资约束和代理冲突双重路径的综合检验 …… 105
4.4.1 样本选择与数据来源 …… 106
4.4.2 变量定义与实证模型设定 …… 106
4.4.3 实证检验结果与分析 …… 107
4.5 本章小结 …… 113

5 债务融资比例、盈余质量与资本配置效率 …… 115
5.1 引言 …… 115
5.2 理论分析与研究假设 …… 117
5.2.1 资本配置效率较低的成因 …… 117
5.2.2 债务融资比例与资本配置效率 …… 118
5.2.3 债务融资比例与盈余质量 …… 119
5.2.4 债务融资比例、盈余质量与资本配置效率 …… 121
5.3 研究设计 …… 122
5.3.1 主要变量选择 …… 122
5.3.2 样本数据来源 …… 123
5.3.3 实证模型设定 …… 123
5.4 变量的描述性统计和相关性分析 …… 124

5.4.1 变量的描述性统计 …… 124
5.4.2 相关性分析 …… 128
5.5 多元回归分析 …… 130
5.5.1 债务融资比例对资本配置效率影响的检验结果分析 …… 130
5.5.2 债务融资比例对投资不足影响的检验结果分析 …… 132
5.5.3 债务融资比例对投资过度影响的检验结果分析 …… 133
5.5.4 债务融资比例对盈余质量影响的检验结果分析 …… 135
5.5.5 债务融资比例、盈余质量与资本配置效率的检验结果分析 … 137
5.5.6 债务融资比例、盈余质量与投资不足的检验结果分析 …… 140
5.5.7 债务融资比例、盈余质量与投资过度的检验结果分析 …… 143
5.6 稳健性检验 …… 146
5.7 本章小结 …… 147

6 债务融资类型、盈余质量与资本配置效率 …… 148
6.1 引言 …… 148
6.2 理论分析与研究假设 …… 149
6.2.1 债务融资类型与资本配置效率 …… 149
6.2.2 债务融资类型与盈余质量 …… 151
6.2.3 债务融资类型、盈余质量与资本配置效率 …… 152
6.3 研究设计 …… 153
6.3.1 主要变量选择 …… 153
6.3.2 样本数据来源 …… 153
6.3.3 实证模型设定 …… 154
6.4 变量的描述性统计和相关性分析 …… 155
6.4.1 变量的描述性统计 …… 155
6.4.2 相关性分析 …… 158
6.5 多元回归分析 …… 160
6.5.1 债务融资类型对资本配置效率影响的检验结果分析 …… 160
6.5.2 债务融资类型对投资不足影响的检验结果分析 …… 162

6.5.3 债务融资类型对投资过度影响的检验结果分析 …………… 164
6.5.4 债务融资类型对盈余质量影响的检验结果分析 …………… 165
6.5.5 债务融资类型、盈余质量与资本配置效率的检验结果分析… 167
6.5.6 债务融资类型、盈余质量与投资不足的检验结果分析 …… 170
6.5.7 债务融资类型、盈余质量与投资过度的检验结果分析 …… 172
6.6 稳健性检验 ………………………………………………… 175
6.7 本章小结 ………………………………………………… 175

7 研究结论与启示 ………………………………………………… 177
7.1 研究结论 ………………………………………………… 177
7.2 研究启示 ………………………………………………… 179
7.2.1 基于政府监管视角的研究启示 ………………………… 180
7.2.2 基于企业视角的研究启示 ……………………………… 181
7.2.3 基于债权人视角的研究启示 …………………………… 181

参考文献 ………………………………………………………… 183

1 绪论

1.1 研究背景及问题提出

盈余信息质量是会计信息质量的核心。盈余信息能直观反映企业的盈利能力、偿债能力等财务信息，是债权人做出信贷决策以及投资者做出投资决策的重要依据，因而备受关注。通常而言，较高质量的盈余信息可以降低企业内部与外部投资者之间的信息不对称程度，弱化股东与管理者之间的委托代理问题（Bushman 和 Smith，2001；周春梅和张慧，2009；薛光等，2016），有利于企业进行投资决策，优化资本配置，从而提高资本市场的运行效率。已有学者通过大量的实证研究发现，企业的会计信息质量与投资效率存在正相关关系，即企业的会计信息质量越高，其投资效率也越高（Verdi，2006；Biddle 等，2009；Beatty 等，2010；黄欣然，2011；Schulze 等，2009；冼依婷和赵兴楣，2020）。进一步地，盈余质量影响资本配置效率的路径有两条：一是较高的盈余质量有助于缓解企业融资约束，进而为企业投资提供资金，满足投资需求；二是较高的盈余质量可以降低企业的信息不对称程度，缓解代理冲突，从而减少企业的投资不当行为，提高投资效率。但是，从现有研究成果来看，大多数研究集中于探讨会计信息对管理层投资决策行为以及资本配置效率的影响，较少有学者对投资效率加以细化（分为投资不足和投资过度）并进行深入分析，也很少有文献进一步探究盈余质量影响资本配置效率的机理。为此，本书将在论证盈余质量对资本配置效率整体影响及其机理的基础上，进一步探究企业盈余质量对企业投资不足与投资过度的差异性影响及其机理。

现有盈余质量相关研究成果表明，高质量的盈余信息是缓解公司融资约束和促使公司管理者做出更加符合投资者利益决策的重要因素。然而，有学者认为，高质量的盈余信息仅仅是缓解融资约束和抑制代理冲突，进而影响公司资本配置效率的关键因素之一，债务融资同样是缓解融资约束和抑制代理冲突，进而影响公司资本配置效率的关键因素。从债务融资影响公司投资的相关研究来看，目前主流的观点有两种（童盼和陆正飞，2005）。第一种观点认为，债务融资可以抑制股东和经理之间的代理冲突，进而缓解由于股东和经理冲突所产生的过度投资行为（Firth 等，2010；Gomariz 和 Ballesta，2014；张新民，2015）；另一种观点则认为，债务融资会带来股东与债权人之间的利益冲突，导致过度投资，也有可能引致企业投资不足（陆正飞等，2008；张亦春等，2015；童梓，2017），进而加剧企业的非效率投资问题。在我国当前的制度背景下，债务融资究竟是作为一种治理机制抑制了企业非效率投资，还是作为一种恶化代理冲突的因素，加剧了企业非效率投资？进一步地，债务融资虽然可以发挥监督作用，在一定程度上减少管理层对企业利益的侵占行为，约束企业的盈余管理行为，进而提高企业盈余质量，但是，企业对债务融资的需求迫切，也可能导致企业为获得债务资金，或避免事后达不到债务合同的要求，而出现盈余管理或会计利润操纵行为。那么，债务融资和盈余质量究竟存在着因果关系还是治理关系？当盈余质量和债务融资都具备治理效果时，二者对企业非效率投资行为的治理作用究竟存在互补关系还是替代关系？目前上述问题都没有得到很好的解答。

依据代理理论，尤其是债务契约理论，债务融资比例和债务融资类型发挥着不同的治理效应。其中，相对于较低的债务融资比例，较高的债务融资比例使得债权人更可能对公司股东和管理层进行监督（Fan 等，2014；刘海明和李明明，2020；张润宇和余明阳，2020；Bartov 等，2000；Firth 等，2010），从而抑制管理层的在职消费和过度投资。但是，Watts 和 Zimmerman（1986）提出的债务契约假说则认为，公司偏离债务条款的程度越大，管理层通过会计程序将未来收益调整到当期的动机就越强，因而管理层可能会对盈余信息进行粉饰。类似地，不同的债务融资类型存在着异质性，其治理效应也应存在着较大差异。但是，目前鲜有研究去验证不同的债务融资比例和债务融资类型对盈余质量及资本配置效率的差异性影响及其机理。基于此，本书将分别在第5章、第6章探究债务融资比例、债务融资类型对盈余质量及资本配置效率的影响。

基于上述分析，本书将在广泛借鉴国内外相关研究的基础上，综合运用定性与定量研究相结合、规范与实证研究相结合的方法，系统研究债务融资、盈余质量和资本配置效率之间的关系，以期丰富债务融资、盈余质量及资本配置效率相关领域的研究理论和文献，为债权人、政府相关部门、其他利益相关者更好地评价借款企业提供依据，使其做出更好的决策，同时为国家相关部门考察宏观经济政策对微观企业行为的影响提供帮助。

1.2 研究意义

中国的市场化发展十分迅速，资本市场处于新兴转轨的阶段。本书研究有助于深化人们对债务融资、盈余质量与资本配置效率之间关系的认知，同时，为进一步拓展相关研究的领域奠定了一定的基础。本书研究的理论意义和实践意义具体如下。

1.2.1 理论意义

第一，丰富了债务融资、盈余质量与资本配置效率相关领域的研究。

目前，国外的研究主要是从企业的具体属性特征方面出发，研究其对盈余质量会产生何种影响，对盈余质量与资本配置效率的研究尚未与债务融资这一外部治理机制结合。而国内相关研究主要基于中国特色社会主义市场经济的特性，借鉴国外关于盈余质量与资本配置效率的研究，探讨我国的内外部治理机制对盈余质量产生的影响。本书深入探讨在中国特殊的制度背景下盈余质量对资本配置效率的影响以及影响路径，在此基础上检验债务融资比例和债务融资类型对盈余质量与资本配置效率的影响，并从内部治理机制和外部治理机制两个角度着手，实证检验中国相应的治理机制是否对盈余质量与资本配置效率之间的关系产生影响和产生什么样的影响。这有助于深入理解盈余质量理论的内涵，拓展盈余质量与资本配置效率研究的领域，深化理解债务融资的两种效应。

第二，完善了现有关于债务融资、盈余质量和资本配置效率之间关系的研究。

本书聚焦于债务融资、盈余质量对资本配置效率所产生的影响，从盈余质量对资本配置效率的影响及影响机制、债务融资比例和债务融资类型对资本配置效率的影响、债务融资比例和债务融资类型对盈余质量的影响、债务融资比例和债务融资类型与盈余质量共同对资本配置效率所产生的影响这四个层面分别进行研究，完善了现有关于债务融资、盈余质量和资本配置效率之间关系的研究。

第三，丰富了资本配置效率的相关理论。

本书旨在明确债务融资、盈余质量和资本配置效率之间的关系，这在一定程度上丰富了资本配置效率的相关理论，促进了管理会计、企业管理、财务管理及公司金融学科的交叉融合。

1.2.2 实践意义

第一，有助于澄清公司投资行为与债务融资比例和类型的关系。通过分析债务融资、盈余质量对资本配置效率的影响，了解其影响机制，可以促进公司投资行为与债务融资比例和类型的协调，并在此基础上发现提高资本配置效率的途径。

第二，为监管部门制定监管政策提供一定参考。通过研究债务融资、盈余质量和资本配置效率之间的关系，可以为今后我国政府制定降杠杆、稳杠杆等相关政策提供思路启发，为我国监督管理部门指导公司高效投资提供一定参考。

第三，可以为债权人、政府相关部门、其他利益相关者更好地评价借款企业提供依据，以便于其做出更好的决策，同时为国家相关部门考察宏观经济政策对微观企业行为的影响提供帮助。

1.3 文献综述

信息披露与信息质量是资本市场有效运转的基本要素之一，其质量高低受制于诸多因素，既包括企业自身的财务政策和会计政策，也包括企业内部治理结构的完善与否，还包括企业外部利益相关者，尤其是企业外部资金供给者的影响。在我国资本市场尚不发达的情况下，债务融资作为企业主要的外部融资渠道，其对微观企业行为的影响也格外重要。与此同时，盈余质量的高低进一步影响着公司股价、资金成本以及企业资源的配置效率，进而影响着企业的价值创造。因此，本书将从以下几个方面对相关研究文献进行梳理：盈余质量与资本配置效率的文献综述，盈余质量对资本配置效率影响路径的文献综述，债务融资与盈余质量的文献综述，以及债务融资与资本配置效率的文献综述。

1.3.1 盈余质量与资本配置效率的文献综述

近几年，由于财务造假事件频出，投资者越来越关注企业的财务信息质量，而盈余信息质量是财务信息质量的核心。财务报告质量尤其是盈余信息质量对投资者等财务报告使用者具有重要价值（余玉苗等，2019），会影响受众对公司未来收益水平与支付能力的判断，导致股票价格产生波动（Ball 和 Brown，1968；沈洪涛等，2008；谢建等，2015）。郝秋红（2020）认为会计信息使用者会根据当期披露的会计盈余信息预测公司未来的盈余，判断其未来的股利支付能力。除了在投资者身上体现出一定价值之外，盈余信息质量对企业同样具有重要影响。王佳和张林（2020）研究发现，较高的盈余信息质量能够通过提升企业债务来源的多元化程度、期限结构的丰富程度，缓解融资约束，促进企业创新。钟凤英和杨川莹（2021）认为盈余信息质量与审计溢价显著负相关，企业披露的盈余信息质量越高，审计溢价越低。盈余信息质量还会直接影响银行对于企业未来现金流的评估，决定着银行是否给企业贷款或是提供多少贷款（魏凤，2020）。周春梅和张慧（2009）、朱志标（2016）探讨了盈余信息质量对企业投资效率的影响，发现高质量的盈余信息通过减少投资不足和抑制投资过度提高企业投资效率，而大量的西方学者则认为高质量的盈余信息通过降低融资成本、抑制代理冲突和有效发挥资本市场监督功能三种内在机制提高企业投资效率（Biddle 等，2006；Biddle 等，2009）。可见，关于企业盈余信息质量的相关研究已较为丰富，研究盈余信息质量与企业投资效率的相关文献更是如此。

企业投资是企业可持续发展和壮大的重要途径，然而由于市场及组织环境的不完善，企业投资决策往往难以全部有效。早期有学者从企业代理冲突角度和信息不对称角度研究非效率投资问题（Jensen 和 Meckling，1976；Carpenter 等，1998；Bertrand 和 Mullainathan，2002），并逐步形成了以委托代理理论和信息不对称理论为基础的投资理论。在上市公司的日常经营管理和投资决策中，管理层扮演着重要角色，两权分离使得管理层与股东的利益目标相悖，致使管理层存在基于主观自利性而降低投资效率的动机（Jensen，1986；Shleifer 和 Vishny，1989）。池国华和邹威（2014）认为，企业非效率投资行为产生的根本原因是股东和管理层之间的代理冲突，在管理层“帝国建造”、声誉提升等代理动机的驱使下，管理层会出现滥用自由现金流、过度投资等行为。为了保证职业安全，管理层又会倾向于维持现状，在企业自由现金流充足的情况下放弃一些有风险但净现值大于零的项目，从而导致企业投资不足（Holmstrom 和 Costa，1986）。由于大股东在公司中拥有较大的控制权和收益权，上市公司大股东增持后有更强的动机和能力积极参与公司的投资决策，防止经营者出于自身利益考虑而进行非效率投资，因此大股东增持后公司的投资效率会得到显著改善（贺云龙和康舒怡，2021）。此外，薪酬管制能够发挥对高管的外部监管作用，有效抑制高管的机会主义行为，从而减少管理层的非效率投资行为（姚文英和张晓凤，2021）。从信息不对称角度来看，由于股东和管理层之间本身就存在信息不对称，如果企业设定的薪酬契约不够完备，则管理层的私利行为很难被股东观察和监督，这就难以避免非效率投资的发生（Fama，1980）。对于异地任职独立董事较多的上市公司来说，其信息环境较差，更可能出现非效率投资。Carpenter 等（1998）则认为因信息不对称产生的融资约束会影响企业投资与现金流之间的敏感性，信息不对称程度越高，企业投资效率越低。张功富和宋献中（2009）以我国沪深两市工业类上市公司为样本研究发现，我国上市公司的投资不足也是由于信息不对称产生的融资约束所致。股票误定价会影响企业的融资成本，进而影响到企业高管对投资项目的选择，并最终影响企业的投资效率（汪玉兰和周守华，2018）。而声誉较高的审计师能够发挥信号传递功能，通过其出具的审计报告降低管理层与资本市场间的信息不对称程度，提高企业的投资效率（刘晓红和周晨，2021）。高质量的盈余信息可以通过降低融资成本、抑制代理冲突和有效发挥资本市场监督功能三种内在机制提高企业投资效率，减少投资不足并抑制投资过度（Biddle 等，2006；Biddle 等，2009；Wang 等，2011；周春梅和张慧，2009；朱志标，2016）。那么，盈余信息质量具体如何影响企业资本配置效率，本书接下来将对有关二者之间关系的文献进行综述。

盈余信息作为财务信息的重要组成部分，其真实性、及时性、可靠性等都与资本配置效率相关。根据已有文献，盈余信息质量主要从以下三个方面对企业资本配置效率产生影响。

一是信息不对称方面。高质量的盈余信息可以降低公司与投资者之间的信息不对称程度（Bushman 和 Smith，2006；Verdi，2006；Richard 等，2007），缓解公司面临的融资约束，以及由此导致的投资不足（Berkovitch 和 Kim，1990；Biddle 等，2006；Biddle 等，2009；朱志标，2016），最终提高公司的资本配置效率。信息不对称的存在导致投资者难以获得企业的相关信息，使企业存在融资约束，在筹集资金时成本较高，而盈余信息具有信号传递作用，管理层的投资决策能够通过其传递到市场，从而提高企业资本配置效率（Kanodia 和 Lee，1998）。公司在进行投资决策时，要根据各方面因素对投资规模、项目等进行选择，在这个过程中，会计信息质量发挥着重要的作用，由于会计信息中包含着公司的特有信息，因此其对投资效率具有重要影响（张劲松和季秀杰，2004）。Verdi（2006）也得出了同样的研究结论，其通过对美国上市公司进行实证研究发现，高质量的盈余信息能够对信息不对称进行有效改善，使企业的资本配置效率得到提高。

二是代理问题方面。高质量的盈余信息可以减少公司与投资相关的代理问题（Verdi，2006；周春梅，2009；黄蓉和黄琦晶，2017），影响公司在进行投资时的项目选择，约束管理层为追求私利而产生的投资过度行为（McNichols 和 Stubben，2009；Biddle 等，2009；李青原，2009），提高公司的资本配置效率。信息质量对投资的作用受到诸多内外部条件的影响，其中，代理问题就是一项重要因素，不同主体的代理问题带来的影响不尽相同，对于大股东来说，较高的盈余信息质量主要减少了大股东带来的投资过度问题，而对于管理层来说，较高的盈余信息质量则缓解了其带来的投资不足问题（黄欣然，2011）。为了获得融资，促进企业的发展，企业有动机进行盈余管理。尽管采取这种方式能够在一定程度上吸引投资者，但会对资本配置效率产生负面影响，因为这种盈余可能并不存在，不具有持续性。由于外部融资面临诸多限制性条件，企业在需要融资时会有强烈的动机进行盈余管理以达到债权人的要求，但盈余管理会降低资本市场的信息质量，进而导致投资效率的降低（王积田和闫婷婷，2017）。拟上市的公司为了达到上市门槛，会进行盈余操纵，但其上市后盈余的持续性较差，这也在一定程度上说明企业的盈余操纵会影响盈余信息质量，进而对投资效率产生不利影响（黄俊和李挺，2016）。Roychowdhury（2006）、Cohen 和 Zarowin（2010）也研究发现，真实盈余管理对投资效率会产生显著的抑制作用。而盈余信息质量的改善则能够减少代理成本，促进企业资本配置效率的提高（黄蓉和黄琦晶，2017）。高质量的盈余信息使得企业非效率投资如投资不足和投资过度等问题均得到有效抑制，从而提高了企业的资本配置效率（Bushman 和 Smith，2001；Kedia 和 Philippon，2009）。

三是企业识别和判断风险的能力方面。当盈余信息的质量较高时，管理层对于投资机会和风险的识别和判断能力得到进一步强化（Collins 和 Kothari，1989；Barth，1992；周春梅，2009；黄欣然，2011），能够对投资项目进行更合理的选择，从而防止和减少企业盲目投资行为（McNichols 和 Stubben，2009），提高企业投资效率。高质量的会计信息有助于管理层对未来的收益形成准确的判断，甄别好的投资机会，从而提高投资效率（McNichols 和 Stubben，2009）。

1.3.2 盈余质量对资本配置效率影响路径的文献综述

国内外学者对盈余质量影响资本配置效率的路径及作用机理进行了深入研究。通过对相关文献的梳理发现，已有文献大多倾向于认为企业盈余质量通过融资约束和代理冲突两条路径作用于企业资本配置效率。

融资约束路径：相关文献认为现实的资本市场并不如 MM 理论假设的那么理想，由于外部制度的不完备以及非理性经济人的存在，理想市场并不存在，在现实资本市场中，信息不对称的存在将引发道德风险（Jensen 和 Meckling，1976）和逆向选择（Akerlof，1970），进而导致企业的融资约束，也就是由于外部投资人与内部管理层之间的信息不对称，外部融资成本远高于内部融资成本而产生的融资困难问题（Modigliani 和 Miller，1958）。融资约束将导致企业无法获得最优投资资金，当企业面临着较高程度的融资约束时，意味着企业融资成本高、难度大，资金匮乏，使得企业很可能出现投资不足的状况，并且企业融资约束越严重，越容易投资不足（张宗益和郑志丹，2012；潘玉香等，2015；屈文彬和吴一帆，2021）。而高质量的会计信息则会减少融资成本，解决上市公司的融资难问题，从而避免投资不足（蔡吉甫，2013）。郭桂花等（2014）的研究发现，市场化进程和盈余信息质量二者对于融资约束的作用存在相互替代的关系，在国有企业中，盈余信息质量对融资约束水平的影响更加显著。较高的盈余信息质量能够提高投资效率，在企业面临融资约束时二者的关系更加显著（罗斌元，2014），同时，二者之间的关系能够通过代理问题和信息不对称问题的缓解得到改善（胥雅男和张云翔，2016）。也有学者研究发现，当企业存在融资约束问题时，企业的过度投资问题会得到缓解，但投资不足问题却加剧了，当盈余信息和融资约束共同发挥作用时，能够缓解投资不足的问题，从而证明了盈余信息的重要作用（张悦玫等，2017）。朱永明和李玲玲（2018）则通过实证研究发现，企业的融资约束具有调节作用，企业面临的融资约束问题越严重，信息披露质量对投资效率的负面影响就越强。

代理冲突路径：周春梅（2009）对盈余质量如何发挥作用进行了详细探究，其实证结果表明，盈余质量的改善不仅能直接提高企业的资本配置效率，还能够通过降低代理成本间接促进企业资本配置效率的提高。黄欣然（2011）基于双重代理关系的视角研究发现，当企业的盈余质量较高时，管理层的代理问题和企业投资不足的情况都显著减少，较高的盈余质量还缓解了大股东的代理问题，从而减少了企业的过度投资。黄海杰等（2016）发现，高质量的信息披露能够通过降低代理成本而在一定程度上缓和该政策带来的投资效率损失。黄蓉和黄琦晶（2017）的研究也发现，盈余质量通过代理成本这一途径来影响资本配置效率，盈余管理程度低的企业相对来说代理成本也较低，进而对资本配置效率产生积极效应。

1.3.3 债务融资与盈余质量的文献综述

目前，国内外学者对债务融资与盈余质量的研究集中在两个方面：一是从债务积极监督假说的角度探讨债务融资的治理有效性对盈余质量的影响；二是从债务融资的债务契约假说的角度认为债务融资会滋生管理层的机会主义行为，从而对企业盈余质量产生影响。从债务积极监督假说的角度来看，该假说认为债权人有动机也有能力监督债务人的盈余管理行为，因此公司的债务融资可以有效改善盈余质量，即债务融资对盈余质量起着有效治理作用。Grossman 和 Hart（1983）、Diamond（1991）研究发现，在债权人的监督治理作用下，债务人会主动提高盈余质量，以降低融资成本。Zhong 和 Gribbin（2009）探讨了外部大股东是否可以识别企业的应计盈余管理行为，研究发现债务融资显著降低了企业的应计盈余管理水平，这从侧面证明了债务融资的治理作用，即债权人为维护自身利益而加强对企业的监督，管理层就会减少盈余操纵，从而提高企业的盈余质量。Akagawa 等（2007）通过研究企业的公司治理状况，也得出了类似结论。也有学者针对银行的债务进行了实证研究，发现当企业从银行借款后，一方面，银行会制定严苛的契约（Bharath 等，2006），另一方面，银行会加强对企业的监督，从而改善企业的盈余质量，尤其是在贷款额度较大以及贷款期限较长时，银行监管对企业盈余质量的提升作用更加显著。Alzoubi（2018）分析了银行对不同债务融资企业的监管程度，发现银行对申请长期债务融资的企业的要求相较于申请短期债务融资的企业更为严格，对于企业的监督力度显著加强，关注力度加深，此举抑制了企业的盈余管理行为。国内的一些学者也通过研究发现企业的盈余管理与银行的利益息息相关。陈骏（2010）以银行债务契约为视角，对债权人的治理效应进行了探究，该研究表明，在银行与企业存在债务契约的情况下，企业的盈余管理行为在银行的监督下得到了抑制，证明了银行债务契约的监督作用能够对企业盈余质量产生重要影响。吴韶颖（2017）选取上市公司相关财务指标进行计算发现，通过债务手段获取的资金规模越大，企业的盈余管理程度越低，债务融资限制了管理层自由使用企业资金，在一定程度上抑制了对企业盈利状况进行调整的行为。高海霞（2018）对上市公司的盈余质量和资本成本之间的关系进行了研究，并将债务融资规模作为因变量进行了实证分析，结果显示企业的盈余质量与资本成本之间呈负相关关系，企业的负债比例越大，企业的资本成本与公司经营程度越呈反向变动，并且对于盈余信息质量起到增强作用。

然而，债务契约假说认为，债务契约会使管理层产生盈余管理的动机，这对企业盈余质量存在负面影响。Watts 和 Zimmerman（1986）认为，在企业无法达到债务契约的相关要求时，会利用盈余管理手段提前确认未来收益，这会使盈余质量显著降低。这一观点也得到了一些学者的支持，如有部分学者发现，由于债务契约的存在，企业需要遵守一系列契约条款，但契约的条件往往比较严格，而违背契约又要付出大量成本，企业为了维持企业的利益和发展，会利用盈余管理手段对企业利润进行操纵，以达到债务契约的相关要求（Beneish，1993），尤其是在债务到期的前一年，企业的应计盈余管理水平显著增加（DeFond 和 Jiambalvo，1994）。Dichev 和 Skinner（2002）发现，从很多企业的财务报告中可以看出，他们的各项业绩刚好符合债务契约的要求，这从侧面表明企业为了达到契约条款的要求，操纵了企业内部信息。Beatty 等（2003）认为，企业为了减少违背债务契约可能导致的损失，会通过会计操纵手段使企业的财务状况达到契约的条款要求。企业在进行融资时，需要与债权人进行沟通谈判，签订债务契约。在贷款前，企业为了达到债权人的要求同时获得更多有利的条件，会进行盈余操纵（Othman 和 Zhegal，2006）。而在贷款之后，企业为了不违背债务契约，也有较大的动机操纵盈余，以达到自己的目标（Goncharov 和 Zimmerman，2006）。同时，由于真实盈余管理的方式更为隐秘，相关交易真实存在，因此借款企业会更多使用这种方式达到目标（Roychowdhury，2006）。Franz 等（2014）通过调查发现，企业在经营状况恶化并且资金链断裂时，会面临较高的违约风险，此时企业为了避免违反契约所带来的损失会产生盈余管理动机，倾向于通过盈余管理行为来操纵盈利水平，并且研究发现真实盈余管理行为将更不容易被投资者发现。Carmo 等（2016）通过实证研究证明，债务融资成本、企业规模都会对企业盈余质量产生影响，这种影响在企业被审计时更加明显。有研究发现，管理者监督是否有效决定了企业违反债务契约条款的风险的大小与进行盈余管理的程度的高低。从国内研究来看，目前专注于债务融资与盈余质量相关性的研究文献较少，但是，其研究视角已经涵盖了债务积极监督假说和债务契约假说。有诸多学者认为当企业拥有债务时，为了达到债务契约的条件，企业有动机进行盈余管理（叶志锋等，2008；李增福等，2011）。当企业从银行借款时，会与银行签订债务契约，对资金的使用、企业的发展状况等一系列问题进行详细规定。为了达到银行的要求，企业有动机操控盈余，同时企业获得的债务融资越多，企业对盈余进行操纵的动机就越大，这会降低企业的盈余信息质量（叶志锋等，2008；张玲等，2009）。李增福等（2011）从真实盈余管理和应计盈余管理两个方面出发，实证检验了债务契约对盈余管理的影响，研究结果表明，债务契约增加了企业的盈余管理行为，而且同时增强了这两种盈余管理方式。考虑企业不同产权性质的影响后发现，国有企业的债务融资与真实盈余管理呈显著的正相关关系，而非国有企业这两种盈余管理方式均得到了显著增强。薄澜等（2014）的研究发现，无论是通过公开发行债券进行直接融资，还是采取银行贷款这一间接融资方式，新的债务都会增加企业进行盈利调整的动机，但由于银行的监督水平比公开债券市场更高，发行债券对盈利操控具有更大的影响。李炳燃（2016）通过实证分析指出，即将退市的企业的盈余管理程度会随着企业债务融资规模的扩大而加剧，且即将退市的企业通常通过负向盈余管理来改善企业盈余指标。徐朝辉和周宗放（2016）通过研究发现，为了顺利筹集到资金以维持企业正常的生产经营活动，企业通常会采取盈余管理手段来调整盈余，并且实施盈余管理的程度会随着资金需求的扩大而增加。方红星和刘淑花（2017）指出，企业的应计盈余管理与真实盈余管理都会对债务期限产生正向影响，盈余管理的程度越大，企业的债务期限越长；同时指出，由于盈余管理行为增加了债权人的借贷风险，债权人在进行长期贷款决策时要加大对企业的应计盈余管理与真实盈余管理行为的识别力度。王宏斌（2018）研究了高新技术企业债务融资方式对企业盈余管理的影响机理，发现银行借款融资对企业管理层进行盈余管理产生了诱导作用，这是因为银行要想完成借款程序先要判断企业的偿债能力和盈利能力，对这些能力的判断需要依据企业向外提供的财务信息，企业为了获取银行贷款，会进行盈余管理以美化自身业绩。

随着研究的不断深入，部分学者发现，上述两种效应视企业债务融资规模而定。Ghosh 和 Moon（2010）研究发现，当企业存在较多债务融资时，企业需要对成本和收益进行衡量，由于达不到契约条件会产生较大的融资成本，若操纵盈余能够达到契约条件，为了获得收益，企业往往会选择对盈余进行操纵，而当企业的债务融资较少时，债务的监督作用更加显著，企业会主动披露高质量信息以降低融资成本。Chava 等（2010）研究发现，债务的期限也会对企业盈余质量产生重要影响，其中，短期负债导致企业的利率和融资风险增加，这对盈余质量会产生负面作用。Louis（2015）分别研究了长期和短期债务对盈余管理的影响，得出的结论是短期债务越多，公司盈余管理的动机越明显。杨继伟等（2012）发现，债务融资和短期债务融资与盈余质量显著负相关，长期债务融资与盈余质量的关系并不显著。曹璐萌和刘宏一（2017）的研究也表明，以债务契约动机和资本市场动机为基础的盈余管理行为更容易被债务期限所影响，使用短期债务资金时，盈余管理动机更显著。刘芹（2012）、张东旭和江新峰（2013）则认为企业的长期借款越多，盈余管理的程度越高。张柳（2017）通过实证分析指出，尽管短期债务资产比对企业盈余管理的作用有限，但短期债务占资产的比例上升同样会使企业进行盈余管理的程度加大，这与长期债务资产比对企业盈余管理的作用是相同的。陶燕（2018）利用 2012—2016 年上市公司财务数据探索了两种债务融资期限约束、高管薪酬与盈余管理的相关性，同时考察了不同产权性质下两者之间的相互关系是否发生变化。研究发现，上市公司的高管薪酬与正向的盈余管理正相关，与负向的盈余管理不相关。债务融资期限约束对高管薪酬诱发的盈余管理有抑制作用；同等条件下，国有企业两者之间的相关性不明显。相较于长期借款，短期借款对高管薪酬诱发的盈余管理的抑制作用更明显。罗栋梁等（2019）选取 2010—2015 年沪深 A 股上市公司财务数据作为样本，研究机构持股、债务融资与盈余管理之间的关系，结果表明：银行贷款这一间接融资方式会促进盈余管理的产生；债务融资期限越长，对企业盈余管理的促进作用越大，而短期债务融资则相反；上市公司持股人中有机构投资者时，会降低债务融资对盈余管理的影响程度。

也有研究发现，债务融资成本与盈余质量并不是呈现明显的线性关系，而是一种倒“U”型关系。万红波等（2010）利用修正的 FLOS 模型对盈余质量进行了衡量，发现债务融资与盈余质量呈倒“U”型关系，债务融资量对两者的关系有显著影响。吴祖光和万迪昉（2011）则进一步从产权性质的角度出发，将负债分为总负债、流动负债和长期负债，从不同角度考虑负债对盈余质量的影响。经过研究发现：在国有企业中，盈余质量与总负债呈倒“U”型关系，与流动负债水平负相关，与长期负债水平呈“U”型关系；在民营企业中，盈余质量与总负债、流动负债水平均为负相关，与长期负债水平呈倒“U”型关系。冯展斌、杨兴全和李庆德（2013）通过实证研究发现，不同类型的负债对盈余质量的影响不同，总借款和短期借款与盈余质量呈倒“U”型关系，长期借款与盈余质量负相关；外部治理环境的改善恶化了企业借款与盈余质量的关系，验证了投资者保护的惩罚假说。黄琼宇和吴嘉丽（2016）选取2004—2014年房地产行业上市公司的相关财务信息构建模型，实证检验债务融资与盈余管理程度之间的关系，发现房地产企业债务融资规模的增加会使得企业的盈余管理程度先上升后下降。由于企业在不同的阶段会有不同的发展策略，因此有学者从企业生命周期的角度探究了债务融资对盈余质量的影响。王云（2016）基于契约理论指出，上市公司在不同的生命周期阶段选择的盈余管理方式也会不同。

1.3.4 债务融资与资本配置效率的文献综述

近年来，关于债务融资与企业投资效率和资本配置效率关系的研究逐渐丰富，学者们主要形成了两个观点，分别是债务治理有效观和债务治理无效观，对于该问题的研究主要基于这两个观点进行拓展。

从债务治理有效观来看，债务融资具有治理效应，能够缓解预算软约束，控制自由现金流，同时，能够缓解企业的委托代理问题，主要包括股东与管理层、股东与债权人之间的代理问题。资产替代效应则支持了这一观点。Jensen（1986）通过分析发现，债务对管理层的代理问题具有十分有效的抑制作用，这是因为企业债务的存在意味着企业需要保持一定的现金流，以支付债务的利息，从而产生对管理层的约束作用。随后，一些学者的研究证明了Jensen的观点。Heinkel和Zechner（1993）通过研究发现，债务融资对企业的投资决策具有非常重要的作用，当企业在投资之前根据预算获得适量的债务融资时，投资过度的情况会得到抑制。Berkovitch和Kim（1990）认为，在减少投资不足的财务契约影响投资过度的机理下，由于信息不对称的存在，贷款人与借款人对新项目的回报情况的认知不同，从而新债权人要求的优先权将减少企业的投资不足问题，同时会加剧投资过度问题。Lyandres（2005）将债务分为长期债务和短期债务两种，分别考察二者对投资产生的影响，其中长期债务显著减少了投资不足的情况，而短期债务没有产生显著的影响。Sufi（2009）认为，债务融资在一定程度上能够促进企业的发展，当企业持有适量的债务时，企业在面对优质的投资机会时会拥有充足的资金，防止企业因资金短缺而失去投资机会。同时，Firth 等（2010）、Gomariz 和 Ballesta（2014）的研究表明，债务融资的存在使公司内部的自由现金流减少，这就显著抑制了过度投资。Raviv（2016）研究发现，当企业自由现金流减少，不足以偿还本金并支付利息时，债权人为了维护自身的权益，可以提出对债务人进行破产清算的申请，因此债务融资的增加可以促使债务人减少在职消费、过度投资等行为，努力提升企业业绩水平以避免违反债务契约。Halim 等（2017）的研究结论同样支持了代理成本理论，他以伊斯兰债券为研究对象，发现当公司持有该债券时，公司内部的自由资金水平降低，抑制了投资过度。在国内的相关研究中，有很多研究认为债务能对企业产生治理作用，这种相机治理能够对企业投资过度产生抑制作用（杨蓉和路莉娜，2014）。刘丹（2018）发现，债务融资对公司的投资过度具有约束作用。有的学者从不同的角度考察了债务对企业投资的影响和作用机制，例如，从预算软约束的角度考虑，发现债务具有治理作用（江伟，2011），这种治理作用主要是通过监督债务人和约束现金流两条路径实现的（赵卿，2012；杨继伟等，2016）。还有的学者考虑了不同债务的特征，发现短期债务的规模越大，越会约束企业的投资过度行为（韩国文和赵刚，2016）。Harford 等（2008）则从再融资风险的角度展开研究，认为较短的债务期限会给企业带来较高的再融资风险，企业会持有更多的现金来平衡这种风险，进而缓解由再融资约束引起的投资不足问题。谢伟峰和陈省宏（2016）在研究债务期限结构对投资效率的影响时发现，短期债务的增加将会改善信息不对称以及代理问题，进而提高投资效率。另外有一部分学者从债务来源的角度进行考虑，根据债权人主体的不同，将债务划分为不同的类型。债务异质性在我国企业中广泛存在，债务融资可以划分为金融机构借款、商业信用融资和企业债券融资等，不同的债务融资方式对投资效率产生的影响存在异质性。黄兴孪等（2016）发现，商业信用融资作为各国上市公司不可或缺的债务融资方式，其比率与投资效率呈正相关关系，因此在货币政策紧缩期间，若上市公司商业信用较高，将会更好地抓住投资机会，从而缓解投资不足与投资过度的问题。李竹薇等（2020）研究发现，债务融资具有债务治理效用，能有效约束企业的非效率投资行为，在进一步将债务融资划分为银行贷款、商业信用融资和企业债券融资三种类型后发现，仅银行贷款的治理作用无效。陈艳（2016）则从经营性债务的角度考虑，发现经营性债务与公司投资决策有显著的关系，经营性债务比例的增加会显著提高公司的投资效率。胡文卿和左拙人（2019）在该假说的基础上将宏观经济变量纳入研究框架，认为债务异质性程度越大，企业越能通过多样化的融资加强债务的治理作用，进而抑制企业的非效率投资，而且宏观经济状况能够在二者的关系中发挥调节作用。邵林（2018）借助 Richardson 信贷两期模型来研究银企关系对债务融资和企业投资效率的影响。通过对产权性质进行分组，发现国有企业和非国有企业的银企关系对投资效率的影响是不同的。进一步分析发现，相比于国有企业，非国有企业的银企关系对投资效率的正向影响更加明显，能更有效地提高企业投资效率。张悦玫等（2019）选取 2007—2015 年沪深 A 股上市公司样本，从会计稳健性对投融资行为影响的角度进行研究，结果发现会计稳健性的增强可以减少债务融资导致的投资不足的情况，且这三者之间的关系不受债务期限的影响，但受产权性质的影响。该研究还发现，债务融资对企业投资不足的缓解作用在国有企业中更显著。

从债务治理无效观来看，机构关联会导致预算软约束，同时债务治理作用的发挥需要一定条件，如制度环境的完善、高管代理问题的缓解等。Myers 等（1984）认为，若企业承担的债务过多，则会降低管理层的投资积极性，这将会影响该企业投资的稳定发展，进而影响企业的未来发展。我国的金融机构体系整体仍然处于不断发展和完善之中，尽管采用了多种方式进行事前、事中和事后的调查、约束和监督，但其中一些不足和漏洞还是削弱了债务约束的作用（于东智，2003；田利辉，2005）。黄文青（2010）将样本数据进行分组后发现，债务融资的治理作用在国有银行“软约束”的背景下更加微弱，并得出了债务融资没有明显的治理效应的结论。傅利福等（2014）和张亦春等（2015）也都认为，在我国的上市公司中普遍存在显著的过度投资行为，债务的治理作用并不明显，债务对企业的非效率投资并没有产生显著的改善作用。罗韵轩（2016）以异质性债务为切入点，通过研究发现，虽然作为公司外部治理机制的金融生态环境与作为内部治理机制的股东会、董事会等可以提升治理效应，但公司—银行—政府的国有同源以及债务的软约束会削弱这种作用。马春丽（2017）以信息不对称理论和委托代理理论为基础，通过实证分析发现：股权关系与上市企业债务融资水平呈正相关关系；债务融资水平越高，企业的投资过度程度越大。徐晨阳等（2018）则从规模、期限和成本三个方面研究了债务契约条款对过度投资的影响，结果表明它们会促进过度投资，而且这个促进作用的形成有两个传导机制，一个是增强融资约束造成的“治理扭曲”，另一个是管理层加强资产专用性而进行的“帝国建造”。还有学者将债务划分为不同的类型进行研究，也得到了类似的结果。魏群等（2018）的研究发现，银行借款并不能显著改善企业的非效率投资，而商业信用融资对其产生了抑制作用。丰壮丽（2018）的研究发现，金融性债务对企业非效率投资没有显著的抑制作用。魏群（2018）进一步细化债务的种类，研究了商业信用融资、短期借款和长期借款在不同生命周期下对非效率投资的不同影响，结果表明不同的生命周期下异质性债务与非效率投资的相关性是有一定差异的，企业需要根据所处生命周期的不同，选择最优的债务工具。唐齐鸣和张宇迪（2020）在宏观经济背景下进行了研究，发现债务到期的负面影响在不同的经济环境下存在差异，当经济平稳时，这种负面因素对投资水平没有显著影响。

1.3.5 文献评述

通过对相关研究领域的文献进行梳理，不难发现国内外学者对公司债务融资、盈余质量与资本配置效率等问题进行了一定的研究，并且随着研究的深入，有学者开始从债务融资的期限、债务融资的来源以及债务融资的异质性等方面探究债务融资对盈余质量或资本配置效率的影响。虽然现有文献为本书研究提供了一定的借鉴，但是上述研究依然存在着部分有待完善和拓展的领域。

从盈余质量与资本配置效率及盈余质量对资本配置效率的影响机理的文献可以看出，国内已有的研究表明盈余信息质量的改善有助于提高公司的资本配置效率。盈余信息存在信号传递作用，管理层的投资决策能够通过其传递到市场，从而促进资本配置效率的提高。进一步研究发现，高质量的盈余信息使得企业的非效率投资如投资不足和投资过度等问题均得到有效抑制，从而提高了企业的资本配置效率。国外研究也得到了同样的研究结论，例如，通过对美国上市公司进行实证研究，发现高质量的盈余信息能够对信息不对称进行有效改善，通过抑制代理问题改善非效率投资问题，即改善投资不足、抑制过度投资，使企业的资本配置效率得到提高。

国内外学者在研究盈余质量与资本配置效率的相关关系的同时，也深入探究了盈余质量影响资本配置效率的路径及作用机理。研究发现，当企业的盈余质量较高时，管理层的代理问题和企业投资不足的情况都显著减少，同时缓解了大股东的代理问题，抑制了企业的过度投资。研究还发现，当企业不存在融资约束问题或融资约束较小时，过度投资问题将较为严重，因为拥有充足的现金进行投资，而当现金流不足即存在一定的融资约束时，就会出现投资不足的情况。从本书梳理的文献来看，盈余质量影响资本配置效率的路径有两条：一是融资约束路径；二是代理冲突路径。但是，从现有研究成果来看，大多数研究集中于探讨会计信息对管理层投资决策行为以及资本配置效率的影响，较少有学者对投资效率加以细化（分为投资不足和投资过度）并进行深入分析，也很少有文献进一步探究盈余质量影响资本配置效率的机理。

从债务融资与盈余质量的相关文献来看，盈余质量的影响因素已经从企业内部会计财务政策以及内部治理结构等转移到公司外部治理机制上，其中，债务融资已经成为影响盈余质量的重要因素。从现有基于债务融资视角的盈余质量文献来看，债务融资对盈余质量具有双重影响，即债务融资在某种程度上可能诱发企业盈余管理的动机，从而降低盈余质量，同时在某种情况下债务融资又具有治理效应，能够提升企业的盈余质量。但是，债务融资在哪种情况下会导致盈余管理，进而降低盈余质量，在哪种情况下又能充分发挥治理效应？目前，对这一问题尚未进行系统的研究，其影响机理也有待进一步探究。

从现有文献来看，目前国内外学者已经从股价变动、资本成本以及资源配置效率等视角关注了盈余质量的经济后果，其中前两个视角下已经取得了较为一致的研究结论。但是，从资源配置效率的视角来看，国外研究普遍认为较高的会计信息质量有助于减少公司投资不足和投资过度的问题。但是，从国内研究来看，目前研究成果较少，已有研究主要探讨盈余质量之会计稳健性对非效率投资的治理效应，而且其结论并不完全一致。目前度量盈余质量的变量既包括会计稳健性，也包括盈余管理度、信息透明度、利润平滑度等。因此，为了有效发挥盈余质量对非效率投资的治理作用，有必要进一步探究不同的盈余质量对资本配置效率的差异影响，进而为有效改善资本配置效率提供针对性措施。

前文已经提及，债务融资能够发挥一定的监督治理效应，有助于抑制企业的非效率投资行为。那么，当同时存在着债务融资治理效应和盈余质量治理效应时，二者是相互促进，还是相互制约？目前对于这一问题还没有相关研究进行探讨。同时，在不同的债务融资比例和不同的债务融资类型下，二者是否又呈现出不一样的关系？这一问题也有待进一步探究。本书将围绕上述问题展开，以期不断丰富盈余质量相关领域的研究，为不断提升盈余质量以及我国的资本配置效率提供可借鉴的思路。

1.4 研究思路与技术路线

1.4.1 研究思路

本书以中国上市公司为研究对象，结合我国特殊的制度背景关注上市公司债务融资、盈余质量与资本配置效率的关系。其中，需要解决的关键问题具体如下。

第一，盈余质量对企业资本配置效率的影响如何，这种影响是否因企业投资过度或投资不足而存在差异？盈余质量对企业资本配置效率的影响机理是缓解融资约束还是代理冲突，这一影响机理是否因企业投资过度或投资不足而存在差异？

第二，债务融资与盈余质量之间究竟是因果关系还是治理关系，这种关系是否因企业的债务融资比例、债务期限结构以及我国的金融发展水平而发生变化？

第三，当同时存在着债务融资治理效应和盈余质量治理效应时，二者究竟是相互促进还是相互制约关系？这种关系是否因企业债务融资比例和债务融资类型等的不同而呈现差异？

1.4.2 技术路线

本书采用的技术路线如图 1–1 所示。

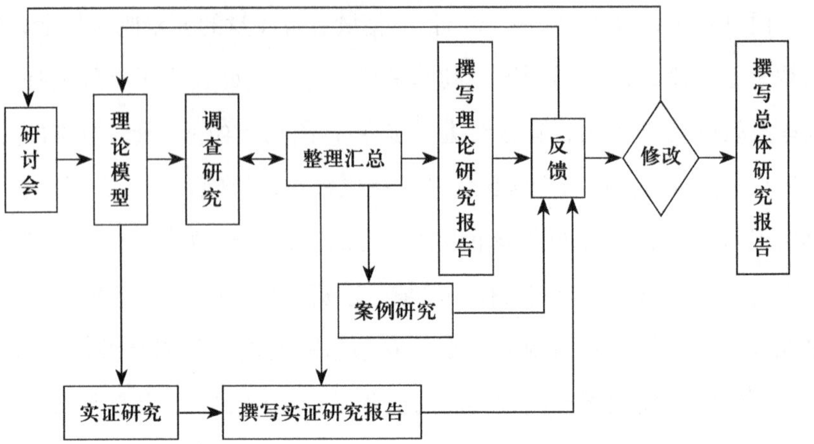

图 1-1 技术路线

1.5 研究内容与研究方法

1.5.1 研究内容

本书基于委托代理理论、信息不对称理论、债务契约理论和会计盈余功用论等对债务融资、盈余质量与公司资本配置效率的关系进行深入剖析。首先从盈余质量与资本配置效率、债务融资与盈余质量、债务融资与资本配置效率等方面梳理国内外文献，明晰盈余质量对公司资本配置效率的影响；然后基于中介效应模型，系统检验盈余质量影响公司资本配置效率的路径和机理；接下来，系统考察债务融资对盈余质量与公司资本配置效率的影响，并细分债务融资比例和债务融资类型检验其对盈余质量与公司资本配置效率的影响。具体来讲，本书研究的主要内容包括以下四个方面。

第一，准确界定相关术语的基本概念，以及进行相关理论介绍与文献分析。本书主要依据委托代理理论、信息不对称理论、债务契约理论和会计盈余功用论，结合公司产权性质，对债务融资、盈余质量对公司资本配置效率的影响进行理论分析，为后续的实证研究提供分析框架与基础。文献分析主要从以下方面展开：首先，分析债务融资与盈余质量、债务融资与资本配置效率等方面的文献，发现研究的切入点；其次，对债务融资、盈余质量与公司资本配置效率关系的相关理论进行回顾以及对相关文献进行分析，确定研究趋势和研究框架。

第二，探究盈余质量与资本配置效率的关系，检验盈余质量影响资本配置效率的机制。在梳理现有文献的基础之上，尝试探究企业的会计信息（盈余质量）与资本配置效率（投资不足和投资过度）之间的关系，以期对现有研究进行拓展，并对盈余质量、资本配置效率等领域的研究进行有益补充，同时，为监管部门健全我国上市公司的会计信息披露制度，提高盈余质量提供帮助。进一步地，本书采取中介效应模型检验了盈余质量对公司资本配置效率的影响机制与路径。

第三，在债务融资视角下开展盈余质量效应研究。本书从债务积极监督假说和债务契约假说出发，结合中国经济转型时期的制度背景，深入探究企业债务融资比例对盈余质量和企业资本配置效率之间关系的影响，以及该关系是否因企业债务融资比例而存在着变化，以期进一步深化关于债务融资、盈余质量与资本配置效率关系的研究。同时进一步检验不同的债务融资类型（银行借款、商业信用融资和企业债券融资）对盈余质量、公司资本配置效率的影响，并考察不同的债务融资类型对盈余质量与公司资本配置效率关系的调节效应，以期更为全面系统地探讨债务融资对盈余质量、公司资本配置效率的影响以及债务融资类型与盈余质量的交乘项对资本配置效率的影响。

第四，对研究结论进行归纳总结，并结合研究结论就如何进一步提升我国公司的盈余质量，充分发挥其治理效应提供有针对性的建议。

1.5.2 研究方法

本书在广泛借鉴国内外相关文献的基础上，综合运用了多种研究方法，包括定性研究与定量研究、规范研究与实证研究等，以期对债务融资、盈余质量和资本配置效率之间的关系进行深入的探讨。

（1）理论分析与建模：通过理论推导与分析的方法，系统阐释债务融资与盈余质量的内在作用机理。

（2）实证研究：运用我国上市公司的相关数据，实证检验盈余质量对资本配置效率的影响以及影响机制，检验不同的债务融资比例、类型对盈余质量、资本配置效率的影响，在此基础上进一步探讨不同的债务融资比例、类型与盈余质量的交互作用对资本配置效率的影响。

1.6 本书特色及创新之处

第一，研究视角具有一定的新意。本书在考察债务融资与盈余质量之间存在因果关系还是治理关系的基础上，进一步考察了这种关系是否因企业债务融资比例和债务融资类型的不同而发生变化。

第二，在影响路径及作用机理方面的研究与已有文献不同。本书细致考察了不同的盈余质量对公司资本配置效率的影响以及影响路径和作用机理，并在此基础上为强化监管提供了对策建议。

第三，补充相关研究领域的文献。本书深入考察了债务融资比例、类型和盈余质量对企业资本配置效率的联合作用，并进一步考察了该作用是否因企业产权性质不同而呈现差异。通过对这些问题的系统分析，可以为后续学者进行相关问题的研究提供文献参考及理论基础。

2 概念界定与理论基础

2.1 概念界定

2.1.1 盈余质量

盈余质量的概念最早出现于20世纪30年代的美国证券行业，当时的证券分析师在对上市公司的经营状况进行分析后认为，企业当期的盈余能够预测企业未来的盈利能力，投资者会基于企业当期盈余水平进行投资决策，当期高质量的盈余信息能够为投资者决策提供技术指导，同样低质量的盈余信息也会误导投资者。因此，盈余质量就成了投资者进行投资决策时的首要考察内容之一，盈余质量的概念也逐渐形成。O’Glove等（1987）首次从持续性角度出发，对盈余质量的内涵做出了界定。此后，国内外学者在此基础上从不同角度进行了相关研究，不断拓展盈余质量的概念。美国会计学会（AAA）在2002年一场有关盈余质量的研讨会中将盈余质量定义为会计盈余转化为现金流入能力的高低程度。随后，Richardson（2005）从现金流角度分析企业的盈余质量，并从应计项目可靠性的角度对盈余持续性做出解释，认为应计项目可靠性越高，盈余质量越有保障。Dechow和Ge（2006）对应计项目可靠性进一步研究认为，对于应计项目可靠性较低的企业来说，盈余构成中非持续性、经常性的项目会降低企业盈余质量。国内学者储一昀和王安武（2000）以应计制度为基础，将盈余质量定义为当期会计盈余的现金流确认匹配度。沈洪涛和杨熠（2002）从两个层面定义盈余质量，认为企业盈余质量既包括企业财务报告中会计盈余匹配真实盈余的程度，又包括企业未来的盈利能力，这主要通过将企业会计盈余与未来现金流量进行比较来衡量，具体从二者金额与时间的角度进行比较。童梓（2017）分析认为，盈余质量是指会计盈余表现对会计信息使用者的决策相关性，即当期或者历史的会计盈余预测企业未来现金流的能力。如果当期的会计盈余能够较好地预测未来的现金流，那么会计盈余表现对会计信息使用者的决策相关性就会提高，会计盈余质量就较高；反之，如果当期的会计盈余难以预测未来的现金流，那么会计盈余表现对会计信息使用者的决策相关性就会大打折扣，会计盈余就具有较低的质量。

综合以上观点，本书将盈余质量的内涵概括为以下三点。第一，经济收益观。该观点下盈余质量是企业财务报告中的盈余和真实收益的一致性，即盈余质量是报告中利润如实反映的程度，这也意味着利润与经济学观点下的收益应当一致。第二，决策有用观。这种观点认为，信息含量较高的盈余信息能够引起市场投资者的关注，从而引起股票价格的变化，常用事件发生前后股票收益率的变化或一段时间内的累积收益率来衡量。第三，盈余分布观。盈余质量的定义取决于盈余数据某一角度的特征，如盈余持续性、稳健性、盈余平滑、盈余的分布等。

本书借鉴相关学者对盈余质量概念的界定，结合本书研究内容，将盈余质量界定为：盈余信息作为企业提供的一项重要会计信息，对企业决策和长远发展具有非常重要的影响，企业管理层和其他利益相关者往往需要根据盈余信息做出相关决策，因此盈余质量的高低不仅会影响企业的生存和发展，对企业现金流水平产生影响，而且会影响同行业企业和资本市场的发展。本书的实证研究以此为基础，使用公司盈余管理程度以及盈余与现金流之间的匹配程度来度量盈余质量，具体的衡量指标见第 3 章。

2.1.2　债务融资

债务融资是指企业通过银行借款、发行债券、融资租赁、商业信用融资等方式向银行、其他金融机构以及企业单位等融入资金。由于不同类型的债务融资在抑制代理问题上各有特点，因此要想更明确地论证债务融资的治理或契约假说，应针对不同类型的债务融资分别进行研究。此外，债务融资的外部监督或治理作用与债务融资的规模有关，不同规模债务融资的效应是不同的。因此，除了对债务融资类型进行研究外，还应针对债务融资的规模进行研究，以探究对企业合适的债务融资比例。

本书涉及的债务融资类型包括三种：银行贷款、商业信用融资、企业债券融资。

银行贷款是企业最主要的一项债务融资。在多数情况下，银行作为债权人参与公司治理，有能力对企业进行监督，但也存在一定的缺陷。银行贷款的缺点在于，我国的商业银行较为特殊，其在进行贷款时会根据多种因素综合考虑，如国家扶持政策、企业的发展情况、产权性质等，总体来说，限制条件较多，会制定限制性条款，同时占比较多的是短期借款，长期借款占比较低。其优点在于，灵活性较大，企业可与商业银行对借款金额、条件、期限等进行商议，同时融资速度相对较快，手续较为简便。综上所述，虽然商业银行贷款是企业融资的途径之一，但企业发展受到多方面的影响，因此企业无法完全依靠贷款维持发展。

商业信用融资是企业利用自身信用，通过预收货款、延期付款等多种方式，向信用接收方筹集资金，以满足企业正常经营发展需要的一种融资方式。商业信用融资是一种短期非正规的债务融资方式，作为一种替代性融资渠道，通过企业间的特定交易而形成。商业信用的主体分为需求方和供给方，二者涉及的具体内容存在差别，如需求方涉及应收账款、应收票据和预付账款，而供给方则涉及应付账款、应付票据和预收账款。

企业债券融资是一种公开交易方式，是指企业通过向社会大众发行一种有固定收益的有价证券来融资。债券持有人享有获得利息的权益，在债券到期之后，企业需要对债券包含的本金和利息进行结算，按时归还，否则要受到惩罚，如利息的增加等。通过债券融资的特点可以看出，债券融资的主要目的不是为了应对资本项下的开支，而是为了解决企业运营资金短缺的问题。债券融资的优点是企业可以在市场上进行公开交易，对于企业来说非常便捷，而缺点在于存在较高的信用风险，同时有较多的债务限制性条款。

这三种融资方式各有特点，在公司治理中的作用也大不相同，公司会根据实际情况对各种融资方式进行选择。根据本书的研究内容，本书将对债务融资的治理效应进行研究，包括债务融资对盈余质量的影响，以及债务融资对资本配置效率的影响。

2.1.3 资本配置效率

资本配置效率是经济学和财务学研究的核心问题，是衡量资本运行效率的重要指标。资本配置效率的提高意味着在社会总资本一定的情况下，货币资本能够在利润信号的引导下在各行各业高效率地流动，使资本最大限度地配置到收益较高的产业和部门。

从资本配置的过程来看，可以将其分为宏观配置和微观配置两个层面（谬志超，2019）。从宏观配置层面来说，资本配置是一个通过外部资本市场将不同类型的资本配置到各个公司的过程；从微观配置层面来说，又涉及更为细微的投资项目，资本配置就是社会将资本配置到公司，随后再次配置到各个分公司和子公司，并配置到投资项目的过程。微观层面的资本配置主要包括两个层面：一是筹资活动，即公司以合理的成本从市场中筹集资金，这是资本的第一次配置；二是投资活动，是指公司把筹集到的资本恰当地分配到公司拥有的高报酬率的项目中去，这是资本的第二次配置。由此来看，资本配置是一个完整的流程，整个流程的开始即融资，而最终的目标则是通过投资来实现的，即公司通过投资的方式合理利用配置到的资本，从而发挥其价值，促进企业的发展。从机制、原理、难度等方面来看，公司的内源融资和外源融资存在诸多差异，因此，本书中的资本配置效率仅指公司层面上微观的投资效率。

从资本配置效率的分类来看，可以分为企业层面、行业层面、国家层面的资本配置效率（吕宙，2000）。企业层面的资本配置效率是指在一定的经济环境条件下，企业利用现有的资本实现利润最大化的能力；从行业层面来看，资本在同一行业内加速流动，可以提升行业整体效益；从国家层面考虑，资本配置效率体现出社会资本产出水平，国家通过提高资本配置效率以求实现社会福利的最大化。本书分析的是企业层面的资本配置效率。目前，关于资本配置效率的概念，国内外有很多界定，但仍不统一。有学者认为资本配置效率是一种能力，是公司运用投入的资源提升公司价值的能力（叶蓓，2008）。还有的学者将资本配置效率与企业价值相结合，认为投资是实现企业目标的方式之一，企业财务管理的目标是企业价值最大化，因此资本配置效率与企业价值具有相关性，因为资本配置属于投资，即属于企业进行财务管理的一种方式。本书认同叶蓓（2008）的观点，即资本配置效率是公司实际投资额与实现企业价值最大化的最优投资额之间的差异程度，若二者之间的差异越小，则说明公司的资本配置效率越高。

2.2 理论基础

2.2.1 委托代理理论

委托代理理论是制度经济学契约理论中的主要内容之一。自美国经济学家Berle和法学家Means在1932年首次提出“所有权和控制权分离”这一重要话题后，委托代理问题便引起关注。当时，新古典经济学体系将企业视为一个“黑箱”，很多经济学家对由两权分离带来的信息不对称问题和激励问题展开研究，并对“黑箱”理论提出质疑，由此委托代理理论逐步得到发展。委托代理理论作为研究公司治理问题的重要理论基础，是企业契约理论的重要拓展，对现代企业相关理论的发展具有重要影响。委托代理理论认为，企业并不是一个单一的经济主体，而是由股东、经营管理者、客户、债权人等不同利益关系主体共同构成，各个利益相关者互相联结成一个契约共同体。在企业中往往存在很多委托代理关系，这种关系都是由契约连接的。由于契约的非完备性、利益冲突、信息不对称等多种原因，委托人和代理人之间的目标存在差异性。在理性经济人假设下，企业管理者作为被委托人，可以获得委托人股东无法直接得知的公司信息，这样委托人与被委托人之间就形成信息不对称，并且双方的信息失衡很容易造成道德风险和逆向选择问题。构建有效的激励和监督机制是降低代理人道德风险或减少逆向选择行为的重要途径，这种激励和监督机制就属于代理成本。委托代理理论在详细厘清委托人和代理人的相互关系后，分析不同的利益主体如何利用契约来保护自己的利益，同时对代理人进行有效的激励，这也是委托代理理论的重点内容。

存在委托代理关系的各个主体之间都可能存在委托代理问题，委托代理理论的适用范围很广。对一个公司来说，委托代理问题主要包括股东与管理者之间、股东与债权人之间、控股股东与中小股东之间的代理冲突。

（1）股东和管理者之间的代理冲突。股东和管理者之间的代理问题会降低公司的资本配置效率。股东与管理者之间的代理冲突一直是公司治理研究中的核心问题之一。该代理冲突产生的原因主要是公司所有权和经营权的分离，股东掌握公司的股权，但不负责公司的日常经营，管理者掌管公司的日常运营工作，负责公司的各项事务，对公司的现状较为了解，具有一定的信息优势。尽管股东可以行使监督权，但对管理者进行监督时需要付出成本，而监督带来的收益由全体股东共同享有。因此，当股东拥有的股权所带来的收益不足以弥补对管理层监督所花费的成本时，股东往往存在“搭便车”的行为，这就导致无法对管理层进行有效的监督。由于股东拥有公司的股权，这是一种剩余索取权，因此其往往比较在意公司的长远发展，而管理层与股东不同，对其来说货币和非货币薪酬更为重要，因此管理层会更看重其声誉、在职消费等。尽管薪酬契约能够在一定程度上削弱股东和管理层之间的代理问题，但契约往往存在不完备性，从而降低企业的资本配置效率。一方面，管理层会造成企业过度投资的问题。在现金流充裕的情况下，管理层出于自身私利的考虑，会倾向于选择投资那些净现值为负的项目或者是可以获得私人收益的项目。另一方面，管理层为了避免投资失败而给自身带来风险，在投资时往往采取保守、短视的做法，放弃较好的投资机会，从而导致投资不足的问题（Jensen，1986）。

（2）股东和债权人之间的代理冲突。股东和债权人之间的代理问题会降低公司的资本配置效率。当企业自有资金无法满足一系列资金使用需求时，企业可以通过负债的方式筹集资金。在债务契约下，公司的代表即股东或管理者就与债权人之间形成了委托代理关系。股东和债权人之间之所以会形成代理冲突，主要是因为二者的目标存在差异以及债务契约不完备。第一，从目标的不一致来看，股东的目标主要是利用筹集的资金实现企业的发展和壮大，其通常会有偏好风险的倾向，选择投资风险较高而收益较大的项目，而债权人的目标是最终获得本金和相应的利息，了解资金去向的详细信息，最大限度地保障资金的安全，因此债权人可能会有风险厌恶的心理，会偏好不确定性和风险性较低的项目。第二，从契约的不完备来看，由于契约始终存在不完备性，同时，债权人相对来说处于信息劣势地位，因此无法对股东的投资决策进行完全有效的监督。一方面，股东存在转移公司资本的可能，在公司存在财务问题时，可能会以转移公司资本为主要目标，放弃能提高公司价值的潜在投资项目，这就损害了债权人的利益；另一方面，会形成负债融资的资产替代行为，资金在进入公司后，债权人就无法对资金进行掌控，股东可能会为了自己的私利而投资那些收益较高但风险较大的项目，这同样是对债权人利益的损害。尽管理性的债权人能够预见这些情况，通过债务契约中的条件降低风险，如提高负债利率或增加限制性条款，但这会限制企业获得资金的能力，很可能导致投资不足。

（3）大小股东之间的代理冲突。大股东和中小股东之间的代理冲突会降低公司的资本配置效率。大股东与中小股东的代理问题主要存在于股权较为集中的市场中。传统关于委托代理理论的相关研究主要基于股权高度分散的资本市场，如美国的资本市场。20 世纪 70 年代以后，有相关研究发现，在英美之外的股权较为集中、法律保护程度较低的国家中，大股东控制企业的情况普遍存在（Morck 等，1986；Claessens 等，2002）。与中小股东相比，大股东有更大的动机收集私人信息，对管理层进行监督，但容易使其他股东产生“搭便车”的行为，为了自身的利益同时弥补监督成本，大股东往往利用自己的信息优势获得私有收益。由于中小股东处于信息劣势，因而导致了中小股东的利益损失。尤其是在投资者法律保护较弱的资本市场中，由于内外部监管的缺失，大股东有动机和能力利用自己掌握的股权采取“隧道挖掘”行为，如通过关联交易、投资项目选择、转移资产等方式谋取私利，侵占公司的资金，导致公司做出非效率投资决策。大股东通过这种方式能够获得私有收益，但利益侵占所造成的损失却由全体股东共同承担，这就降低了资本配置效率。

2.2.2 信息不对称理论

Akerlof（1970）最早提出信息不对称理论，他通过观察二手车市场，发现受信息不对称影响，买方对信息的了解远不如卖方，并以此为基础提出了“信息市场”的概念。根据信息不对称理论，交易中的双方由于掌握的信息不一致，导致信息掌握不充分的一方在交易中处于劣势，从而使自身利益受损，而信息掌握充分的一方则在交易中拥有优势，进而为自身谋取更多的利益。在完全竞争市场中，市场上的信息是充分且完备的，同时，买方和卖方都能够充分了解市场上的所有信息，双方都能够通过正确的决策，获得相应的收益，交易价值能够完全反映商品的真实价值。但完全竞争市场的条件无法达到，这是由于各国资本市场的条件各不相同，市场中主体的内外部情况也存在差异，信息总是存在不对称的情况。

根据已有学者的研究，在目前的资本市场经济活动中，各个主体获得的信息和对信息的了解程度存在不一致性，其中的一部分主体会具有信息优势，能够获得更多的内部信息，从而根据获得的可靠信息做出合理的决策（Arrow，1963；Dasgupta 和 Stiglitz，1981）。然而，市场中处于信息劣势的投资者可能会由于信息不对称的问题而无法对市场中的企业进行识别，从而做出不合理的投资决策，导致企业的盈余质量下降，引发市场逆向选择问题，这会致使上市公司的股票出现错误定价，偏离帕累托最优状态，进而资本配置效率随之下降。

融资成本对企业来说非常重要，企业可以利用内源融资和外源融资两种方式获得资金，但由于存在信息不对称等原因，内外融资成本存在差异。企业首先会考虑成本较低的内部融资方式，但如果企业内源融资规模较小，则难以满足企业的投资需要，此时，企业会选择从外部获取资金进行投资，而融资成本就会对企业的投资决策产生重要的影响。

20 世纪 70 年代，美国著名经济学家 Akerlof 提出了“柠檬市场效应”，其是指在信息不对称的市场中，买家对商品信息的获得处于劣势，这会导致质量高的商品逐渐被淘汰，出现劣质商品驱逐优质商品的情况。企业为获取资金进行融资时也会出现类似的情况。由于信息不对称，外部投资者和债权人难以准确判断企业的盈余质量、资信情况和违约风险，也很难区分众多有资金需求的企业的差别，因此只能依据“平均情况”决策，按照“平均价格”交易。这样一来，经营业绩好、信用资质高的企业的价值就容易被市场低估，在对交易价格（即融资成本）不满意的情况下，其就会选择退出市场交易；而经营业绩差、信用资质低的企业的价值则容易被市场高估，其反而更加积极地参与市场交易，以获得更多的低成本融资。结果造成恶性循环，资本市场上经营业绩差、信用资质低的企业占比越来越大，资本反而向低质量的企业流动，社会资源的配置效率下降，投资者和债权人的权益难以保障，形成了“劣币驱逐良币”的局面，引发逆向选择问题。

综上所述，市场中的信息不对称问题会导致“柠檬市场效应”，企业盈余质量较低时，反而能够获得较多的资金，而盈余质量较高的企业无法获得充足的资金，市场的资源配置效率降低。另外，由于企业融资成本的存在，企业因内部融资不足而进行外部融资时，容易产生融资约束，而信息不对称导致的逆向选择加剧了这一问题，迫使企业做出非优投资决策，进行非效率投资，导致资本配置效率降低，影响企业发展。

2.2.3 债务契约理论

债务契约理论最早由学者 Watts 和 Zimmerman（1986）提出。根据该理论，在其他条件不变的情况下，当公司债务规模增加时，管理者会通过粉饰报表进行盈余管理。契约行为的典型表现是债务融资行为，企业在进行债务融资时，会签订债务契约，这一契约能够利用契约理论进行解释说明。第一，由于市场中的信息不对称，债权人无法完全了解债务人准确的财务状况，也无法对其完全信任。债权人一般可通过企业公开披露的财务报告、审计报告等获取信息，但获得的信息相对来说比较有限。此外，当债务人存在操纵信息的行为时，信息的真实性、完整性和可靠性将难以保障。第二，我国关于债务契约的法律制度尚不完善。目前，对债权人的法律保护仍待进一步加强，当债权人发现债务人存在道德风险或逆向选择问题时，往往难以通过法律的途径进行债务追偿，因此债权人会在债务契约中约定多种条款，偏好短期借款，以此保障资金的安全。第三，当政府的干预程度不同以及企业性质、功能、社会责任存在显著差异时，可能会导致债权人无法有效地配置信贷资源。

债权人和债务人在进行资金借贷时，会签订债务契约。在资金借出前，债权人只能通过已有的财务信息对债务人的情况进行判断，而在资金借出后，债权人无法完全掌握资金的情况，仅能通过债务人提供的相关报告进行了解和评估。因此，债权人为了保护资金安全，会在债务契约中对资金使用、还款条件以及债务人的经营状况、财务指标等方面进行严格细致的规定，以降低不良贷款率。国内外学者对债务契约进行了深入的研究。Watts（1986）认为公司管理层会进行盈余管理，以在债务契约关系中取得优势。当企业的债务规模较大时，企业面临着高额的违约成本，为了达到债务契约规定的财务状况条件，企业有动机进行盈余管理以减少违约成本。还有学者以医院为研究对象，发现当医院为了避免因亏损导致的债务契约成本时，会采取盈余管理手段改善当前财务状况（Eldenburg，2011）。Beneish（2012）研究发现，公司在面临因债务契约而导致的违约成本时，会产生通过盈余管理以提高盈利能力的动机。在国内的研究中，吕青军（2012）从债务契约理论切入，发现在企业有较大概率会违约时，企业的真实盈余管理行为会加剧，而应计盈余管理行为会减少，因此，债务契约对不同的盈余管理行为产生了不同的影响。

由于信息不对称的存在，债权人在借贷过程中容易遭受利益损失，在此情况下，为了维护自身的利益，债权人会通过债务契约中的限制性条款来规避损失。根据债务契约假说，契约中的限制性条款会加剧债务人的盈余管理动机。为了降低企业面临的违约风险，管理层可能会调整企业已披露的财务信息以操控企业会计收益。目前有学者研究发现，由于企业存在债务违约成本，为了降低成本，同时在债务融资谈判中取得一定的优势，企业有动机进行盈余操纵。在进行债务融资前，通过盈余管理手段达到债权人的借贷要求；在债务到期之前，通过对利润进行操纵，使其各项指标符合债务契约的规定。

2.2.4 会计盈余功用论

会计盈余功用论源于20世纪30年代美国出现的会计盈余质量的概念。会计盈余反映了企业在一段时期内的财务状况以及经营成果，是一系列利益相关者对企业做出判断的重要信息来源，因此利益相关者在进行投资决策时，不但需要注意上市公司在披露的年报中选取的财务指标，而且要关注这些财务指标的可靠性。会计盈余功用论是通过盈余质量的内涵来阐述盈余在企业经济活动中的重要作用，基于此，会计盈余的功用可以从以下几个方面进行解释。

（1）经济收益观下的盈余质量。经济收益是企业未来现金流现值与当期净投资现值的差额，一个企业要想实现盈利，其利润除了弥补企业的经营成本外，还要弥补其资本成本。在经济收益观下，强调盈余数据的精准以及与未来现金流相差的程度，因此，账面利润与真实盈余的差距越小，越能有效反映企业的收支情况。通过寻求合适的、有效的会计程序和方法，可以获取企业真实的盈余；同时，真实的盈余作为重要的衡量指标，能够用来监督管理层的行为，规范企业经营，有利于投资者和债权人的资本保全。

（2）信息观下的盈余质量。会计的主要目的是通过对会计信息的确认、计量、记录和报告等一系列活动，最终获取企业真实的收益，但是在现实的经济活动中，存在诸多不确定性和信息不对称的情况，使得企业的收益不能通过各种会计方法真实地反映出来。因此，在信息观下，盈余具有信号功能，通过向市场中的利益相关者和其他信息使用者传递盈余信息，可以对利益相关者决策提供参考。通过事件研究法衡量盈余质量时，发现股价与非预期盈余是正相关关系，表明高效的盈余信息是投资者进行决策的重要依据之一。如果管理层能够披露企业真实的业绩，就意味着盈余信息质量较高，此时能够有效缓解信息不对称，投资者或债权人能够对企业的发展前景进行合理的预测，那么资本市场就会通过价格机制对企业的盈余信息做出反应，使得资本倾向于盈余质量较高的企业，缓解融资约束问题，进而提升整个社会的资本配置效率。

（3）计价观下的盈余质量。计价观下的会计盈余不再是间接影响股价的信号，而是与资本市场建立了直接联系。盈余的信息观的分析是以有效市场假说为前提，即证券价格在市场上能够充分反映可获得的信息，但我国当前的市场并不能达到有效市场的水平，因此这一分析并不完备。基于此，Ohlson（1995）提出盈余能够决定企业的价值，认为公司价值是指账面净资产和未来超常收益的现值的总和。因此，盈余不仅仅具有信号功能，更重要的是作为一种可以进行计量的经济变量，能够影响企业的内在价值，从而会对投资者的判断产生影响。当资本市场效率不高时，股票价格偏离其内在价值，此时盈余质量越高，投资者对企业真实价值的判断就越准确，越容易做出科学的决策。

（4）契约观下的盈余质量。企业的本质是一系列契约的总和，参与企业活动的主体会通过缔结契约来缓解代理冲突。在契约制定和实施的过程中，会计盈余发挥了重要的监督作用。会计盈余作为重要的考评标准，是公司各项契约如薪酬契约、债务契约等的签订和实施中都需要参考的内容。当股东与管理层建立薪酬契约，委托其对公司进行管理时，会通过真实的盈余信息对管理层的行为进行监督，避免由于信息不对称带来的逆向选择与道德风险问题，同时根据盈余信息准确判断企业的真实价值，进而提高决策效率。债权人与债务人建立债务契约后，也会根据会计盈余数据，对相应的资金用途、投资方向等进行监管和约束。因此，盈余信息在企业经济活动中发挥了重要的作用，是利益相关者进行决策的重要依据。但在现实的企业活动中，由于信息不对称，削弱了委托人的监督作用，滋生了代理人的机会主义行为，代理人出于私利，为达到契约中的要求，可能会操纵企业的利润和盈余，在缺少委托人有效监督的情况下，这种投机现象会更加明显。

总结上述四种观点可知，在企业中，资本的配置深受盈余质量的影响，高质量的盈余信息会大大提高资本配置效率。管理者会根据盈余有用性操纵盈余，这就降低了盈余质量。因此，为了减少信息不对称和委托代理问题，需要进一步挖掘会计盈余的更大作用，使企业的盈余质量得到提高，从而提升资本配置效率。

2.3 本章小结

本章在对盈余质量、债务融资和企业资本配置效率等重点概念进行界定的基础上，主要对委托代理理论、信息不对称理论、债务契约理论与会计盈余功用论等相关理论进行了梳理，从而为后续研究问题与研究假设的提出奠定理论基础。

3 盈余质量与资本配置效率

3.1 引言

随着我国经济进入新常态以及经济结构的不断调整，再加上新冠肺炎疫情突袭而至，国家提出以国内大循环为主的双循环发展格局。上市公司作为微观经济的重要参与建设者，在我国的经济发展和资本配置等方面发挥着越来越重要的作用。资本配置效率是经济学及财务学领域学者一直关注的重点问题，而企业的盈余信息是反映企业资本配置及流动效率的重要指标。通常而言，较高质量的盈余信息可以降低企业内部与外部投资者之间的信息不对称程度，弱化股东与管理者之间的委托代理问题（Bushman 和 Smith，2006；周春梅和张慧，2009；薛光等，2016），有利于企业进行投资决策，优化资本配置，从而提高资本市场的运行效率。资本配置是资本市场健康稳定发展的关键着力点，也是企业长久发展的重要保障，其配置是否有效直接影响我国微观企业的成长壮大，进而影响我国经济的发展与增长的可持续性。微观企业的资本配置是在企业经营风险一定的情况下，决策者最大限度地利用可获得的资本（股权或者债务），即企业可支配的现金流进行企业的投资决策，实现企业的收益最大化，进而提升企业价值并为股东创造价值，其对企业未来发展的重要性不言而喻。已有研究发现，企业的信息质量、信息透明度是影响企业资本配置效率的关键因素之一。其中，影响投资决策者最直接和关键的因素是企业的盈余信息。然而，近年来学者发现，虽然资本市场得到了发展，但我国的资本配置效率仍然较为低下（徐晨阳，2020），资本市场仍然普遍存在投资不足和投资过度的现象（黄欣然，2011；冼依婷和赵兴楣，2020）。因此，对资本配置效率进行研究仍具有重要意义。

已有学者通过大量的实证研究发现，企业的会计信息质量与投资效率存在正相关关系，即企业的会计信息质量越高，其投资效率也越高（Verdi，2006；Biddle等，2009；Beatty等，2010；黄欣然，2011；Schulze等，2009；冼依婷和赵兴楣，2020）。Bushman和Smith（2001）的研究指出，会计信息可以从以下三个方面影响资本配置效率：第一，帮助管理者和投资者甄别投资项目的好与坏（McNichols和Stubben，2009）；第二，能够弱化管理者的代理行为，从而避免管理者因道德风险引发的自利行为，促使其将企业有限的资金投向更优的投资项目（Biddle等，2009）；第三，通过降低与投资者之间的信息不对称程度，解决逆向选择问题（Verdi，2006），影响企业的资本配置、生产效率和价值创造。公司盈余信息质量的提高，一方面便于外部资金提供者确定公司是否具有增长潜力以及了解投资机会的前瞻性和风险性，从而决定是否给予公司资金支持；另一方面，也便于投资者对管理者进行监督与激励，有效抑制管理层的自利行为及道德风险（Fama和Jensen，1983；Beatty等，2010），促使管理层在进行投资项目选择时更加谨慎，减少因投资不足或投资过度导致的无效或低效资本配置，提高企业的资本配置效率（Verdi，2006；Biddle等，2009），进而提升企业价值。

当前，会计研究领域对有关会计信息与企业投资行为的研究十分关注，但现有的大多数研究集中于探讨会计信息对管理层投资决策行为以及资本配置效率的影响，较少有学者对投资效率加以细化（分为投资不足和投资过度）并进行深入分析。因此，本章在现有文献基础之上尝试探究企业的会计信息（盈余质量）与资本配置效率（投资不足和投资过度）之间的关系，以期对现有研究进行拓展，并对盈余质量、资本配置效率等领域的研究进行有益补充，同时，为监管部门健全我国上市公司的会计信息披露制度，提高盈余质量提供帮助。

3.2 理论分析与假设提出

3.2.1 盈余质量与资本配置效率

1958 年，学者 Modigliani 和 Miller 提出企业的实际投资决策并不受融资结构和融资方式的影响，并提出完美资本市场（Perfect Capital Market）的假设。此后，诸多学者基于此进行了深入研究，发现受市场参与者之间的信息不对称、管理者的道德风险以及交易成本等因素的影响，现实的资本市场并非完美。在非完美市场下，高质量的财务报告通过会计信息的监督作用减少了代理问题，从而有效改善了企业的项目选择，降低了融资成本，最终提高了资本配置效率（Verdi，2006）。

公司高质量的盈余信息通过缓解信息不对称程度，降低了投资者的必要报酬率，进而减少了公司外部融资成本，使得由资金问题所致的投资不足问题得以缓解。且在不完美市场下，企业内部资金的束缚会制约资本支出的开放性。除盈余质量水平外，预期盈余质量同样会影响公司的投资情况（Meyer 和 Kuh，1957）。Biddle 等（2009）通过验证得出，低质量的会计信息通过影响投资者和管理者对投资机会的判断以及增加投资者与管理者之间的信息不对称程度这两条路径导致企业的低效率投资。相反，高质量的会计信息对减少逆向选择和道德风险有正向作用，从而提高企业的资本配置效率。Bushman 和 Smith（2001）在此基础上发现，会计信息还具有一定的治理作用，其通过契约的形式影响公司治理机制，进而影响经济效果。与 Biddle 等相似，Collins 和 Kothari（1989）、Barth（1992）认为，投资者对企业投资机会和盈利能力的判断受企业盈余水平的影响。另外，公司盈余信息透明度的提高，有助于缓解股东与管理层之间的信息不对称，便于股东对管理层进行有效监督与恰当激励，在一定程度上抑制其自利行为，避免因管理层的道德风险而导致的自利性投资，从而使管理层在进行投资项目选择时基于企业价值最大化的角度，促进投资效率的提升。刘慧龙等（2014）实证检验了在控制决策制定权和决策控制权的情况下，盈余管理与资本配置效率的关系。朱志标（2016）通过实证检验盈余信息质量对投资效率的影响发现，高质量的盈余信息表现出较高的投资效率。冼依婷和赵兴楣（2020）利用中国上市公司数据实证检验了盈余管理程度对非效率投资的影响，发现盈余管理程度与企业非效率投资显著正相关，且盈余管理程度高会同时增加投资过度与投资不足这两种非效率问题。

综上所述，盈余质量的提高降低了信息不对称程度，减少了其带来的逆向选择和道德风险，并且发挥了积极的治理作用，提高了企业投资效率，进而提高了资本配置效率。因此，本书提出如下假设。

假设 3-1：盈余质量与资本配置效率显著正相关，即盈余质量的改善能提高上市公司的资本配置效率。

本书借鉴 Richardson（2006）提出的公司投资期望模型的残差对公司的资本配置效率加以衡量。其中，"投资期望模型的残差＜0"表示投资不足（Under Investment），"投资期望模型的残差＞0"表示投资过度（Over Investment）。鉴于研究所需，本部分除了对盈余质量与资本配置效率的关系进行探讨外，还将进一步从投资行为的角度对全样本公司进行划分（投资不足子样本和投资过度子样本），分类探讨盈余质量对资本配置效率的具体影响。通过梳理现有相关文献及相关理论可以得出：较高质量的财务盈余信息可以缓解管理层和投资者之间的信息不对称，降低企业融资成本，提高企业获取外部资金的能力，缓解企业融资约束，进而在一定程度上避免企业因资金不足而放弃对企业有利的投资机会；同时，较高质量的盈余信息在一定程度上还可以发挥监督治理作用，减少因企业管理层的机会主义行为而导致的非效率投资（投资不足和投资过度）现象（杨淑娥，2006）；此外，较高的盈余质量亦可缓解股东和债权人之间的代理问题以及大小股东之间因所掌握信息的差异而产生的代理问题，减少资产替代和大股东掏空行为。

基于以上分析，本书提出如下假设。

假设 3-2-1：盈余质量与投资不足负相关，即盈余质量的提高能缓解企业的投资不足。

假设 3-2-2：盈余质量与投资过度负相关，即盈余质量的提高能抑制企业的投资过度。

目前有关过度投资的研究颇丰。魏明海和柳建华（2007）基于我国国有上市公司样本研究发现，较低的现金股利政策助长了企业过度投资的现象，但是治理机制能有效抑制两者之间的关系。进一步地，学者们在变更了公司治理因素的衡量方法（南开治理指数）后，同样得出了公司治理机制能约束企业过度投资行为的结论（李维安，2007）。然而，关于公司治理机制对不同投资行为（投资不足和投资过度）的影响，尚缺乏进一步探讨。周春梅（2009）研究发现，企业资本配置效率深受盈余质量和代理成本的影响，其高低可通过调节代理成本加以实现，且这种影响在过度投资的情况下更为明显。

基于此，本书提出如下假设。

假设 3-3：盈余质量对资本配置效率的影响主要体现在影响过度投资方面，即盈余质量的改善更能有效抑制上市公司的过度投资行为。

3.2.2 产权性质、盈余质量与资本配置效率

我国企业的产权性质天然存在差异，当持股主体直接或间接为政府或国家时，则为国有企业，而持股主体为自然人时，则为非国有企业。我国企业受到的监管和约束也因持股主体即终极控股股东性质的不同而有所差异（李四海等，2015；刘超和邢嘉宝，2020；吴秋生和马文琪，2021）。由于国有企业与非国有企业在担保机制和融资约束两个方面存在显著差异（黄欣然，2011；李海燕，2021；赵璨等，2015），因此盈余质量对资本配置效率的影响在不同产权性质的企业中有所不同。首先，与国有企业相比，非国有企业面临信贷歧视的现象，其融资约束更为明显，并且在政府资源的获取上也存在劣势，因此在市场竞争中，国有企业因政府隐性担保而具有不可替代的优势（吴祖光和万迪昉，2011；陈旭东等，2020）。相比国有企业，非国有企业的债务融资成本更高，因缺乏充裕的资金满足其项目投资需要，企业投资不足的现象较为突出，主要依靠权益融资或者内源融资方式获取资金。其次，非国有企业的股东追求企业价值最大化，仅以获得利润为目的，在信息不对称的情况下，管理层与股东之间的利益存在一定差异，代理冲突较大，使得管理层因自利动机而做出过度投资或者无效投资行为。

基于上述分析，本书提出如下假设。

假设 3-4：与非国有企业相比，盈余质量对资本配置效率的正向影响在国有企业中更为显著。

3.3 研究设计

3.3.1 样本选择与数据来源

我国资本市场起步较晚，各种制度建设还不完善，2003 年国务院国有资产监督管理委员会的成立标志着我国资本市场向前迈出重要的一步。因此，本书选取 2003 年之后的上市公司作为研究样本，探讨 2003—2019 年中国上市公司盈余质量对资本配置效率的影响。根据研究需要，本书按照以下标准对初选样本进行了筛选：①剔除金融类、保险类上市公司；②剔除同时发行 B 股或 H 股的上市公司；③剔除关键变量数据缺失的上市公司。此外，为排除极端值对研究结论的影响，本书对所有连续变量进行 1% 和 99% 分位的缩尾处理。研究中所涉及的财务数据和终极控制人数据均来自 CSMAR 和 Wind 数据库，数据处理使用的软件为 Stata16.0。

3.3.2 变量定义

（1）被解释变量：资本配置效率。参照现有实证研究，对特定企业资本配置效率进行衡量的方法主要有 FHP（1988）模型、Vogot（1994）模型、Wurgler（2000）模型和 Richardson（2006）模型等。为保持研究的一致性、可靠性与谨慎性，本书采用目前我国大多数学者在实证研究中采用的 Richardson（2006）模型进行衡量（魏明海和柳建华，2007；姜付秀等，2009；陈运森和谢德仁，2011）。

借鉴 Richardson（2006）模型的基本原理并结合我国现有的研究文献，本书建立如下模型，基于上市公司的年度 - 行业数据来估计公司的预期投资水平。

$$INV_{i,\ t}=\alpha_0+\alpha_1+Grow_{i,\ t-1}+\alpha_2Lev_{i,\ t-1}+\alpha_3Cash_{i,\ t-1}+\alpha_4Size_{i,\ t-1}+\alpha_5Age_{i,\ t-1}+\alpha_6Ret_{i,\ t-1}+\alpha_7Inv_{i,\ t-1}+\Sigma Year+\Sigma Ind+\varepsilon_{i,\ t} \quad (3\text{-}1)$$

其中：$INV_{i,\ t}$ 表示 i 公司第 t 年的投资水平，本书基于现金收付实现制原则和现金流量表信息，采用 i 公司第 t 年的新增资本投资支出衡量，以期初资产总额标准化后的投资活动现金流中购置固定资产、无形资产及其他长期资产的现金与处置固定资产、无形资产及其他长期资产而收回的现金之差来代替（饶育蕾和汪玉英，2006；陈运森和朱松，2009）；$Grow_{i,\ t-1}$ 表示 i 公司 $t-1$ 年的成长性，用第 $t-1$ 年营业收入与第 $t-2$ 年营业收入的差值比第 $t-2$ 年营业收入，即营业收入的增长率加以衡量；$Lev_{i,t-1}$表示i公司$t-1$年的资产负债率，等于负债总额与总资产的比值；$Cash_{i,t-1}$表示i公司$t-1$年的现金持有水平，等于现金持有量与期初总资产的比值；$Size_{i,t-1}$表示i公司$t-1$年的规模，通过对总资产取自然对数得到；$Age_{i,t-1}$表示i公司截至$t-1$年末的上市年限，用自然对数表示；$Ret_{i,t-1}$表示i公司$t-1$年的股票回报率，以当年5月到次年4月经市场调整后按月度计算的股票年度收益率来代替。另外，本书还考虑了年度和行业效应，以消除年度宏观变化和行业不同投资水平的影响。

该模型的残差即为资本配置效率。其中：残差为正则表示企业存在过度投资，即实际投资额高于预期投资额，其金额与投资过度程度成正比，用$OInv_{i,t}$表示；残差为负则表示企业投资不足，即实际投资额小于预期投资额，其金额与投资不足程度成反比，为便于理解，一般乘以-1，用$UInv_{i,t}$表示。

（2）解释变量：盈余质量。本书采用多种盈余质量的计量方法，以保证研究结论的稳健性。目前应用较广的方法是基于会计盈余的主要组成部分（非经常性损益、应计项目和现金流量等），从盈余管理的角度，将会计盈余调整为盈余质量。由于本书涉及上市公司的盈余质量水平，因此参考黄海杰等（2016）的做法采用修正的Jones模型来度量盈余质量水平，并按照Dechow和Ge（2006）的做法，采用行业截面修正的Jones模型来计算操纵性应计利润。模型的计算过程如下。

①计算总应计利润（Total Accruals，TA）。

$$TA_{i,t}=NI_{i,t}-OCF_{i,t} \quad (3-2)$$

其中：$TA_{i,t}$为i公司第t年的总应计利润；$NI_{i,t}$为i公司第t年的净利润［营业收入－营业成本－税金及附加－期间费用－资产减值损失＋公允价值变动收益（－公允价值变动损失）＋投资收益（－投资损失）＋资产处置收益（－资产处置损失）＋其他收益＋营业外收入－营业外支出－应交所得税］；$OCF_{i,t}$为i公司第t年经营活动产生的现金流量净额（现金流入－现金流出）。

②计算非操纵性应计利润（Non-Discretionary Accruals，NDA）。

分行业、分年度对Jones模型进行回归，得到β_0、β_1、β_2。

$$\frac{TA_{i,t}}{A_{i,t-1}}=\beta_0+\beta_1\frac{1}{A_{i,t-1}}+\beta_2\frac{\Delta REV_{i,t}}{A_{i,t-1}}+\beta_3\frac{PPE_{i,t}}{A_{i,t-1}}+\Sigma Year+\Sigma Ind+\varepsilon_{i,t} \quad (3-3)$$

将 β_0、β_1、β_2 代入修正的 Jones 模型，得到 NDA 的拟合值，将其作为非操纵性应计利润的估计值。

$$NDA_{i,t}=\hat{\beta}_0+\frac{1}{A_{i,t-1}}+\hat{\beta}_1\frac{\Delta REV_{i,t}-\Delta REC_{i,t}}{A_{i,t-1}}+\hat{\beta}_2\frac{PPE_{i,t}}{A_{i,t-1}} \quad (3-4)$$

式（3-4）中：$A_{i,t-1}$ 是 i 公司 $t-1$ 年的年末总资产；$NDA_{i,t}$ 为 i 公司第 t 年的非操纵性应计利润；$\Delta REV_{i,t}$ 等于 t 年的主营业务收入减去 $t-1$ 年的主营业务收入；$\Delta REC_{i,t}$ 等于 t 年的应收账款净额减去 $t-1$ 年的应收账款净额；$PPE_{i,t}$ 是 i 公司第 t 年的固定资产净额。

③完成上述估计后，计算操纵性应计利润（Discretionary Accruals，DA）。

$$DA_{i,t}=\frac{TA_{i,t}}{A_{i,t-1}}-NDA_{i,t} \quad (3-5)$$

$DA_{i,t}$ 是 i 公司第 t 年的操纵性应计利润，由于操纵性应计利润的数值可能为正也可能为负，本书对其取绝对值，作为盈余质量指标，其值越大，表示盈余质量越低，是一个逆向指标。为了后续研究方便，本书令 $EQ=-|DA|$，然后将 EQ 作为盈余质量的代理变量，其数值越大代表盈余质量越高。

（3）调节变量：产权性质。本书根据国泰安数据库中实际控制人的性质，将公司分为国有企业与非国有企业（民营企业）两类。若公司的实际控制人为中央国有企业、中央国家机关、国资委、地方国有企业、地方国资委、地方政府或教育机构，则为国有企业，否则为非国有企业。本书将产权性质（*Soe*）定义为虚拟变量，当上市公司是国有企业时，取值为 1，否则为 0。

（4）控制变量：参考以往学者（Kothari 等，2005；姜付秀等，2013；黄海杰等，2016）的研究并考虑数据的可获得性，本研究加入了一系列控制变量。在公司治理方面，本书控制了实际控制人的性质（*Soe*）、公司第一大股东持股比例（*Holdedtate*1）、独立董事比例（*Ddsbl*）、两职合一（*Ceodum*）；在公司特征方面，本书控制了公司规模（*Size*）、财务杠杆（*Lev*）、总资产净利率（*Roa*）、公司成长性（*Grow*）、现金持有水平（*Cash*）、公司上市年限（*Age*）、总资产周转率

（*Aturn*）、股票回报率（*Ret*）；此外，本书还控制了年度固定效应（*Year*）和行业固定效应（*Ind*）的影响。

3.3.3 实证模型设定

为了探讨盈余质量对资本配置效率可能的影响，本章的实证检验主要分为以下两个步骤。

第一步，按照模型（3–6）检验盈余质量对公司整体投资效率的影响。本章的盈余质量与模型涉及的控制变量均采用滞后一期的数值，这在一定程度上能缓解公司投资效率和盈余质量之间存在的内生性问题。具体的实证模型如下所示。

$$\begin{aligned}InvEff_{i,t}=&\alpha_0+\alpha_1EQ_{i,t-1}+\alpha_2Grow_{i,t-1}+\alpha_3Lev_{i,t-1}+\alpha_4Cash_{i,t-1}+\alpha_5Size_{i,t-1}+\alpha_6Age_{i,t-1}\\&+\alpha_7Ret_{i,t-1}+\alpha_8Inv_{i,t-1}+\alpha_9Roa_{i,t-1}+\alpha_{10}Aturn_{i,t-1}+\alpha_{11}Soe_{i,t-1}+\alpha_{12}Holdedtate1_{i,t-1}\\&+\alpha_{13}Ddsbl_{i,t-1}+\alpha_{14}Ceodum_{i,t-1}+\Sigma Year+\Sigma Ind+\varepsilon_{i,t}\end{aligned}\tag{3–6}$$

第二步，为了深入探究，本书进一步按照投资过度与投资不足对样本进行分组，并分别构建实证模型，检验盈余质量对投资过度和投资不足的影响。模型分别如（3–7）和（3–8）所示。

（1）当 $\varepsilon>0$ 时，即代表公司处于投资过度状态。

$$\begin{aligned}OInv_{i,t}=&\alpha_0+\alpha_1EQ_{i,t-1}+\alpha_2Grow_{i,t-1}+\alpha_3Lev_{i,t-1}+\alpha_4Cash_{i,t-1}+\alpha_5Size_{i,t-1}+\alpha_6Age_{i,t-1}\\&+\alpha_7Ret_{i,t-1}+\alpha_8Inv_{i,t-1}+\alpha_9Roa_{i,t-1}+\alpha_{10}Aturn_{i,t-1}+\alpha_{11}Soe_{i,t-1}+\alpha_{12}Holdedtate1_{i,t-1}\\&+\alpha_{13}Ddsbl_{i,t-1}+\alpha_{14}Ceodum_{i,t-1}+\Sigma Year+\Sigma Ind+\varepsilon_{i,t}\end{aligned}\tag{3–7}$$

（2）当 $\varepsilon<0$ 时，即代表公司处于投资不足状态。

$$\begin{aligned}UInv_{i,t}=&\alpha_0+\alpha_1EQ_{i,t-1}+\alpha_2Grow_{i,t-1}+\alpha_3Lev_{i,t-1}+\alpha_4Cash_{i,t-1}+\alpha_5Size_{i,t-1}+\alpha_6Age_{i,t-1}\\&+\alpha_7Ret_{i,t-1}+\alpha_8Inv_{i,t-1}+\alpha_9Roa_{i,t-1}+\alpha_{10}Aturn_{i,t-1}+\alpha_{11}Soe_{i,t-1}+\alpha_{12}Holdedtate1_{i,t-1}\\&+\alpha_{13}Ddsbl_{i,t-1}+\alpha_{14}Ceodum_{i,t-1}+\Sigma Year+\Sigma Ind+\varepsilon_{i,t}\end{aligned}\tag{3–8}$$

为了进一步检验产权性质（国有企业或者非国有企业）、盈余质量与资本配置效率的关系，本书在模型（3–6）的基础上，将盈余质量与产权性质进行交乘，并将交乘项加入模型进行回归检验，具体模型如（3–9）所示。

$$\begin{aligned}InvEff_{i,t}=&\alpha_0+\alpha_1EQ_{i,t-1}+\alpha_2EQ_{i,t-1}\times Soe_{i,t-1}+\alpha_3Grow_{i,t-1}+\alpha_4Lev_{i,t-1}+\alpha_5Cash_{i,t-1}\\&+\alpha_6Size_{i,t-1}+\alpha_7Age_{i,t-1}+\alpha_8Ret_{i,t-1}+\alpha_9Inv_{i,t-1}+\alpha_{10}Roa_{i,t-1}+\alpha_{11}Aturn_{i,t-1}+\alpha_{12}Soe_{i,t-1}\end{aligned}$$

$$+\alpha_{13}Holdedtate1_{i,\ t-1}+\alpha_{14}Ddsbl_{i,\ t-1}+\alpha_{15}Ceodum_{i,\ t-1}+\Sigma Year+\Sigma Ind+\varepsilon_{i,\ t} \quad (3-9)$$

（1）当 $\varepsilon>0$ 时，即代表公司处于投资过度状态。

$$OInv_{i,\ t}=\alpha_0+\alpha_1 EQ_{i,\ t-1}+\alpha_2 EQ_{i,\ t-1}\times Soe_{i,\ t-1}+\alpha_3 Grow_{i,\ t-1}+\alpha_4 Lev_{i,\ t-1}+\alpha_5 Cash_{i,\ t-1}$$
$$+\alpha_6 Size_{i,\ t-1}+\alpha_7 Age_{i,\ t-1}+\alpha_8 Ret_{i,\ t-1}+\alpha_9 Inv_{i,\ t-1}+\alpha_{10} Roa_{i,\ t-1}+\alpha_{11} Aturn_{i,\ t-1}+\alpha_{12} Soe_{i,\ t-1}$$
$$+\alpha_{13}Holdedtate1_{i,\ t-1}+\alpha_{14}Ddsbl_{i,\ t-1}+\alpha_{15}Ceodum_{i,\ t-1}+\Sigma Year+\Sigma Ind+\varepsilon_{i,\ t} \quad (3-10)$$

（2）当 $\varepsilon<0$ 时，即代表公司处于投资不足状态。

$$UInv_{i,\ t}=\alpha_0+\alpha_1 EQ_{i,\ t-1}+\alpha_2 EQ_{i,\ t-1}\times Soe_{i,\ t-1}+\alpha_3 Grow_{i,\ t-1}+\alpha_4 Lev_{i,\ t-1}+\alpha_5 Cash_{i,\ t-1}$$
$$+\alpha_6 Size_{i,\ t-1}+\alpha_7 Age_{i,\ t-1}+\alpha_8 Ret_{i,\ t-1}+\alpha_9 Inv_{i,\ t-1}+\alpha_{10} Roa_{i,\ t-1}+\alpha_{11} Aturn_{i,\ t-1}+\alpha_{12} Soe_{i,\ t-1}$$
$$+\alpha_{13}Holdedtate1_{i,\ t-1}+\alpha_{14}Ddsbl_{i,\ t-1}+\alpha_{15}Ceodum_{i,\ t-1}+\Sigma Year+\Sigma Ind+\varepsilon_{i,\ t} \quad (3-11)$$

全部变量的定义汇总如表 3-1 所示。

表 3-1 变量定义

变量类型	变量名称	变量符号	变量定义
被解释变量	资本配置效率	*InvEff*	对采用 Richardson 模型计算得出的残差取绝对值的负数
	投资不足	*UInv*	采用 Richardson 模型计算得出的残差小于零的部分，为了便于理解取绝对值
	投资过度	*OInv*	采用 Richardson 模型计算得出的残差大于零的部分
解释变量	盈余质量	*EQ_jones*	按照修正的 Jones 模型所估计的企业操纵性应计利润的绝对值的负数
	累计操纵性应计利润	*EQ_dacc*	累计操纵性应计利润的绝对值的负数
	盈余平滑度	*EQ_em*	盈余平滑度的负数：公司披露的会计盈余与真实收益之间的偏离程度的负数
	真实盈余管理之销售操控	*EQ_emp*	异常经营活动现金流量的绝对值
	真实盈余管理之成本操控	*EQ_emc*	异常生产成本的绝对值
	真实盈余管理之费用操控	*EQ_emd*	异常酌量费用的绝对值

续表

变量类型	变量名称	变量符号	变量定义
控制变量	公司规模	*Size*	总资产的自然对数
	总资产净利率	*Roa*	净利润 / 总资产
	现金持有水平	*Cash*	期末货币资金余额 / 期末总资产
	公司成长性	*Grow*	主营业务收入增长率
	资产负债率	*Lev*	负债总额 / 资产总额
	公司上市年限	*Age*	当前年度减去公司的上市年度然后加 1，再取对数
	总资产周转率	*Aturn*	主营业务收入 / 平均总资产
	股票回报率	*Ret*	当年 5 月至次年 4 月经市场调整后按月度计算的股票年度收益率
	产权性质	*Soe*	虚拟变量，上市公司若为国有企业，取值为 1，否则为 0
	公司第一大股东持股比例	*Holdedtate*1	公司第一大股东持股比例
	独立董事比例	*Ddsbl*	独立董事人数 / 董事总人数
	两职合一	*Ceodum*	虚拟变量，董事长和总经理是否两职合一，若董事长和总经理为同一人，则取值为 1，否则为 0
	年度哑变量	*Year*	按年度构建哑变量
	行业哑变量	*Ind*	按行业构建哑变量

3.4　变量的描述性统计和相关性分析

3.4.1　变量的描述性统计

为更好地分析盈余质量与资本配置效率之间的关系，在进行相关性分析及回归分析之前，首先对全样本变量进行描述性统计，其结果如表 3–2 所示。从表 3–2 可见，我国上市公司资本配置效率的均值为 0.0315，最小值与最大值分别为 0.0000 与 0.2850，标准差为 0.0326，说明上市公司总体资本配置水平较为均匀，但是不同企业的情况存在较大差异。盈余质量的最小值为 –0.3550，均值为 –0.0579，两者之间的差距较大，且标准差为 0.0586，这一结果说明我国上市公司的盈余质量存在着很大差异，这为本章的研究创造了有利的条件。其余的变量与现有研究基本保持一致。

表 3-2 全样本变量的描述性统计结果

变量	N	mean	p25	p50	p75	min	sd	max
InvEff	11000	0.0315	0.0102	0.0217	0.0407	0.0000	0.0326	0.2850
EQ_jones	11000	-0.0579	-0.0777	-0.0406	-0.0182	-0.3550	0.0586	-0.0007
EQ_dacc	11000	-0.0714	-0.0961	-0.0507	-0.0233	-0.4250	0.0705	-0.0009
EQ_em	8800	-4.0980	-4.4120	-2.1010	-1.0970	-36.9000	5.7800	-0.1230
EQ_emp	11000	0.0599	0.0202	0.0435	0.0801	0.0008	0.0573	0.3110
EQ_emc	11000	0.0838	0.0242	0.0541	0.1070	0.0009	0.0936	0.5220
EQ_emd	11000	0.0418	0.0116	0.0266	0.0546	0.0005	0.0465	0.2710
Grow	11000	0.1540	-0.0299	0.1030	0.2520	-0.5700	0.3770	2.8180
Lev	11000	0.4610	0.2990	0.4690	0.6240	0.0614	0.2070	0.8830
Cash	11000	0.1760	0.0792	0.1350	0.2310	0.0072	0.1370	0.6660
Size	11000	0.2213	0.2121	0.2194	0.2285	0.1968	0.0128	0.2600
Age	11000	2.2340	1.7920	2.3980	2.7730	0.6930	0.6380	3.2580
Ret	11000	0.2390	-0.1990	0.0298	0.4870	-0.5630	0.6350	2.8560
Linv	11000	0.0605	0.0185	0.0465	0.0889	-0.0806	0.0596	0.2680
Aturn	11000	0.6660	0.3500	0.5540	0.8360	0.0696	0.4680	2.5990
Soe	11000	0.5020	0.0000	1.0000	1.0000	0.0000	0.5000	1.0000
*Holdedtate*1	11000	0.3601	0.2352	0.3426	0.4710	0.0029	0.1536	0.8999
Ddsbl	11000	0.3700	0.3330	0.3330	0.4000	0.0909	0.0547	0.8000
Ceodum	11000	0.1990	0.0000	0.0000	0.0000	0.0000	0.3990	1.0000

为深入探讨盈余质量与资本配置效率的关系，本部分根据资本配置的情况将全样本分为投资不足样本和投资过度样本两组，并对变量分组进行描述性统计，具体结果分别如表 3-3 和表 3-4 所示。

表 3-3 投资不足样本变量的描述性统计结果

变量	N	mean	p25	p50	p75	min	sd	max
UInv	6400	0.0265	0.0106	0.0205	0.0345	0.0000	0.0242	0.2430
EQ_jones	6400	-0.0593	-0.0799	-0.0411	-0.0181	-0.3550	0.0604	-0.0007

续表

变量	N	mean	p25	p50	p75	min	sd	max
EQ_dacc	6400	–0.0730	–0.0982	–0.0512	–0.0231	–0.4250	0.0732	–0.0009
EQ_em	5200	–4.1900	–4.5750	–2.1150	–1.0740	–36.9000	5.9390	–0.1230
EQ_emp	6400	0.0600	0.0197	0.0432	0.0800	0.0008	0.0582	0.3110
EQ_emc	6400	0.0850	0.0240	0.0551	0.1080	0.0009	0.0945	0.5220
EQ_emd	6400	0.0424	0.0117	0.0272	0.0553	0.0005	0.0470	0.2710
Grow	6400	0.1330	–0.0477	0.0873	0.2350	–0.5700	0.3680	2.8180
Lev	6400	0.4550	0.2870	0.4590	0.6240	0.0614	0.2120	0.8830
Cash	6400	0.1790	0.0785	0.1360	0.2360	0.0072	0.1410	0.6660
Size	6400	0.2211	0.2116	0.2189	0.2284	0.1968	0.0130	0.2600
Age	6400	2.2340	1.6090	2.3980	2.7730	0.6930	0.6370	3.2580
Ret	6400	0.2420	–0.2070	0.0218	0.4820	–0.5630	0.6560	2.8560
Linv	6400	0.0569	0.0162	0.0403	0.0816	–0.0806	0.0575	0.2680
Aturn	6400	0.6720	0.3490	0.5540	0.8460	0.0696	0.4730	2.5990
Soe	6400	0.5160	0.0000	1.0000	1.0000	0.0000	0.5000	1.0000
*Holdedtate*1	6400	0.3645	0.2379	0.3476	0.4782	0.0029	0.1552	0.8999
Ddsbl	6400	0.3710	0.3330	0.3330	0.4000	0.1430	0.0556	0.8000
Ceodum	6400	0.1930	0.0000	0.0000	0.0000	0.0000	0.3950	1.0000

表 3–4 投资过度样本变量的描述性统计结果

变量	N	mean	p25	p50	p75	min	sd	max
OInv	4400	0.0386	0.0095	0.0246	0.0539	0.0000	0.0408	0.2850
EQ_jones	4400	–0.0559	–0.0745	–0.0399	–0.0182	–0.3550	0.0559	–0.0007
EQ_dacc	4400	–0.0691	–0.0934	–0.0500	–0.0236	–0.4250	0.0664	–0.0009
EQ_em	3600	–3.9660	–4.1330	–2.0680	–1.1240	–36.9000	5.5400	–0.1230
EQ_emp	4400	0.0597	0.0210	0.0441	0.0803	0.0008	0.0560	0.3110
EQ_emc	4400	0.0820	0.0243	0.0525	0.1060	0.0009	0.0923	0.5220
EQ_emd	4400	0.0408	0.0114	0.0258	0.0539	0.0005	0.0457	0.2710
Grow	4400	0.1850	–0.0017	0.1230	0.2810	–0.5700	0.3880	2.8180
Lev	4400	0.4710	0.3170	0.4830	0.6240	0.0614	0.1990	0.8830
Cash	4400	0.1720	0.0800	0.1330	0.2250	0.0072	0.1300	0.6660

续表

变量	N	mean	p25	p50	p75	min	sd	max
Size	4400	0.2217	0.2130	0.2202	0.2287	0.1968	0.0124	0.2600
Age	4400	2.2350	1.7920	2.3980	2.7730	0.6930	0.6400	3.2580
Ret	4400	0.2350	–0.1890	0.0453	0.4930	–0.5630	0.6030	2.8560
Linv	4400	0.0659	0.0231	0.0549	0.0997	–0.0806	0.0622	0.2680
Aturn	4400	0.6590	0.3510	0.5540	0.8200	0.0696	0.4610	2.5990
Soe	4400	0.4820	0.0000	0.0000	1.0000	0.0000	0.5000	1.0000
*Holdedtate*1	4400	0.3537	0.2338	0.3367	0.4607	0.0362	0.1511	0.8635
Ddsbl	4400	0.3690	0.3330	0.3330	0.4000	0.0909	0.0535	0.7140
Ceodum	4400	0.2080	0.0000	0.0000	0.0000	0.0000	0.4060	1.0000

对比表 3–3 和表 3–4 可以看出，公司投资过度的样本均值（中位数）为 0.0386（0.0246），公司投资不足的样本均值（中位数）为 0.0265（0.0205），表明与投资不足的公司相比，投资过度的公司虽然数量较少，但表现程度更为严重。

盈余质量在投资过度样本中的均值（中位数）为 –0.0559（–0.0399），而在投资不足样本中的均值（中位数）为 –0.0593（–0.0411），显然，相比于投资不足样本，投资过度样本中盈余质量的均值和中位数均较大。

公司成长性在投资过度样本中的均值（中位数）为 0.1850（0.1230），而在投资不足样本中的均值（中位数）为 0.1330（0.0873），可以看出，投资过度样本中公司成长性的均值和中位数明显大于投资不足样本。

资产负债率在投资过度样本中的均值（中位数）为 0.4710（0.4830），而在投资不足样本中的均值（中位数）为 0.4550（0.4590），可见投资过度样本中资产负债率的均值和中位数大于投资不足样本。

现金持有水平在投资过度样本中的均值（中位数）为 0.1720（0.1330），而在投资不足样本中的均值（中位数）为 0.1790（0.1360），由此可知，投资不足样本的现金持有水平高于投资过度样本，这可能是因为企业过度投资消耗了企业的现金，进而导致企业的现金持有水平较低。

公司规模在投资过度样本中的均值（中位数）为 0.2217（0.2202），而在投资不足样本中的均值（中位数）为 0.2211（0.2189），说明两组样本的公司规模差别较小。

国有企业的比重在投资过度样本中的均值（中位数）为 0.4820（0.0000），而在投资不足样本中的均值（中位数）为 0.5160（1.0000），这与理论分析结果保持一致，说明国有企业虽然面临较弱的融资约束，但碍于企业的经营目标，管理层不会积极寻找投资机会，致使企业面临投资不足的问题。

公司第一大股东持股比例在投资过度样本中的均值（中位数）为 0.3537（0.3367），而在投资不足样本中的均值（中位数）为 0.3645（0.3476），可见投资不足样本中公司第一大股东持股比例高于投资过度样本，这可能源于大股东发挥了监督治理职能。

比较表 3-3 与表 3-4 还可以发现，投资不足样本中的公司有 6400 家，而投资过度样本中的公司有 4400 家，由此可知，我国上市公司投资不足的现象比投资过度的现象更为普遍；但是投资过度的最大值、均值高于投资不足，这也说明上市公司投资不足的程度相较于投资过度较为缓和。观察两个样本中盈余质量的最大值、均值以及标准差可以得出，投资不足公司的盈余操控行为可能更为严重。根据上述子样本的描述性统计可以看出，我国上市公司的资本配置确实存在不合理之处，因此有必要研究盈余质量对资本配置效率的影响，为优化资本配置寻找新途径。

3.4.2 相关性分析

为了进一步验证模型的合理性及各变量之间的相关关系，本书分别对全样本和子样本的主要变量做了相关性分析，具体的分析结果如表 3-5、表 3-6 和表 3-7 所示。

表 3-5 全样本主要变量的相关性分析结果

	InvEff	*EQ_jones*	*EQ_dacc*	*EQ_em*	*EQ_emp*	*EQ_emc*	*EQ_emd*	*Grow*	*Ceodum*
InvEff	1								
EQ_jones	-0.0270***	1							
EQ_dacc	-0.0280***	0.7390***	1						
EQ_em	0.0560***	0.1460***	0.1170***	1					

续表

	InvEff	EQ_jones	EQ_dacc	EQ_em	EQ_emp	EQ_emc	EQ_emd	Grow	Ceodum
EQ_emp	0.0520***	-0.5950***	-0.4860***	-0.1350***	1				
EQ_emc	0.0150	-0.2830***	-0.2480***	-0.0930***	0.4080***	1			
EQ_emd	0.0290***	-0.0470***	-0.0160	0.0330***	0.1040***	0.3550***	1		
Grow	0.0610***	-0.1330***	-0.1370***	-0.0130	0.1710***	0.1510***	0.0900***	1	
Ceodum	0.0140	-0.0060	-0.0030	-0.0160	0.0190	0.0080	0.0670***	0.0130	1

注：* 为在 0.1 的水平上显著，** 为在 0.05 的水平上显著，*** 为在 0.01 的水平上显著。

从表 3-5 可知：盈余质量与公司资本配置效率显著正相关，且通过 1% 水平的显著性检验，说明盈余质量的提高有助于公司投资水平的提升，证明了假设 3-1 的合理性；公司盈利能力、投资规模与资本配置效率显著正相关，与预期结果相同；公司成长性与资本配置效率显著正相关，因此在企业快速发展的时期，要更加关注资本的流动，将资本投资于优质项目。

表 3-6 投资不足样本主要变量的相关性分析结果

	UInv	EQ_jones	EQ_dacc	EQ_em	EQ_emp	EQ_emc	EQ_emd	Grow	Ceodum
UInv	1								
EQ_jones	-0.0880***	1							
EQ_dacc	-0.0750***	0.7540***	1						
EQ_em	0.0250	0.1380***	0.1190***	1					
EQ_emp	0.0920***	-0.5960***	-0.5030***	-0.1440***	1				
EQ_emc	0.0970***	-0.2960***	-0.2640***	-0.0960***	0.4110***	1			
EQ_emd	0.0740***	-0.0600***	-0.0190	0.0230	0.1100***	0.3660***	1		
Grow	0.0010	-0.1310***	-0.1310***	-0.0190	0.1740***	0.1480***	0.0960***	1	
Ceodum	0.0430***	-0.0240	-0.0160	-0.0160	0.0190	0.0020	0.0650***	0.0000	1

注：* 为在 0.1 的水平上显著，* 为在 0.05 的水平上显著，*** 为在 0.01 的水平上显著。

表 3-7 投资过度样本主要变量的相关性分析结果

	OInv	EQ_jones	EQ_dacc	EQ_em	EQ_emp	EQ_emc	EQ_emd	Grow	Ceodum
OInv	1								
EQ_jones	0.0180	1							

续表

	OInv	EQ_jones	EQ_dacc	EQ_em	EQ_emp	EQ_emc	EQ_emd	Grow	Ceodum
EQ_dacc	0.0040	0.7130***	1						
EQ_em	0.0840***	0.1580***	0.1140***	1					
EQ_emp	0.0200	−0.5960***	−0.4580***	−0.1220***	1				
EQ_emc	−0.0510***	−0.2620***	−0.2210***	−0.0880***	0.4050***	1			
EQ_emd	−0.0020	−0.0250	−0.0100	0.0480***	0.0940***	0.3380***	1		
Grow	0.0920***	−0.1420***	−0.1540***	−0.0060	0.1690***	0.1610***	0.0850***	1	
Ceodum	−0.0160	0.0200	0.0150	−0.0170	0.0180	0.0170	0.0700***	0.0270	1

注：* 为在 0.1 的水平上显著，** 为在 0.05 的水平上显著，*** 为在 0.01 的水平上显著。

表 3-6 与表 3-7 分别对投资不足与投资过度样本的主要变量进行了相关性分析。通过表中数据可以发现：在投资不足和投资过度的公司中，盈余质量与公司非效率投资显著负相关，这也证明了假设 3-2-1 和假设 3-2-2 的合理性；在投资不足和投资过度的公司中，公司成长性与非效率投资显著正相关；在投资不足和投资过度的公司中，资产负债率与非效率投资显著负相关；在投资不足和投资过度的公司中，现金持有水平和公司上市年限与非效率投资显著正相关。

3.5 多元回归结果及分析

3.5.1 盈余质量对资本配置效率的回归结果及分析

通过相关性分析可知，盈余质量与资本配置效率、盈余质量与投资不足、盈余质量与投资过度均存在显著的相关关系。在此基础上，本书采用 OLS 方法进行线性回归分析，进一步验证所提出的假设。

表 3-8 列示了采用不同的盈余质量衡量指标时，盈余质量对资本配置效率的回归结果。盈余质量的各个代理变量与资本配置效率均在 5% 以上的水平呈相关关系，其中：用按照修正的 Jones 模型所估计的企业操纵性应计利润的绝对值的负数（*EQ_ jones*）作为盈余质量的代理变量时，其与资本配置效率（*InvEff*）的回归系数为 0.0157，且在 1% 的水平上显著；用累计操纵性应计利润的绝对值的负数（*EQ_dacc*）作为盈余质量的代理变量时，其与资本配置效率（*InvEff*）

的回归系数为 0.0093，在 5% 的水平上显著；用盈余平滑度（*EQ_em*）作为盈余质量的代理变量时，其与资本配置效率（*InvEff*）的回归系数为 –0.0001，在 5% 的水平上显著；用真实盈余管理之销售操控（*EQ_emp*）作为盈余质量的代理变量时，其与资本配置效率（*InvEff*）的回归系数为 –0.0232，在 1% 的水平上显著；用真实盈余管理之成本操控（*EQ_emc*）作为盈余质量的代理变量时，其与资本配置效率（*InvEff*）的回归系数为 –0.0091，在 5% 的水平上显著；用真实盈余管理之费用操控（*EQ_emd*）作为盈余质量的代理变量时，其与资本配置效率（*InvEff*）的回归系数为 –0.0377，在 5% 的水平上显著。以上结果说明，盈余质量的提高能在一定程度上显著提高公司的资本配置效率。从表 3–8 中还可以发现各控制变量与资本配置效率的关系，具体如下：公司规模与资本配置效率的回归系数为正且显著，说明公司规模越大，资本配置效率越高；公司成长性与资本配置效率呈负相关关系；产权性质与资本配置效率显著正相关，说明国有企业的资本配置效率一定程度上高于非国有企业；公司上市年限并未对资本配置效率产生显著影响。

表 3–8 盈余质量对资本配置效率的回归结果

	（1）	（2）	（3）	（4）	（5）	（6）
	InvEff	*InvEff*	*InvEff*	*InvEff*	*InvEff*	*InvEff*
_cons	–0.0790***	–0.0801***	–0.0840***	–0.0792***	0.0019	0.0039
	（–6.8081）	（–6.9098）	（–6.9055）	（–6.8351）	（0.0509）	（0.1037）
EQ_jones	0.0157***					
	（2.9439）					
EQ_dacc		0.0093**				
		（2.0984）				
EQ_em			–0.0001**			
			（–2.0951）			
EQ_emp				–0.0232***		
				（–4.2597）		
EQ_emc					–0.0091**	
					（–2.1382）	

续表

	(1)	(2)	(3)	(4)	(5)	(6)
	InvEff	*InvEff*	*InvEff*	*InvEff*	*InvEff*	*InvEff*
EQ_emd						−0.0377**
						(−2.2444)
Grow	−0.0063***	−0.0064***	−0.0062***	−0.0061***	−0.0059***	−0.0057***
	(−7.5617)	(−7.6554)	(−7.1049)	(−7.2593)	(−4.4899)	(−4.3452)
Lev	0.0015	0.0012	−0.0010	0.0012	−0.0009	−0.0008
	(0.7951)	(0.6475)	(−0.4794)	(0.6403)	(−0.1707)	(−0.1457)
Cash	−0.0000	−0.0000	−0.0000	−0.0000	0.0000*	0.0000**
	(−0.3592)	(−0.3942)	(−0.5693)	(−0.3561)	(1.9056)	(1.9705)
Size	0.0024***	0.0025***	0.0027***	0.0025***	−0.0019	−0.0019
	(7.2487)	(7.4487)	(7.6366)	(7.3172)	(−1.3252)	(−1.3707)
Age	−0.0007	−0.0007	−0.0015*	−0.0007	0.0013	0.0014
	(−1.1320)	(−1.1705)	(−1.7931)	(−1.1198)	(0.4564)	(0.4736)
Ret	−0.0041***	−0.0041***	−0.0038***	−0.0040***	−0.0044***	−0.0044***
	(−5.6121)	(−5.6376)	(−4.7913)	(−5.4573)	(−5.6701)	(−5.7365)
Linv	−0.1216***	−0.1215***	−0.1250***	−0.1215***	−0.0468***	−0.0465***
	(−21.9940)	(−21.9656)	(−19.9983)	(−21.9958)	(−4.4703)	(−4.4365)
Aturn	0.0048***	0.0048***	0.0041***	0.0049***	0.0144***	0.0147***
	(6.4064)	(6.3606)	(5.0903)	(6.5747)	(5.3213)	(5.5102)
Soe	0.0030***	0.0030***	0.0032***	0.0030***	0.0043	0.0041
	(4.0631)	(4.0918)	(4.0734)	(4.0129)	(1.1708)	(1.1183)
*Holdedtate*1	−0.0000	−0.0000	−0.0000	−0.0000	0.0000	0.0000
	(−1.2476)	(−1.2274)	(−1.4987)	(−1.1979)	(0.1259)	(0.1078)
Ddsbl	−0.0098*	−0.0101*	−0.0081	−0.0099*	0.0061	0.0061
	(−1.7560)	(−1.8006)	(−1.3211)	(−1.7801)	(0.5966)	(0.5984)
Ceodum	0.0014*	0.0014*	0.0007	0.0014*	0.0012	0.0012
	(1.7678)	(1.7590)	(0.7113)	(1.8321)	(0.8410)	(0.8625)
N	10851	10851	8830	10851	10851	10851

注：* 为在 0.1 的水平上显著，** 为在 0.05 的水平上显著，*** 为在 0.01 的水平上显著。

3.5.2 盈余质量对投资不足的回归结果及分析

表 3-9 列示了盈余质量对投资不足的回归结果。结果显示，盈余质量与投资不足呈显著的负向关系，验证了前文提出的假设。其中：用按照修正的 Jones 模型所估计的企业操纵性应计利润的绝对值的负数（*EQ_jones*）作为盈余质量的代理变量时，其与投资不足（*UInv*）的回归系数为 –0.0239，且在 1% 的水平上显著；用累计操纵性应计利润的绝对值的负数（*EQ_dacc*）作为盈余质量的代理变量时，其与投资不足（*UInv*）的回归系数为 –0.0177，在 1% 的水平上显著；用盈余平滑度（*EQ_em*）作为盈余质量的代理变量时，其与投资不足（*UInv*）的回归系数为 0.0001，在 10% 的水平上显著；用真实盈余管理之销售操控（*EQ_emp*）作为盈余质量的代理变量时，其与投资不足（*UInv*）的回归系数为 0.0143，在 1% 的水平上显著；用真实盈余管理之成本操控（*EQ_emc*）作为盈余质量的代理变量时，其与投资不足（*UInv*）的回归系数为 0.0061，但是不显著；用真实盈余管理之费用操控（*EQ_emd*）作为盈余质量的代理变量时，其与投资不足（*UInv*）的回归系数为 –0.0001，不存在显著性。由此可知，较高质量的盈余信息在一定程度上能够抑制企业的投资不足行为。从表 3-9 中还可以发现，公司规模与投资不足显著负相关，说明规模越大的公司，投资不足现象越少，这是因为企业内部资本市场的形成可一定程度上弱化企业的融资约束，从而缓解企业因缺乏资金而导致的投资不足。此外，产权性质与投资不足之间呈显著的负向关系，说明非国有企业更可能因信贷歧视及资源偏向而出现投资不足。

表 3-9 盈余质量对投资不足的回归结果

	（1）	（2）	（3）	（4）	（5）	（6）
	UInv	*UInv*	*UInv*	*UInv*	*UInv*	*UInv*
_cons	0.0686***	0.0704***	0.0814***	0.0706***	0.0493	0.0484
	（6.5539）	（6.7286）	（4.7172）	（6.7399）	（1.4669）	（1.4443）
EQ_jones	–0.0239***					
	（–5.0108）					
EQ_dacc		–0.0177***				
		（–4.5050）				

续表

	(1)	(2)	(3)	(4)	(5)	(6)
	UInv	*UInv*	*UInv*	*UInv*	*UInv*	*UInv*
EQ_em			0.0001*			
			(1.8157)			
EQ_emp				0.0143***		
				(2.8880)		
EQ_emc					0.0061	
					(1.4933)	
EQ_emd						−0.0001
						(−0.0054)
Grow	−0.0008	−0.0007	−0.0007	−0.0007	−0.0005	−0.0004
	(−0.9781)	(−0.8755)	(−0.7944)	(−0.8530)	(−0.4812)	(−0.3588)
Lev	−0.0073***	−0.0069***	−0.0041**	−0.0068***	−0.0089*	−0.0088*
	(−4.1975)	(−3.9801)	(−2.1652)	(−3.9095)	(−1.7427)	(−1.7242)
Cash	0.0000***	0.0000***	0.0000***	0.0000***	−0.0000	−0.0000
	(2.6758)	(2.7990)	(2.6194)	(2.6410)	(−0.3135)	(−0.3408)
Size	−0.0026***	−0.0027***	−0.0029***	−0.0027***	−0.0014	−0.0014
	(−8.4259)	(−8.7502)	(−8.9991)	(−8.6776)	(−1.1017)	(−1.0809)
Age	0.0012**	0.0012**	0.0015*	0.0013**	0.0037	0.0038
	(2.1585)	(2.2220)	(1.9585)	(2.3001)	(1.2904)	(1.3157)
Ret	0.0047***	0.0047***	0.0045***	0.0047***	0.0043***	0.0043***
	(7.0174)	(6.9836)	(6.2311)	(6.9939)	(5.4109)	(5.4815)
Linv	0.1507***	0.1507***	0.1478***	0.1507***	0.2128***	0.2128***
	(28.6684)	(28.6578)	(24.3552)	(28.6359)	(17.3171)	(17.3162)
Aturn	−0.0021***	−0.0020***	−0.0016**	−0.0021***	−0.0028	−0.0027
	(−3.0244)	(−2.9522)	(−2.2233)	(−3.0983)	(−1.1444)	(−1.1529)
Soe	−0.0016**	−0.0016**	−0.0021***	−0.0017**	−0.0006	−0.0005
	(−2.3395)	(−2.3309)	(−2.8111)	(−2.4277)	(−0.1692)	(−0.1665)
*Holdedtate*1	0.0000	0.0000	0.0000	0.0000	−0.0001	−0.0001
	(0.6832)	(0.6450)	(0.8960)	(0.6578)	(−0.6632)	(−0.6572)
Ddsbl	0.0114**	0.0116**	0.0092	0.0117**	0.0141	0.0141

续表

	(1)	(2)	(3)	(4)	(5)	(6)
	UInv	*UInv*	*UInv*	*UInv*	*UInv*	*UInv*
	(2.2355)	(2.2698)	(1.6245)	(2.2811)	(1.4964)	(1.4884)
Ceodum	-0.0022***	-0.0022***	-0.0011	-0.0022***	-0.0029**	-0.0029**
	(-3.0620)	(-3.0107)	(-1.3087)	(-2.9553)	(-2.1504)	(-2.1415)
N	6410	6410	5212	6410	6410	6410

注：* 为在 0.1 的水平上显著，** 为在 0.05 的水平上显著，*** 为在 0.01 的水平上显著。

3.5.3 盈余质量对投资过度的回归结果及分析

表 3-10 列示了盈余质量对投资过度的回归结果。用按照修正的 Jones 模型所估计的企业操纵性应计利润的绝对值的负数（*EQ_jones*）作为盈余质量的代理变量时，其与投资过度（*OInv*）的回归系数为 -0.0127，且在 5% 的水平上显著；用累计操纵性应计利润的绝对值的负数（*EQ_dacc*）作为盈余质量的代理变量时，其与投资过度（*OInv*）的回归系数为 -0.0010，但不显著；用盈余平滑度（*EQ_em*）作为盈余质量的代理变量时，其与投资过度（*OInv*）的回归系数为 0.0001，也不显著；用真实盈余管理之销售操控（*EQ_emp*）作为盈余质量的代理变量时，其与投资过度（*OInv*）的回归系数为 0.0430，在 1% 的水平上显著；用真实盈余管理之成本操控（*EQ_emc*）作为盈余质量的代理变量时，其与投资过度（*OInv*）的回归系数为 0.0214，且在 5% 的水平上显著；用真实盈余管理之费用操控（*EQ_emd*）作为盈余质量的代理变量时，其与投资过度（*OInv*）的回归系数为 0.1031，在 1% 的水平上显著。从回归检验结果可以看出，盈余质量越高，越能够抑制投资过度情况的发生。尽管累计操纵性应计利润的绝对值的负数（*EQ_dacc*）和盈余平滑度（*EQ_em*）与投资过度的回归系数不显著，但是方向是一致的。从表 3-10 中还可以看到：公司成长性与投资过度的关系是正向的，说明公司成长越快，越会出现投资过度的情况；总资产周转率与投资过度有显著的正向关系，说明代理冲突越严重，越可能投资过度；产权性质与投资过度之间有显著的负向关系，说明国有企业投资过度的程度要低于非国有企业，原因是国有企业的资产由国家管控，对外投资项目须经国家审批，很少发生将资金投入到净现值为负的项目的情况。

表 3-10 盈余质量对投资过度的回归结果

	(1)	(2)	(3)	(4)	(5)	(6)
	OInv	*OInv*	*OInv*	*OInv*	*OInv*	*OInv*
_cons	0.0798	0.0745***	0.0630***	0.0695*	0.0801	0.0668
	(1.1270)	(4.2030)	(3.2454)	(1.6597)	(1.1304)	(0.9454)
EQ_jones	-0.0127**					
	(-2.0938)					
EQ_dacc		-0.0010				
		(-0.0951)				
EQ_em			0.0001			
			(1.0333)			
EQ_emp				0.0430***		
				(3.8951)		
EQ_emc					0.0214**	
					(2.2118)	
EQ_emd						0.1031***
						(2.8056)
Grow	0.0125***	0.0123***	0.0123***	0.0118***	0.0125***	0.0121***
	(4.6223)	(5.5189)	(5.1038)	(7.3151)	(4.6554)	(4.5097)
Lev	0.0178*	0.0054	0.0056	0.0042	0.0174*	0.0175*
	(1.7350)	(1.2036)	(1.1478)	(1.0553)	(1.6917)	(1.7125)
Cash	-0.0000	-0.0000*	-0.0000	-0.0000	-0.0000	-0.0000
	(-1.1725)	(-1.7969)	(-0.9757)	(-0.6648)	(-1.1690)	(-1.3836)
Size	-0.0004	-0.0020**	-0.0022***	-0.0021***	-0.0003	0.0001
	(-0.1338)	(-2.5719)	(-2.5897)	(-3.1169)	(-0.1161)	(0.0258)
Age	-0.0032	-0.0015	0.0017	-0.0005	-0.0032	-0.0031
	(-0.4644)	(-1.0383)	(0.9078)	(-0.3990)	(-0.4786)	(-0.4607)
Ret	0.0049***	0.0039**	0.0034**	0.0035**	0.0049***	0.0052***
	(2.8223)	(2.4796)	(1.9905)	(2.3156)	(2.8224)	(3.0125)
Linv	-0.1040***	0.0288**	0.0429***	0.0707***	-0.1042***	-0.1052***
	(-5.2823)	(2.3686)	(3.1054)	(6.5931)	(-5.2996)	(-5.3168)
Aturn	-0.0323***	-0.0103***	-0.0092***	-0.0087***	-0.0323***	-0.0328***

续表

	(1)	(2)	(3)	(4)	(5)	(6)
	OInv	*OInv*	*OInv*	*OInv*	*OInv*	*OInv*
	(-6.2102)	(-5.9588)	(-4.8259)	(-5.8130)	(-6.2050)	(-6.3714)
Soe	-0.0061	-0.0045***	-0.0044***	-0.0043***	-0.0062	-0.0058
	(-0.7690)	(-2.8902)	(-2.5984)	(-2.9206)	(-0.7836)	(-0.7304)
*Holdedtate*1	0.0001	0.0001	0.0001*	0.0001*	0.0001	0.0001
	(0.4121)	(1.3744)	(1.6815)	(1.7081)	(0.4475)	(0.3949)
Ddsbl	-0.0174	-0.0007	0.0013	0.0020	-0.0173	-0.0169
	(-0.7208)	(-0.0575)	(0.0894)	(0.1804)	(-0.7140)	(-0.6987)
Ceodum	0.0030	0.0004	0.0002	-0.0010	0.0028	0.0033
	(0.9977)	(0.2247)	(0.0934)	(-0.6452)	(0.9494)	(1.1062)
N	4441	4441	3618	4441	4441	4441

注：* 为在 0.1 的水平上显著，** 为在 0.05 的水平上显著，*** 为在 0.01 的水平上显著。

3.5.4 产权性质、盈余质量与资本配置效率的回归结果及分析

本部分验证企业产权性质对盈余质量与资本配置效率的影响，具体方法是将盈余质量与产权性质进行交乘，将其交乘项加入模型中进行回归，回归结果如表 3-11 所示。结果显示调整后的模型也基本通过了显著性检验，这说明加入产权性质变量后，盈余质量依旧对资本配置效率有显著的影响。

表 3-11 产权性质、盈余质量与资本配置效率的回归结果

	(1)	(2)	(3)	(4)	(5)	(6)
	InvEff	*InvEff*	*InvEff*	*InvEff*	*InvEff*	*InvEff*
_cons	-0.0805***	-0.0808***	-0.0871***	-0.0809***	0.0029	0.0046
	(-6.9450)	(-6.9791)	(-7.1694)	(-6.9907)	(0.0763)	(0.1205)
EQ_jones	0.0297***					
	(4.6810)					
Soe×EQ_jones	-0.0298***					
	(-3.8132)					
EQ_dacc		0.0216***				
		(4.1033)				

续表

	(1)	(2)	(3)	(4)	(5)	(6)
	InvEff	*InvEff*	*InvEff*	*InvEff*	*InvEff*	*InvEff*
Soe×EQ_dacc		-0.0260***				
		(-4.0303)				
EQ_em			-0.0000			
			(-0.1498)			
Soe×EQ_em			-0.0002*			
			(-1.8835)			
EQ_emp				-0.0336***		
				(-5.2302)		
Soe×EQ_emp				0.0219***		
				(2.7910)		
EQ_emc					-0.0140**	
					(-2.1750)	
Soe×EQ_emc					0.0104	
					(1.2440)	
EQ_emd						-0.0465**
						(-2.0984)
Soe×EQ_emd						0.0182
						(0.6801)
Grow	-0.0064***	-0.0065***	-0.0064***	-0.0062***	-0.0059***	-0.0058***
	(-7.6800)	(-7.7476)	(-7.3495)	(-7.3850)	(-4.5030)	(-4.3558)
Lev	0.0019	0.0016	-0.0005	0.0015	-0.0007	-0.0007
	(0.9730)	(0.8419)	(-0.2560)	(0.7835)	(-0.1314)	(-0.1211)
Cash	-0.0000	-0.0000	-0.0000	-0.0000	0.0000*	0.0000*
	(-0.1853)	(-0.2155)	(-0.4802)	(-0.1720)	(1.9443)	(1.9485)
Size	0.0025***	0.0026***	0.0028***	0.0025***	-0.0018	-0.0018
	(7.4308)	(7.6007)	(7.9442)	(7.5565)	(-1.2899)	(-1.3265)
Age	-0.0003	-0.0004	-0.0007	-0.0002	0.0014	0.0015
	(-0.5308)	(-0.6249)	(-0.9236)	(-0.3582)	(0.4809)	(0.5129)

续表

	(1)	(2)	(3)	(4)	(5)	(6)
	InvEff	*InvEff*	*InvEff*	*InvEff*	*InvEff*	*InvEff*
Ret	-0.0042***	-0.0041***	-0.0039***	-0.0041***	-0.0044***	-0.0044***
	(-5.6581)	(-5.6232)	(-4.8811)	(-5.5082)	(-5.6746)	(-5.7296)
Linv	-0.1214***	-0.1212***	-0.1252***	-0.1216***	-0.0468***	-0.0465***
	(-21.9421)	(-21.9160)	(-20.0096)	(-22.0008)	(-4.4792)	(-4.4447)
Aturn	0.0048***	0.0048***	0.0041***	0.0049***	0.0144***	0.0147***
	(6.4328)	(6.3914)	(5.1665)	(6.6064)	(5.3127)	(5.5117)
Soe	-0.0000	-0.0000	-0.0000	-0.0000	0.0000	0.0000
	(-0.9108)	(-0.9180)	(-0.9679)	(-0.7821)	(0.1421)	(0.0945)
*Holdedtate*1	-0.0100*	-0.0103*	-0.0086	-0.0102*	0.0059	0.0057
	(-1.7918)	(-1.8391)	(-1.4057)	(-1.8344)	(0.5778)	(0.5530)
Ddsbl	0.0012	0.0012	0.0002	0.0012	0.0011	0.0012
	(1.5399)	(1.5602)	(0.2537)	(1.5085)	(0.8032)	(0.8196)
N	10851	10851	8830	10851	10851	10851

注：* 为在 0.1 的水平上显著，** 为在 0.05 的水平上显著，*** 为在 0.01 的水平上显著。

通过观察回归系数可知：产权性质和盈余质量的代理变量即按照修正的 Jones 模型所估计的企业操纵性应计利润的绝对值的负数（*EQ_jones*）的交乘项与资本配置效率的回归系数为 -0.0298，且通过了 1% 的显著性检验；产权性质和盈余质量的代理变量即累计操纵性应计利润的绝对值的负数（*EQ_dacc*）的交乘项与资本配置效率的回归系数为 -0.0260，且通过了 1% 的显著性检验；产权性质和盈余质量的代理变量即盈余平滑度（*EQ_em*）的交乘项与资本配置效率的回归系数为 -0.0002，在 10% 的水平上显著；产权性质和盈余质量的代理变量即真实盈余管理之销售操控（*EQ_emp*）的交乘项与资本配置效率的回归系数为 0.0219，在 1% 的水平上显著；产权性质和盈余质量的代理变量即真实盈余管理之成本操控（*EQ_emc*）的交乘项与资本配置效率的回归系数为 0.0104，虽然不显著，但方向符合预期；产权性质和盈余质量的代理变量即真实盈余管理之费用操控（*EQ_emd*）的交乘项与资本配置效率的回归系数为 0.0182，虽然也不显著，但其方向也是符合预期的。从上述回归结果可以看出，相对于国家控制的企业，盈余质量在非国家控制的企业中对资本配置效率的影响更为明显。由于国家控制的企业相对于其他企业更易获得融资，因此资产负债率也会偏高。高资产负债率的国有企业内部存在较为复杂的代理关系，代理人存在一定的自利行为，导致企业内部代理成本偏高，产生一定的非效率投资问题。

3.5.5 产权性质、盈余质量与投资不足的回归结果及分析

本书进一步将产权性质与盈余质量的交乘项分别加入投资不足和投资过度的回归模型中进行实证检验，检验结果如表 3-12 所示。由回归结果可知，加入产权性质变量后，盈余质量的提高对投资不足的缓和作用将会降低。

表 3-12 产权性质、盈余质量与投资不足的回归结果

	（1）	（2）	（3）	（4）	（5）	（6）
	UInv	*UInv*	*UInv*	*UInv*	*UInv*	*UInv*
_cons	0.0697***	0.0713***	0.0829***	0.0725***	0.0484	0.0485
	（6.6766）	（6.8257）	（4.8047）	（6.9272）	（1.4362）	（1.4447）
EQ_jones	-0.0304***					
	（-5.3296）					
Soe×EQ_jones	0.0135*					
	（1.9200）					
EQ_dacc		-0.0224***				
		（-4.7687）				
Soe×EQ_dacc		0.0094				
		（1.6350）				
EQ_em			0.0001			
			（0.7744）			
Soe×EQ_em			0.0001			
			（0.6997）			
EQ_emp				0.0166***		
				（2.8338）		
Soe×EQ_emp				-0.0041		

续表

	(1)	(2)	(3)	(4)	(5)	(6)
	UInv	UInv	UInv	UInv	UInv	UInv
				(−0.5650)		
EQ_emc					0.0127*	
					(1.9595)	
Soe×EQ_emc					−0.0131*	
					(−1.6688)	
EQ_emd						−0.0039
						(−0.2142)
Soe×EQ_emd						0.0082
						(0.3047)
Grow	−0.0007	−0.0006	−0.0005	−0.0006	−0.0005	−0.0004
	(−0.9041)	(−0.7894)	(−0.6188)	(−0.7332)	(−0.5091)	(−0.3507)
Lev	−0.0075***	−0.0071***	−0.0044**	−0.0070***	−0.0089*	−0.0089*
	(−4.3203)	(−4.1225)	(−2.3347)	(−4.0588)	(−1.7412)	(−1.7349)
Cash	0.0000***	0.0000***	0.0000**	0.0000**	−0.0000	−0.0000
	(2.5906)	(2.6998)	(2.5336)	(2.5210)	(−0.3837)	(−0.3407)
Size	−0.0026***	−0.0027***	−0.0030***	−0.0027***	−0.0014	−0.0014
	(−8.6023)	(−8.9193)	(−9.3040)	(−8.9379)	(−1.0831)	(−1.0951)
Age	0.0010*	0.0010*	0.0010	0.0009*	0.0037	0.0038
	(1.8096)	(1.8289)	(1.2923)	(1.6785)	(1.2837)	(1.3098)
Ret	0.0047***	0.0047***	0.0046***	0.0048***	0.0043***	0.0043***
	(7.0611)	(6.9964)	(6.3462)	(7.0579)	(5.3923)	(5.4970)
Linv	0.1507***	0.1508***	0.1483***	0.1511***	0.2128***	0.2129***
	(28.6775)	(28.6814)	(24.4188)	(28.7099)	(17.3153)	(17.3189)
Aturn	−0.0021***	−0.0020***	−0.0017**	−0.0022***	−0.0027	−0.0027
	(−3.0388)	(−2.9768)	(−2.2849)	(−3.1327)	(−1.1102)	(−1.1581)
Soe	0.0000	0.0000	0.0000	0.0000	−0.0001	−0.0001
	(0.4747)	(0.4090)	(0.4452)	(0.2723)	(−0.6952)	(−0.6551)
Holdedtate1	0.0116**	0.0119**	0.0097*	0.0121**	0.0139	0.0141
	(2.2673)	(2.3183)	(1.7280)	(2.3558)	(1.4740)	(1.4908)

续表

	(1)	(2)	(3)	(4)	(5)	(6)
	UInv	*UInv*	*UInv*	*UInv*	*UInv*	*UInv*
Ddsbl	-0.0021***	-0.0021***	-0.0008	-0.0020***	-0.0030**	-0.0029**
	(-2.9353)	(-2.8569)	(-0.9711)	(-2.6862)	(-2.1975)	(-2.1230)
N	6410	6410	5212	6410	6410	6410

注：* 为在 0.1 的水平上显著，** 为在 0.05 的水平上显著，*** 为在 0.01 的水平上显著。

通过实证检验的系数可知：产权性质和盈余质量的代理变量即按照修正的 Jones 模型所估计的企业操纵性应计利润的绝对值的负数（*EQ_jones*）的交乘项与投资不足的回归系数为 0.0135，通过了 10% 的显著性检验；产权性质和盈余质量的代理变量即累计操纵性应计利润的绝对值的负数（*EQ_dacc*）的交乘项与投资不足的回归系数为 0.0094，虽然不显著，但其方向是符合预期的；产权性质和盈余质量的代理变量即盈余平滑度（*EQ_em*）的交乘项与投资不足的回归系数为 0.0001，不存在显著性；产权性质和盈余质量的代理变量即真实盈余管理之销售操控（*EQ_emp*）的交乘项与投资不足的回归系数为 -0.0041，不存在显著性；产权性质和盈余质量的代理变量即真实盈余管理之成本操控（*EQ_emc*）的交乘项与投资不足的回归系数为 -0.0131，通过了 10% 的显著性检验；产权性质和盈余质量的代理变量即真实盈余管理之费用操控（*EQ_emd*）的交乘项与投资不足的回归系数为 0.0082，虽然也不显著，但其方向也是符合预期的。从上述回归结果可以看出，加入产权性质变量后，盈余质量的提高对投资不足的缓和作用将会降低。

3.5.6 产权性质、盈余质量与投资过度的回归结果及分析

表 3-13 是产权性质、盈余质量与投资过度的实证检验结果。由回归结果可知，加入产权性质变量后，盈余质量的提高对投资过度的缓和作用将会降低。

表 3-13 产权性质、盈余质量与投资过度的回归结果

	(1)	(2)	(3)	(4)	(5)	(6)
	OInv	*OInv*	*OInv*	*OInv*	*OInv*	*OInv*
_cons	0.0794	0.0741***	0.0628***	0.0686	0.0805	0.0676
	(1.1211)	(4.1948)	(3.2349)	(1.6392)	(1.1350)	(0.9578)

续表

	(1)	(2)	(3)	(4)	(5)	(6)
	OInv	*OInv*	*OInv*	*OInv*	*OInv*	*OInv*
EQ_jones	-0.0140*					
	(-1.6498)					
Soe×EQ_jones	0.0029					
	(0.2484)					
EQ_dacc		-0.0209				
		(-1.2721)				
Soe×EQ_dacc		0.0431**				
		(2.0972)				
EQ_em			0.0001			
			(0.4361)			
Soe×EQ_em			0.0001			
			(0.2352)			
EQ_emp				0.0594***		
				(4.0549)		
Soe×EQ_emp				-0.0363*		
				(-1.7036)		
EQ_emc					0.0190	
					(1.4518)	
Soe×EQ_emc					0.0056	
					(0.3014)	
EQ_emd						0.0906*
						(1.8368)
Soe×EQ_emd						0.0257
						(0.3911)
Grow	0.0124***	0.0122***	0.0123***	0.0117***	0.0125***	0.0121***
	(4.6108)	(5.5619)	(5.1114)	(7.2655)	(4.6536)	(4.5103)
Lev	0.0177*	0.0051	0.0056	0.0043	0.0175*	0.0176*
	(1.7277)	(1.1568)	(1.1411)	(1.0811)	(1.6977)	(1.7236)
Cash	-0.0000	-0.0000**	-0.0000	-0.0000	-0.0000	-0.0000

续表

	(1)	(2)	(3)	(4)	(5)	(6)
	OInv	*OInv*	*OInv*	*OInv*	*OInv*	*OInv*
	(−1.1991)	(−2.0145)	(−0.9401)	(−0.7229)	(−1.1270)	(−1.3944)
Size	−0.0004	−0.0020***	−0.0022***	−0.0022***	−0.0003	0.0001
	(−0.1298)	(−2.5954)	(−2.5890)	(−3.1412)	(−0.1216)	(0.0185)
Age	−0.0031	−0.0015	0.0017	−0.0006	−0.0033	−0.0032
	(−0.4535)	(−1.0814)	(0.9060)	(−0.4593)	(−0.4871)	(−0.4656)
Ret	0.0049***	0.0039**	0.0034**	0.0035**	0.0049***	0.0052***
	(2.8304)	(2.4748)	(1.9859)	(2.3443)	(2.8095)	(3.0174)
Linv	−0.1042***	0.0284**	0.0429***	0.0702***	−0.1041***	−0.1052***
	(−5.2800)	(2.3381)	(3.1052)	(6.5436)	(−5.2918)	(−5.3146)
Aturn	−0.0323***	−0.0103***	−0.0092***	−0.0088***	−0.0324***	−0.0328***
	(−6.2144)	(−5.9626)	(−4.8285)	(−5.8456)	(−6.2039)	(−6.3734)
Soe	−0.0056	−0.0014	−0.0041**	−0.0020	−0.0067	−0.0070
	(−0.6826)	(−0.6575)	(−2.0391)	(−1.0216)	(−0.8172)	(−0.8163)
*Holdedtate*1	0.0001	0.0001	0.0001*	0.0001*	0.0001	0.0001
	(0.4079)	(1.2640)	(1.6825)	(1.6552)	(0.4497)	(0.3795)
Ddsbl	−0.0176	−0.0007	0.0012	0.0022	−0.0171	−0.0168
	(−0.7259)	(−0.0548)	(0.0873)	(0.1952)	(−0.7045)	(−0.6975)
Ceodum	0.0030	0.0004	0.0002	−0.0010	0.0028	0.0032
	(0.9973)	(0.2270)	(0.0900)	(−0.6446)	(0.9582)	(1.0822)
N	4441	4441	3618	4441	4441	4441

注：* 为在 0.1 的水平上显著，** 为在 0.05 的水平上显著，*** 为在 0.01 的水平上显著。

通过实证检验的系数可知：产权性质和盈余质量的代理变量即按照修正的Jones 模型所估计的企业操纵性应计利润的绝对值的负数（*EQ_jones*）的交乘项与投资过度的回归系数为 0.0029，虽然不显著，但其方向是符合预期的；产权性质和盈余质量的代理变量即累计操纵性应计利润的绝对值的负数（*EQ_dacc*）的交乘项与投资过度的回归系数为 0.0431，在 5% 的水平上通过显著性检验；产权性质和盈余质量的代理变量即盈余平滑度（*EQ_em*）的交乘项与投资过度的回归系数为 0.0001，不存在显著性；产权性质和盈余质量的代理变量即真实盈余管理之销售操控（*EQ_emp*）的交乘项与投资过度的回归系数为 –0.0363，通过了 10% 的显著性检验；产权性质和盈余质量的代理变量即真实盈余管理之成本操控（*EQ_emc*）的交乘项与投资过度的回归系数为 0.0056，不存在显著性；产权性质和盈余质量的代理变量即真实盈余管理之费用操控（*EQ_emd*）的交乘项与投资过度的回归系数为 0.0257，不具有显著性。从上述回归结果可以看出，加入产权性质变量后，大部分盈余质量的代理变量对投资过度虽有影响，但不及其对资本配置效率的影响显著。

3.6 稳健性检验

为了保证实证检验的可靠性与严谨性，本书进行了一系列不同的稳健性检验。因为本书选取 Richardson 模型作为本部分被解释变量的主要度量方法，而该模型具有一定的前提假设，所以无法排除因样本偏差所产生的影响。因此，本部分借鉴辛清泉等（2007）及朱明园（2016）的研究方法，将前文采用 Richardson 模型回归所得的残差进行降序排列，取样本的前五分之二作为企业投资过度样本，取后五分之二作为企业投资不足样本，对实证模型重新进行回归检验，检验结果如表 3–14 至表 3–19 所示。

表 3–14 盈余质量与资本配置效率的检验结果

	（1）	（2）	（3）	（4）	（5）	（6）
	InvEff	*InvEff*	*InvEff*	*InvEff*	*InvEff*	*InvEff*
_cons	–0.0815***	–0.0824***	–0.0863***	–0.0820***	0.0004	0.0022
	（–3.4046）	（–3.4430）	（–3.5843）	（–3.4307）	（0.0096）	（0.0552）
EQ_jones	0.0137**					
	（2.2362）					
EQ_dacc		0.0093*				
		（1.8472）				
EQ_em			–0.0002**			
			（–2.4685）			
EQ_emp				–0.0246***		
				（–3.9737）		

续表

	(1)	(2)	(3)	(4)	(5)	(6)
	InvEff	*InvEff*	*InvEff*	*InvEff*	*InvEff*	*InvEff*
EQ_emc					−0.0110**	
					(−2.1097)	
EQ_emd						−0.0258
						(−1.3224)
Grow	−0.0084***	−0.0084***	−0.0088***	−0.0081***	−0.0080***	−0.0080***
	(−8.6902)	(−8.7682)	(−8.5309)	(−8.3509)	(−5.1312)	(−5.0441)
Lev	−0.0008	−0.0010	−0.0032	−0.0010	−0.0080	−0.0079
	(−0.3710)	(−0.4750)	(−1.3283)	(−0.4842)	(−1.2283)	(−1.2089)
Cash	−0.0000	−0.0000	−0.0000	−0.0000	0.0000	0.0000
	(−0.3785)	(−0.4176)	(−0.5901)	(−0.3627)	(1.4785)	(1.4611)
Size	0.0028***	0.0028***	0.0031***	0.0028***	−0.0024	−0.0025
	(7.2192)	(7.3719)	(7.3936)	(7.2442)	(−1.5154)	(−1.5703)
Age	−0.0013*	−0.0013*	−0.0020**	−0.0012*	0.0005	0.0004
	(−1.8456)	(−1.8746)	(−2.1432)	(−1.8113)	(0.1373)	(0.1273)
Ret	−0.0037***	−0.0037***	−0.0034***	−0.0036***	−0.0045***	−0.0046***
	(−4.5117)	(−4.5163)	(−3.7398)	(−4.3275)	(−4.9653)	(−5.0870)
Linv	−0.1195***	−0.1194***	−0.1221***	−0.1194***	−0.0278**	−0.0278**
	(−19.8356)	(−19.8146)	(−17.7524)	(−19.8393)	(−2.4945)	(−2.4953)
Aturn	0.0053***	0.0053***	0.0044***	0.0055***	0.0157***	0.0157***
	(6.2971)	(6.2717)	(4.7622)	(6.4759)	(5.2937)	(5.2828)
Soe	0.0031***	0.0031***	0.0033***	0.0030***	0.0028	0.0026
	(3.6031)	(3.6124)	(3.6533)	(3.5358)	(0.6850)	(0.6470)
*Holdedtate*1	−0.0000	−0.0000	−0.0000	−0.0000	0.0001	0.0001
	(−0.8611)	(−0.8489)	(−0.7766)	(−0.8157)	(1.1822)	(1.1563)
Ddsbl	−0.0059	−0.0061	−0.0031	−0.0060	0.0147	0.0147
	(−0.9294)	(−0.9550)	(−0.4312)	(−0.9362)	(1.1657)	(1.1563)
Ceodum	0.0014	0.0014	0.0008	0.0015*	0.0012	0.0012
	(1.6071)	(1.6004)	(0.7309)	(1.6643)	(0.7404)	(0.7447)
N	8673	8673	6946	8673	8673	8673

注：* 为在 0.1 的水平上显著，** 为在 0.05 的水平上显著，*** 为在 0.01 的水平上显著。

从表 3-14 可知，稳健性检验的结果与前文的回归结果保持一致，说明本书的实证结果具有稳健性。

表 3-15 盈余质量与投资不足的检验结果

	(1)	(2)	(3)	(4)	(5)	(6)
	UInv	*UInv*	*UInv*	*UInv*	*UInv*	*UInv*
_cons	0.0238***	0.0238***	0.0245***	0.0245***	0.0198**	0.0197**
	(4.0373)	(4.0278)	(4.1414)	(4.1532)	(2.0385)	(2.0127)
EQ_jones	-0.0043***					
	(-2.8300)					
EQ_dacc		-0.0041***				
		(-3.2707)				
EQ_em			0.0000***			
			(2.8887)			
EQ_emp				0.0055***		
				(3.5509)		
EQ_emc					0.0018	
					(1.2743)	
EQ_emd						-0.0077*
						(-1.6838)
Grow	-0.0003	-0.0003	-0.0003	-0.0004	-0.0007**	-0.0006*
	(-1.1819)	(-1.0692)	(-0.9036)	(-1.3172)	(-2.2077)	(-1.7564)
Lev	-0.0009*	-0.0008	-0.0008	-0.0008	-0.0024	-0.0023
	(-1.6539)	(-1.5088)	(-1.4212)	(-1.4686)	(-1.5602)	(-1.5014)
Cash	0.0000	0.0000	-0.0000	0.0000	-0.0000	-0.0000
	(0.0364)	(0.1253)	(-0.3878)	(0.0548)	(-1.2565)	(-1.2444)
Size	-0.0000	-0.0000	-0.0000	-0.0000	0.0003	0.0003
	(-0.1840)	(-0.3741)	(-0.1395)	(-0.3131)	(0.6895)	(0.7291)
Age	-0.0002	-0.0002	-0.0004*	-0.0002	0.0003	0.0004
	(-1.3162)	(-1.2934)	(-1.7905)	(-1.2748)	(0.3238)	(0.4014)
Ret	0.0005**	0.0005**	0.0006***	0.0005**	0.0008***	0.0008***
	(2.5212)	(2.4183)	(2.7531)	(2.4024)	(3.0168)	(3.0235)

续表

	(1)	(2)	(3)	(4)	(5)	(6)
	UInv	UInv	UInv	UInv	UInv	UInv
Linv	-0.0010	-0.0011	-0.0015	-0.0012	0.0073**	0.0074**
	(-0.5353)	(-0.6035)	(-0.7347)	(-0.6388)	(2.0764)	(2.1275)
Aturn	-0.0006***	-0.0006***	-0.0006***	-0.0006***	-0.0003	-0.0002
	(-2.7679)	(-2.7378)	(-2.6489)	(-2.9250)	(-0.4457)	(-0.2923)
Soe	-0.0001	-0.0001	-0.0000	-0.0001	-0.0009	-0.0008
	(-0.3333)	(-0.3064)	(-0.1012)	(-0.3077)	(-0.9368)	(-0.8408)
Holdedtate1	0.0000	0.0000	0.0000	0.0000	-0.0000	-0.0000
	(0.4337)	(0.3810)	(0.4597)	(0.3838)	(-1.3740)	(-1.2858)
Ddsbl	0.0026*	0.0027*	0.0020	0.0026*	0.0003	0.0004
	(1.6819)	(1.7520)	(1.1868)	(1.6549)	(0.1023)	(0.1350)
Ceodum	-0.0002	-0.0002	0.0000	-0.0002	0.0001	0.0001
	(-1.0858)	(-1.0407)	(0.0098)	(-1.1201)	(0.1192)	(0.1809)
N	4351	4351	3680	4351	4351	4351

注：* 为在 0.1 的水平上显著，** 为在 0.05 的水平上显著，*** 为在 0.01 的水平上显著。

从表 3-15 可知，稳健性检验的结果与前文的回归结果保持一致，说明本书的实证结果具有稳健性。

表 3-16 盈余质量与投资过度的检验结果

	(1)	(2)	(3)	(4)	(5)	(6)
	OInv	OInv	OInv	OInv	OInv	OInv
_cons	-0.0323	0.0938***	0.1009***	0.0919**	-0.0337	-0.0384
	(-0.4437)	(6.3976)	(5.9019)	(2.4624)	(-0.4661)	(-0.5296)
EQ_jones	-0.0138**					
	(-2.1234)					
EQ_dacc		-0.0115				
		(-1.2106)				
EQ_em			0.0001			
			(0.8012)			
EQ_emp				0.0239**		

续表

	（1）	（2）	（3）	（4）	（5）	（6）
	OInv	*OInv*	*OInv*	*OInv*	*OInv*	*OInv*
				（2.5175）		
EQ_emc					0.0261**	
					（2.4924）	
EQ_emd						0.0562*
						（1.7212）
Grow	0.0104***	0.0095***	0.0100***	0.0093***	0.0104***	0.0103***
	（4.8553）	（4.8309）	（4.3790）	（6.7669）	（4.8847）	（4.6498）
Lev	0.0240**	0.0104***	0.0111***	0.0105***	0.0238**	0.0240**
	（2.2510）	（3.0044）	（2.7721）	（3.1064）	（2.2347）	（2.2540）
Cash	-0.0000***	-0.0000	0.0000	-0.0000	-0.0000***	-0.0000***
	（-2.6249）	（-0.1958）	（0.4174）	（-0.2052）	（-2.6207）	（-2.7204）
Size	0.0027	-0.0034***	-0.0038***	-0.0034***	0.0029	0.0031
	（0.9171）	（-5.0520）	（-4.7934）	（-5.0894）	（0.9708）	（1.0455）
Age	0.0020	0.0036***	0.0035**	0.0035***	0.0019	0.0020
	（0.3461）	（3.2563）	（2.1546）	（3.3528）	（0.3346）	（0.3493）
Ret	0.0033**	0.0012	0.0012	0.0010	0.0033**	0.0036**
	（2.1705）	（0.9094）	（0.8041）	（0.8123）	（2.1655）	（2.3580）
Linv	-0.0634***	0.0771***	0.0777***	0.0772***	-0.0634***	-0.0638***
	（-4.2711）	（8.5818）	（7.0561）	（9.3083）	（-4.2728）	（-4.2976）
Aturn	-0.0263***	-0.0076***	-0.0068***	-0.0078***	-0.0264***	-0.0264***
	（-5.2268）	（-4.9841）	（-3.7420）	（-5.7918）	（-5.2535）	（-5.1915）
Soe	-0.0050	-0.0017	-0.0013	-0.0016	-0.0053	-0.0052
	（-0.7372）	（-1.1649）	（-0.7901）	（-1.1968）	（-0.7851）	（-0.7559）
*Holdedtate*1	0.0001	0.0000	0.0000	0.0000	0.0001	0.0001
	（0.4706）	（0.3034）	（0.1298）	（0.3077）	（0.4839）	（0.5148）
Ddsbl	-0.0281	0.0034	0.0024	0.0036	-0.0283	-0.0273
	（-1.1718）	（0.3265）	（0.1915）	（0.3516）	（-1.1811）	（-1.1357）
Ceodum	0.0016	-0.0002	-0.0008	-0.0002	0.0016	0.0013
	（0.5962）	（-0.1529）	（-0.4442）	（-0.1576）	（0.6158）	（0.4855）
N	4322	4322	3266	4322	4322	4322

注：* 为在 0.1 的水平上显著，** 为在 0.05 的水平上显著，*** 为在 0.01 的水平上显著。

从表 3-16 可知，稳健性检验的结果与前文的回归结果保持一致，说明其结果具有稳健性，支持了本部分的研究结论。

表 3-17 产权性质、盈余质量与资本配置效率的检验结果

	(1)	(2)	(3)	(4)	(5)	(6)
	InvEff	*InvEff*	*InvEff*	*InvEff*	*InvEff*	*InvEff*
_cons	-0.0818***	-0.0828***	-0.0882***	-0.0825***	0.0015	0.0024
	(-3.4193)	(-3.4619)	(-3.6635)	(-3.4493)	(0.0378)	(0.0603)
EQ_jones	0.0289***					
	(3.9887)					
Soe×EQ_jones	-0.0332***					
	(-3.6859)					
EQ_dacc		0.0229***				
		(3.8132)				
Soe×EQ_dacc		-0.0294***				
		(-3.9508)				
EQ_em			-0.0000			
			(-0.3529)			
Soe×EQ_em			-0.0002*			
			(-1.8714)			
EQ_emp				-0.0346***		
				(-4.7508)		
Soe×EQ_emp				0.0215**		
				(2.3804)		
EQ_emc					-0.0180**	
					(-2.3235)	
Soe×EQ_emc					0.0152	
					(1.4667)	
EQ_emd						-0.0350
						(-1.4475)
Soe×EQ_emd						0.0202

续表

	（1）	（2）	（3）	（4）	（5）	（6）
	InvEff	*InvEff*	*InvEff*	*InvEff*	*InvEff*	*InvEff*
						（0.6454）
Grow	-0.0085***	-0.0085***	-0.0090***	-0.0082***	-0.0080***	-0.0080***
	（-8.7885）	（-8.8262）	（-8.7464）	（-8.4604）	（-5.1296）	（-5.0476）
Lev	-0.0005	-0.0007	-0.0027	-0.0008	-0.0078	-0.0078
	（-0.2216）	（-0.3199）	（-1.1199）	（-0.3590）	（-1.2115）	（-1.2059）
Cash	-0.0000	-0.0000	-0.0000	-0.0000	0.0000	0.0000
	（-0.2584）	（-0.2984）	（-0.5118）	（-0.2305）	（1.4733）	（1.4493）
Size	0.0028***	0.0029***	0.0032***	0.0029***	-0.0024	-0.0024
	（7.3682）	（7.5091）	（7.6693）	（7.4732）	（-1.5138）	（-1.5367）
Age	-0.0009	-0.0010	-0.0013	-0.0008	0.0005	0.0005
	（-1.4020）	（-1.4978）	（-1.4286）	（-1.1506）	（0.1588）	（0.1483）
Ret	-0.0038***	-0.0037***	-0.0035***	-0.0036***	-0.0045***	-0.0046***
	（-4.5715）	（-4.5231）	（-3.8338）	（-4.3818）	（-4.9620）	（-5.0800）
Linv	-0.1192***	-0.1190***	-0.1223***	-0.1195***	-0.0276**	-0.0278**
	（-19.7655）	（-19.7481）	（-17.7696）	（-19.8384）	（-2.4830）	（-2.4953）
Aturn	0.0054***	0.0053***	0.0045***	0.0055***	0.0157***	0.0157***
	（6.3351）	（6.2955）	（4.8346）	（6.4945）	（5.2802）	（5.2750）
Soe	-0.0000	-0.0000	-0.0000	-0.0000	0.0001	0.0001
	（-0.5814）	（-0.6186）	（-0.3021）	（-0.4229）	（1.2189）	（1.1592）
*Holdedtate*1	-0.0062	-0.0063	-0.0036	-0.0064	0.0150	0.0144
	（-0.9639）	（-0.9924）	（-0.5101）	（-0.9972）	（1.1816）	（1.1370）
Ddsbl	0.0013	0.0013	0.0004	0.0012	0.0012	0.0012
	（1.4278）	（1.4650）	（0.3475）	（1.3770）	（0.7401）	（0.7303）
N	8673	8673	6946	8673	8673	8673

注：* 为在 0.1 的水平上显著，** 为在 0.05 的水平上显著，*** 为在 0.01 的水平上显著。

从表 3-17 可知，稳健性检验的结果与前文的回归结果保持一致，说明其结果具有稳健性，支持了本部分的研究结论。

表 3-18 产权性质、盈余质量与投资不足的检验结果

	(1)	(2)	(3)	(4)	(5)	(6)
	UInv	*UInv*	*UInv*	*UInv*	*UInv*	*UInv*
_cons	0.0241***	0.0240***	0.0251***	0.0244***	0.0250***	0.0251***
	(11.0905)	(11.0486)	(10.6962)	(11.2293)	(11.4538)	(11.5401)
EQ_jones	-0.0054***					
	(-2.9476)					
Soe×EQ_jones	0.0026					
	(1.1460)					
EQ_dacc		-0.0049***				
		(-3.2451)				
Soe×EQ_dacc		0.0017				
		(0.9064)				
EQ_em			0.0000**			
			(2.0165)			
Soe×EQ_em			0.0000			
			(0.0323)			
EQ_emp				0.0071***		
				(3.8308)		
Soe×EQ_emp				-0.0036		
				(-1.5326)		
EQ_emc					0.0012	
					(0.9884)	
Soe×EQ_emc					0.0003	
					(0.2029)	
EQ_emd						-0.0023
						(-0.9048)
Soe×EQ_emd						0.0019
						(0.6242)

续表

	(1)	(2)	(3)	(4)	(5)	(6)
	UInv	*UInv*	*UInv*	*UInv*	*UInv*	*UInv*
Grow	−0.0003	−0.0003	−0.0003	−0.0004	−0.0003	−0.0002
	(−1.2690)	(−1.1770)	(−0.9691)	(−1.4365)	(−1.1369)	(−0.8957)
Lev	−0.0009	−0.0009	−0.0009	−0.0008	−0.0008	−0.0009
	(−1.6360)	(−1.5133)	(−1.4936)	(−1.4076)	(−1.4317)	(−1.5398)
Cash	0.0000	0.0000	−0.0000	0.0000	−0.0000	−0.0000
	(0.0216)	(0.1532)	(−0.4290)	(0.0855)	(−0.0362)	(−0.0897)
Size	−0.0000	−0.0000	−0.0000	−0.0000	−0.0000	−0.0000
	(−0.1542)	(−0.3458)	(−0.1668)	(−0.2499)	(−0.4214)	(−0.4339)
Age	−0.0002	−0.0002	−0.0004*	−0.0002	−0.0003	−0.0003
	(−1.1647)	(−1.1665)	(−1.8133)	(−1.0258)	(−1.4676)	(−1.5261)
Ret	0.0005***	0.0005**	0.0006***	0.0005**	0.0006***	0.0006***
	(2.6838)	(2.5624)	(2.9851)	(2.5278)	(2.7304)	(2.8089)
Linv	−0.0008	−0.0009	−0.0012	−0.0010	−0.0010	−0.0011
	(−0.4077)	(−0.4506)	(−0.5938)	(−0.5382)	(−0.5257)	(−0.5567)
Aturn	−0.0006***	−0.0006***	−0.0006**	−0.0006***	−0.0006***	−0.0005**
	(−2.6679)	(−2.5990)	(−2.4218)	(−2.7779)	(−2.7818)	(−2.5133)
Soe	0.0000	0.0000	0.0000	0.0000	0.0000	0.0000
	(0.4659)	(0.4051)	(0.4378)	(0.4447)	(0.3500)	(0.3152)
*Holdedtate*1	0.0024	0.0025	0.0016	0.0023	0.0023	0.0024
	(1.4229)	(1.4883)	(0.8491)	(1.3976)	(1.3954)	(1.4480)
Ddsbl	−0.0002	−0.0002	0.0000	−0.0003	−0.0002	−0.0002
	(−1.0986)	(−1.0372)	(0.0277)	(−1.1643)	(−0.9351)	(−0.8124)
N	4351	4351	3680	4351	4351	4351

注：* 为在 0.1 的水平上显著，** 为在 0.05 的水平上显著，*** 为在 0.01 的水平上显著。

从表 3-18 可知，稳健性检验的结果与前文的回归结果保持一致，说明其结果具有稳健性，支持了本部分的研究结论。

表 3-19 产权性质、盈余质量与投资过度的检验结果

	(1)	(2)	(3)	(4)	(5)	(6)
	OInv	OInv	OInv	OInv	OInv	OInv
_cons	-0.0354	0.0912***	0.1012***	0.0916**	-0.0365	-0.0372
	(-0.4864)	(6.1932)	(5.8855)	(2.4546)	(-0.5036)	(-0.5131)
EQ_jones	-0.0231***					
	(-2.6493)					
Soe×EQ_jones	0.0221*					
	(1.7428)					
EQ_dacc		-0.0299**				
		(-2.2007)				
Soe×EQ_dacc		0.0440**				
		(2.5484)				
EQ_em			0.0000			
			(0.1962)			
Soe×EQ_em			0.0001			
			(0.4141)			
EQ_emp				0.0328***		
				(2.6809)		
Soe×EQ_emp				-0.0214		
				(-1.1540)		
EQ_emc					0.0364***	
					(2.6174)	
Soe×EQ_emc					-0.0259	
					(-1.2731)	
EQ_emd						0.0402
						(1.0086)
Soe×EQ_emd						0.0438
						(0.6736)

续表

	（1）	（2）	（3）	（4）	（5）	（6）
	OInv	*OInv*	*OInv*	*OInv*	*OInv*	*OInv*
Grow	0.0103***	0.0095***	0.0100***	0.0092***	0.0103***	0.0103***
	（4.8297）	（4.8697）	（4.3907）	（6.7494）	（4.8846）	（4.6556）
Lev	0.0238**	0.0099***	0.0110***	0.0104***	0.0236**	0.0243**
	（2.2358）	（2.8702）	（2.7609）	（3.0961）	（2.2230）	（2.2731）
Cash	−0.0000***	−0.0000	0.0000	−0.0000	−0.0000***	−0.0000***
	（−2.6777）	（−0.2732）	（0.4239）	（−0.1981）	（−2.6432）	（−2.7706）
Size	0.0029	−0.0034***	−0.0038***	−0.0034***	0.0030	0.0031
	（0.9596）	（−5.0400）	（−4.7930）	（−5.1203）	（1.0131）	（1.0573）
Age	0.0019	0.0035***	0.0035**	0.0034***	0.0017	0.0019
	（0.3362）	（3.2045）	（2.1643）	（3.3096）	（0.3074）	（0.3366）
Ret	0.0034**	0.0012	0.0012	0.0010	0.0034**	0.0036**
	（2.2548）	（0.9064）	（0.7962）	（0.8215）	（2.2051）	（2.3597）
Linv	−0.0639***	0.0758***	0.0777***	0.0770***	−0.0635***	−0.0638***
	（−4.3007）	（8.4433）	（7.0545）	（9.2856）	（−4.2752）	（−4.2984）
Aturn	−0.0259***	−0.0076***	−0.0068***	−0.0078***	−0.0260***	−0.0265***
	（−5.1507）	（−5.0062）	（−3.7538）	（−5.7920）	（−5.1808）	（−5.2188）
Soe	−0.0022	0.0016	−0.0009	−0.0003	−0.0034	−0.0069
	（−0.3138）	（0.8553）	（−0.5046）	（−0.1412）	（−0.4922）	（−0.9373）
*Holdedtate*1	0.0001	0.0000	0.0000	0.0000	0.0001	0.0001
	（0.4776）	（0.2700）	（0.1453）	（0.3060）	（0.4631）	（0.4862）
Ddsbl	−0.0290	0.0034	0.0023	0.0034	−0.0288	−0.0274
	（−1.2135）	（0.3180）	（0.1825）	（0.3377）	（−1.2068）	（−1.1438）
Ceodum	0.0016	−0.0002	−0.0008	−0.0002	0.0016	0.0013
	（0.5958）	（−0.1528）	（−0.4470）	（−0.1381）	（0.6250）	（0.5046）
N	4322	4322	3266	4322	4322	4322

注：* 为在 0.1 的水平上显著，** 为在 0.05 的水平上显著，*** 为在 0.01 的水平上显著。

从表 3-19 可知，稳健性检验的结果与前文的回归结果保持一致，说明其结果具有稳健性，支持了本部分的研究结论。

3.7 本章小结

本章选取2003—2019年沪深A股上市公司作为样本，系统研究了企业盈余质量与资本配置效率的关系，研究结果如下。

（1）盈余质量与资本配置效率正相关，即当企业财务信息的质量较高时，资本配置效率也会提高。进一步将全样本分为投资不足和投资过度两个子样本，通过实证检验发现，在投资不足样本与投资过度样本中，盈余质量的提高均会缓解企业的投资不足与投资过度。

（2）与国有企业相比，盈余质量在非国有企业中对资本配置效率的影响更为明显。进一步将全样本分为投资不足和投资过度两个子样本，分别进行检验发现，加入产权性质变量后，盈余质量的提高对投资不足的缓和作用将会降低，盈余质量的提高对投资过度的缓和作用也会降低。

4 盈余质量影响资本配置效率的机制检验

4.1 引言

根据资本配置理论可知，资本配置效率主要受以下四个因素的影响，分别是项目选择、融资成本、投资机会和识别投资机会的能力。其中投资机会是客观存在，不受资本配置方案的影响。本章在假设所有管理者均具有识别投资机会能力的基础上，主要探究融资成本和项目选择这两个影响资本配置效率的因素（Verdi，2006）。会计盈余功用论认为，盈余质量对企业的发展非常重要。当企业在进行投资项目选择时，需要考虑融资成本等一系列信息，此时，拥有高质量的盈余信息至关重要，因为其与各个项目的投资效率及企业整体的资本配置效率息息相关。从信号传递理论和契约理论来看，高质量的盈余信息能够降低企业的信息不对称程度，从而减少代理成本。从债权人的角度来看，企业高质量的盈余信息有助于保障债权人的权益，能够使企业以更低的成本获得融资，从而进行更有效的投资，使资本配置效率得到提升。基于此，本章将深入探析盈余质量对资本配置效率的影响机制。

首先，根据有序融资理论，企业在进行融资时，会根据成本对融资的先后顺序进行排列，一般优先进行内部融资，但当内部资金不足时，就需要进行外部融资。由于外部融资难度较大、成本较高，此时，企业就面临融资约束问题，这会导致企业错失投资机会，对资本配置效率产生不利影响，不利于企业长远发展。当企业面临较弱的融资约束时，企业进行项目投资所需的资金更易从外部获取且获取成本较低，进而抑制投资不足情况的发生，提高投资水平；若企业面临严重的融资约束问题，则企业从外部筹资的成本更高、难度更大，从而无法为企业净收益高的投资项目提供充足的资金支持，导致投资不足，即由于企业的资金无法支持有效率的投资，因此不得不放弃一些好的投资机会。

其次，代理问题在其中也具有重要的影响，股东和债权人之间的代理问题会影响企业的融资，大小股东之间及股东和管理层之间的代理问题会影响企业对投资项目的选择和企业的未来发展。当企业的代理问题十分突出时，企业将面临严重的资金问题和管理问题。企业一方面可能没有资金进行投资，另一方面，企业的决策者会出于逐利或逐权的动机而在进行投资项目的选择时做出非效率投资决策，这对企业的资本配置效率存在不利影响，也不利于企业的长远发展。

本章将从上述两个方面阐述盈余质量对资本配置效率的影响路径。

第一条路径是缓解融资约束。由于市场上存在严重的信息不对称，企业在进行外部融资时面临融资约束的问题。企业的外部融资方式有两种，分别为债务融资和股权融资。从债务融资来看，在企业进行债务融资时，较高的盈余质量能够缓解融资约束，从而使资本配置效率得到提高。由于债权人处于信息劣势，因此其会增加债务成本以保障自己的权益，而当企业的盈余质量较高时，债权人就能够进行充分的评估并投资，从而优化债务市场，减少逆向选择问题，这样不仅保障了债权人的资金安全，而且缓解了企业的融资约束，使企业能够有充足的资金进行投资。从股权融资来看，在企业进行股权融资时，较高的盈余质量同样缓解了融资约束问题。由于外部投资者不了解企业的内部信息，因此会导致逆向选择，而盈余信息质量的提高能够使外部投资者对企业的真实情况进行判断，从而进行合理的投资，缓解企业的融资约束。综上所述，企业高质量的盈余信息能够给债权人和投资者以信心和保障，降低其与企业之间的信息不对称程度，减少市场中的逆向选择问题，提高市场效率，降低企业债务融资和股权融资的成本，使企业的融资约束问题在一定水平上得到改善，减少因资金匮乏所致的投资不足行为，进而提高投资效率。

第二条路径是缓解代理冲突。在资本市场上，外部投资者通过资本注入，以股东和债权人的身份参与公司的生产经营活动，因而信息不对称问题也逐渐过渡为代理问题。代理问题广泛存在于企业之中，如大股东与中小股东、股东与管理层、股东与债权人等之间由于利益立场、信息获得等的差异会存在代理问题。企业披露的盈余信息对这些代理问题有重要影响，当盈余信息的质量较高时，企业的信息透明度较高，各方的信息不对称水平会大大降低，这样能够约束大股东的“隧道挖掘”行为，抑制管理层的道德风险问题，降低中小股东、债权人等的风险，使债权人了解企业和相关投资的真实情况，在对企业投资进行监督的同时，保障自身的利益。此时融资成本得到降低，企业在投资时会以公司价值为导向，改善投资项目选择，减少企业投资不当行为，提高投资效率。高质量的盈余信息主要通过减少企业与债权人之间的代理问题，同时增加对股东和管理层的约束和监督来影响投资效率，从而提高资本配置效率。

4.2 基于融资约束的中介效应检验

4.2.1 样本选择与数据来源

本部分检验选取的研究样本为2003—2019年沪深A股上市公司。相关企业数据和财务数据分别来自国泰安（CSMAR）数据库和色诺芬（CCER）数据库。本书根据以下原则对样本进行处理：首先，剔除金融行业上市公司，因为其公司特征和财务特征的差异性较大；其次，剔除当年IPO的公司，因为根据已有研究，公司为顺利上市并提高股票发行价格，在IPO前三年和IPO当年这段时期存在明显的盈余操纵行为，这降低了盈余信息的质量；再次，剔除*ST、ST或PT状态的上市公司，因为此类上市公司无法维持正常的生产经营，其盈余信息和投资决策的差异性较大；最后，剔除数据不完整的公司。此外，利用Stata14.0对变量按照1%~99%的水平进行极端值的Winsorize处理。

4.2.2 变量定义与实证模型设定

（1）变量定义。本章资本配置效率和盈余质量的定义与前面章节保持一致，在此不再一一赘述。目前度量公司融资约束的方法较多，本章选择学术界普遍采用的综合指标法。参考已有研究，本章根据公司经营性净现金流、股利、现金持有、资产负债率以及托宾Q值等财务指标，构建KZ指数，以此表示企业的融资约束水平（Kaplan和Zingales，2000；徐龙炳和李科，2010；魏志华等，2014）。首先对数据按照期末经营现金流净额/期初资产总计、每股税前现金股利、现金持有/期初资产总计、资产负债率和托宾Q值进行行业分类。然后根据各变量的中位数定义相应的虚拟变量（X_1、X_2、X_3、X_4、X_5），计算KZ指数$=X_1+X_2+X_3+X_4+X_5$。接着采用排序逻辑回归（Ordered Logistic Regression）模型，将KZ指数作为因变量对$Cf_{i,t}/A_{i,t-1}$、$Div_{i,t}/A_{i,t-1}$、$Cash_{i,t}/A_{i,t-1}$、$Lev_{i,t}$和$Tobinq_{i,t}$进行回归，估计出各变量的回归系数，如表4-1所示。

表4-1 排序逻辑回归结果

KZ	Coef.	St.Err.	t-value	p-value	[95% Conf	Interval]	Sig
X_1	-9.079	0.139	-65.15	0	-9.353	-8.806	***
X_2	-32.437	0.652	-49.75	0	-33.714	-31.159	***
X_3	-4.877	0.081	-60.00	0	-5.036	-4.717	***
X_4	4.473	0.062	72.16	0	4.351	4.594	***
X_5	0.583	0.010	57.17	0	0.563	0.603	***
Constant	-3.935	0.060	.b	.b	-4.053	-3.817	
Constant	-0.665	0.044	.b	.b	-0.752	-0.578	
Constant	1.338	0.043	.b	.b	1.253	1.423	
Constant	3.210	0.047	.b	.b	3.119	3.302	
Constant	5.606	0.057	.b	.b	5.495	5.718	
Mean dependent var		2.495		SD dependent var		1.261	
Pseudo r-squared		0.252		Number of obs		31336	
Chi-square		25611.965		Prob > chi^2		0.000	
Akaike crit.（AIC）		76077.784		Bayesian crit.（BIC）		76161.309	

注：***$p<0.01$，**$p<0.05$，*$p<0.1$。

根据以上计算结果，对每个上市公司的KZ指数进行计算，就可以得到所有上市公司的融资约束程度。KZ指数是正向指标，其值越大表明上市公司面临的融资约束程度越高，其值越小表明融资约束程度越低。

$$KZ_{i,t}=\alpha_0-9.079\frac{Cf_{i,t}}{A_{i,t-1}}-32.437\frac{Div_{i,t}}{A_{i,t-1}}-4.877\frac{Cash_{i,t}}{A_{i,t-1}}+4.473Lev_{i,t}+0.583Tobinq_{i,t}$$

（2）实证模型设定。根据前文研究可知，盈余质量能够显著影响资本配置效率，那么，是否如理论分析所言，融资约束在二者之间起中介作用呢？本书在前一章实证分析的基础上，进一步借鉴已有研究的方法对盈余质量影响资本配置效率的机制进行检验，即检验融资约束是否具有中介效应（Baron 和 Kenny，1986）。具体方法如下。

第一步，构建实证模型（4–1），运用多元线性回归方法直接检验盈余质量对融资约束的影响。根据已有学者的研究，公司成长性、负债、现金持有水平、资产与公司上市年限等基本面情况和公司治理情况是影响公司融资约束的主要因素，因此实证模型（4–1）中选择主营业务增长率、资产负债率、现金持有水平、公司规模、公司上市年限、产权性质、所属行业、年份等作为控制变量。若实证模型（4–1）中的 α_1 显著，则进行第二步。

$$KZ_{i,t}=\alpha_0+\alpha_1EQ_{i,t}+\alpha_2Grow_{i,t}+\alpha_3Lev_{i,t}+\alpha_4Cash_{i,t}+\alpha_5Size_{i,t}+\alpha_6Age_{i,t}+\alpha_7Ret_{i,t}$$
$$+\alpha_8Inv_{i,t}+\alpha_9Soe_{i,t}+\alpha_{10}Holdedtate1_{i,t}+\alpha_{11}Ddsbl_{i,t}+\alpha_{12}Ceodum_{i,t}+\Sigma Year$$
$$+\Sigma Ind+\varepsilon_{i,t} \qquad (4\text{–}1)$$

第二步，构建实证模型（4–2），检验融资约束对资本配置效率的影响。实证模型（4–2）中选取的控制变量与实证模型（4–1）中选取的控制变量一致。若实证模型（4–2）中的 β_1 显著，则进行第三步。

$$InvEff_{i,t}=\beta_0+\beta_1KZ_{i,t}+\beta_2Grow_{i,t}+\beta_3Lev_{i,t}+\beta_4Cash_{i,t}+\beta_5Size_{i,t}+\beta_6Age_{i,t}+\beta_7Ret_{i,t}$$
$$+\beta_8Inv_{i,t}+\beta_9Soe_{i,t}+\beta_{10}Holdedtate1_{i,t}+\beta_{11}Ddsbl_{i,t}+\beta_{12}Ceodum_{i,t}+\Sigma Year$$
$$+\Sigma Ind+\varepsilon_{i,t} \qquad (4\text{–}2)$$

第三步，构建实证模型（4–3），在上述检验的基础上，检验盈余质量的提高是否通过缓解融资约束，提高了资本配置效率，即检验融资约束的中介作用。模型（4–3）在模型（4–2）的基础上增加了 EQ 变量，具体结构如下。

$$InvEff_{i,t}=\gamma_0+\gamma_1EQ_{i,t}+\gamma_2KZ_{i,t}+\gamma_3Grow_{i,t}+\gamma_4Lev_{i,t}+\gamma_5Cash_{i,t}+\gamma_6Size_{i,t}+\gamma_7Age_{i,t}$$
$$+\gamma_8Ret_{i,t}+\gamma_9Inv_{i,t}+\gamma_{10}Soe_{i,t}+\gamma_{11}Holdedtate1_{i,t}+\gamma_{12}Ddsbl_{i,t}+\gamma_{13}Ceodum_{i,t}$$
$$+\Sigma Year+\Sigma Ind+\varepsilon_{i,t} \qquad (4\text{–}3)$$

本书通过中介效应模型，对盈余质量、融资约束和资本配置效率之间的关系进行检验。第一步是对盈余质量和融资约束之间的关系进行检验，主要观察回归系数 α_1 的符号以及显著性，若系数显著，说明二者具有显著的关系；第二步是对融资约束和资本配置效率之间的关系进行检验，主要观察回归系数 β_1 的符号以及显著性，若系数显著，则进行后续的检验；第三步的检验非常重要，只有关键系数显著才能说明中介效应存在，在加入融资约束这一中介变量后，若 γ_1、γ_2、γ_3 均显著则说明存在部分中介效应，若 γ_1 不显著则说明存在完全中介效应。

在中介效应的检验中，通过借鉴因果逐步回归的思路（Baron 和 Kenny，1986），国内学者又提出一系列中介效应检验的改进方法（温忠麟等，2004）。本书借鉴这些学者的方法进行了中介效应检验，具体步骤如图 4-1 所示。

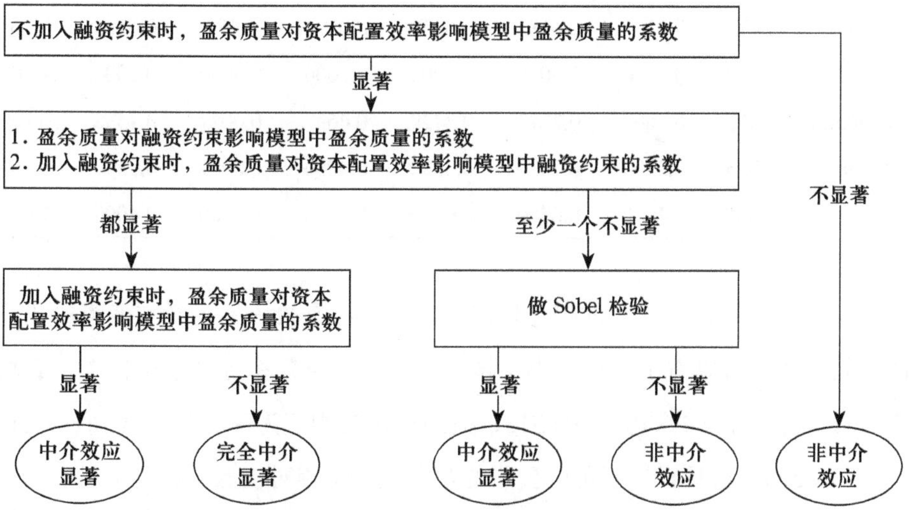

图 4-1 融资约束在盈余质量对资本配置效率影响中的中介效应检验程序

4.2.3 变量的描述性统计和相关性分析

（1）全样本变量的描述性统计。表 4-2 是全样本变量的描述性统计结果。由于前文中已对其他变量进行了详细分析，此处主要对融资约束进行分析。融资约束（*KZ*）的均值为 2.3130，中位数为 2.4010，最大值为 8.9860，最小值为 -5.9650，最大值与最小值之间相差较大，标准差为 1.4800，由此说明我国上市公司面临的融资约束存在较大的差异。

表 4-2　全样本变量的描述性统计结果

变量	N	mean	p25	p50	p75	min	sd	max
InvEff	10000	0.0313	0.0101	0.0216	0.0404	0.0000	0.0325	0.2850
EQ	12000	-0.0584	-0.0777	-0.0401	-0.0182	-0.3550	0.0604	-0.0007
KZ	12000	2.3130	1.4800	2.4010	3.2020	-5.9650	1.4800	8.9860
AC-acc	12000	0.0927	0.0449	0.0757	0.1150	0.0087	0.0754	0.5410
AC-aturn	12000	0.6580	0.3490	0.5460	0.8230	0.0696	0.4620	2.5990
Lev	12000	0.4580	0.2970	0.4630	0.6210	0.0710	0.2080	1.2520
Cash	12000	0.1720	0.0784	0.1330	0.2250	0.0720	0.1340	0.6660
Size	12000	0.2221	0.2127	0.2202	0.2294	0.1837	0.0133	0.2851
Age	12000	2.2520	1.7920	2.3980	2.7730	0.6930	0.6380	3.2580
Ret	12000	0.1820	-0.2220	-0.0118	0.3860	-0.5630	0.6050	2.8560
Linv	12000	0.0596	0.0182	0.0452	0.0874	-0.0806	0.0588	0.2680
Soe	12000	0.5010	0.0000	1.0000	1.0000	0.0000	0.5000	1.0000
Holdedtate1	12000	0.3601	0.2372	0.3429	0.4697	0.0029	0.1532	0.8999
Ddsbl	12000	0.3700	0.3330	0.3330	0.4000	0.0909	0.0548	0.8000
Ceodum	12000	0.2000	0.0000	0.0000	0.0000	0.0000	0.4000	1.0000

（2）投资不足样本变量的描述性统计。表 4-3 是投资不足样本变量的描述性统计结果。从中可以看出：投资不足样本的资本配置效率远低于全样本，其均值为 0.0263，而全样本的均值为 0.0313；盈余质量的均值为 -0.0594，也小于全样本的均值 -0.0584，可见投资不足的公司的盈余质量也相对较低。投资不足的公司面临更多的融资约束，无论是融资约束的均值（2.3210）还是中位数（2.4270），都大于全样本公司的均值（2.3130）和中位数（2.4010）。

表 4-3　投资不足样本变量的描述性统计结果

变量	N	mean	p25	p50	p75	min	sd	max
UInv	6200	0.0263	0.0105	0.0204	0.0343	0.0000	0.0239	0.2430
EQ	6200	-0.0594	-0.0799	-0.0411	-0.0180	-0.3550	0.0606	-0.0007
KZ	6200	2.3210	1.4590	2.4270	3.2380	-4.7290	1.5480	8.8660
AC-acc	6200	0.0931	0.0439	0.0749	0.1150	0.0870	0.0782	0.5410

续表

变量	N	mean	p25	p50	p75	min	sd	max
AC-aturn	6200	0.6720	0.3510	0.5540	0.8440	0.0696	0.4720	2.5990
Lev	6200	0.4540	0.2860	0.4580	0.6240	0.0108	0.2130	1.1360
Cash	6200	0.1790	0.0792	0.1370	0.2360	0.0720	0.1410	0.6660
Size	6200	0.2212	0.2116	0.2190	0.2285	0.1837	0.0134	0.2850
Age	6200	2.2310	1.6090	2.3980	2.7730	0.6930	0.6370	3.2580
Ret	6200	0.2330	−0.2080	0.0166	0.4610	−0.5630	0.6460	2.8560
Linv	6200	0.0568	0.0163	0.0404	0.0816	−0.0806	0.0572	0.2680
Soe	6200	0.5210	0.0000	1.0000	1.0000	0.0000	0.5000	1.0000
*Holdedtate*1	6200	0.3660	0.2397	0.3498	0.4801	0.0029	0.1551	0.8999
Ddsbl	6200	0.3700	0.3330	0.3330	0.4000	0.1430	0.0554	0.8000
Ceodum	6200	0.1900	0.0000	0.0000	0.0000	0.0000	0.3920	1.0000

（3）投资过度样本变量的描述性统计。表 4–4 是投资过度样本变量的描述性统计结果。其中融资约束的均值为 2.3060，中位数为 2.3830，由此可知，投资过度样本的融资约束不但低于投资不足样本，而且低于全样本，说明投资过度的公司面临较小的融资约束。

表 4–4 投资过度样本变量的描述性统计结果

变量	N	mean	p25	p50	p75	min	sd	max
OInv	4300	0.0385	0.0095	0.0246	0.0537	0.0000	0.0408	0.2850
EQ	6200	−0.0575	−0.0752	−0.0392	−0.0184	−0.3550	0.0602	−0.0007
KZ	6200	2.3060	1.4930	2.3830	3.1730	−5.9650	1.4100	8.9860
AC-acc	6200	0.0923	0.0459	0.0765	0.1150	0.0870	0.0724	0.5410
AC-aturn	6200	0.6440	0.3460	0.5390	0.8060	0.0696	0.4520	2.5990
Lev	6200	0.4620	0.3050	0.4680	0.6170	0.0710	0.2020	1.2520
Cash	6200	0.1650	0.0780	0.1300	0.2150	0.0720	0.1250	0.6660
Size	6200	0.2230	0.2139	0.2213	0.2301	0.1839	0.0131	0.2851
Age	6200	2.2740	1.7920	2.3980	2.8330	0.6930	0.6380	3.2580
Ret	6200	0.1320	−0.2380	−0.0370	0.3230	−0.5630	0.5560	2.8560
Linv	6200	0.0623	0.0203	0.0508	0.0941	−0.0806	0.0602	0.2680

续表

变量	N	mean	p25	p50	p75	min	sd	max
Soe	6200	0.4810	0.0000	0.0000	1.0000	0.0000	0.5000	1.0000
*Holdedtate*1	6200	0.3543	0.2348	0.3372	0.4587	0.0300	0.1511	0.8909
Ddsbl	6200	0.3700	0.3330	0.3330	0.4000	0.0909	0.0542	0.8000
Ceodum	6200	0.2100	0.0000	0.0000	0.0000	0.0000	0.4080	1.0000

（4）全样本主要变量的相关性分析。表 4–5 是全样本主要变量的相关性分析结果。由表 4–5 可知，融资约束与盈余质量的系数为 –0.0770，且在 1% 的水平上显著，二者的显著负相关关系说明融资约束程度越高，盈余质量越低。融资约束与资本配置效率也呈显著的负相关关系，其系数为 –0.1190，在 1% 的水平上显著，说明公司面临的融资约束问题越严重，资本配置效率越低。

表 4–5 全样本主要变量的相关性分析结果

	InvEff	*EQ*	*KZ*	*AC-acc*	*AC-aturn*	*Lev*	*Cash*	*Size*
InvEff	1							
EQ	0.0130*	1						
KZ	–0.1190***	–0.0770***	1					
AC-acc	–0.0810***	0.0100*	–0.1010***	1				
AC-aturn	–0.0510***	0.0030*	0.0300***	–0.3950***	1			
Lev	–0.1030***	–0.0960***	0.5500***	–0.3570***	0.1320***	1		
Cash	0.0890***	0.0070	–0.4500***	0.2200***	–0.0030	–0.4550***	1	
Size	–0.1230***	0.0390***	0.1740***	–0.3510***	0.0010	0.5000***	–0.2740***	1

注：* 为在 0.1 的水平上显著，** 为在 0.05 的水平上显著，*** 为在 0.01 的水平上显著。

（5）投资不足样本主要变量的相关性分析。表 4–6 是投资不足样本主要变量的相关性分析结果。从表 4–6 中可以看出，融资约束与投资不足的系数为 0.1030，在 1% 的水平上显著，说明融资约束显著增加投资不足的问题，即企业面临的融资约束问题越严重，越容易出现投资不足。

表 4–6 投资不足样本主要变量的相关性分析结果

	UInv	*EQ*	*KZ*	*AC-acc*	*AC-aturn*	*Lev*	*Cash*	*Size*
UInv	1							

续表

	UInv	EQ	KZ	AC-acc	AC-aturn	Lev	Cash	Size
EQ	−0.0360***	1						
KZ	0.1030***	−0.1030***	1					
AC-acc	0.1160***	0.0020	−0.1270***	1				
AC-aturn	−0.0620***	0.0020	0.0480***	−0.4040***	1			
Lev	−0.1620***	−0.1040***	0.5680***	−0.3800***	0.1750***	1		
Cash	0.0830***	−0.0020	−0.4980***	0.2450***	−0.0220	−0.4770***	1	
Size	−0.1720***	0.0340***	0.1880***	−0.3510***	0.0090	0.5060***	−0.2550***	1

注：* 为在 0.1 的水平上显著，** 为在 0.05 的水平上显著，*** 为在 0.01 的水平上显著。

（6）投资过度样本主要变量的相关性分析。表 4–7 是投资过度样本主要变量的相关性分析结果。从表 4–7 中可以看出，融资约束对投资过度具有显著的负向影响，二者的系数为 −0.1490，在 1% 的水平上显著，表明融资约束显著抑制投资过度。盈余质量与投资过度的系数 −0.0070，且显著，说明公司盈余质量的提高可以减少公司的投资过度问题。

表 4–7 投资过度样本主要变量的相关性分析结果

	OInv	EQ	KZ	AC-acc	AC-aturn	Lev	Cash	Size
OInv	1							
EQ	−0.0070*	1						
KZ	−0.1490***	−0.0480***	1					
AC-acc	0.0680***	0.0190	−0.0710***	1				
AC-aturn	−0.0430***	0.0040	0.0100	−0.3860***	1			
Lev	−0.0770***	−0.0890***	0.5290***	−0.3310***	0.0870***	1		
Cash	0.1170***	0.0200	−0.3920***	0.1890***	0.0150	−0.4290***	1	
Size	−0.1040***	0.0420***	0.1600***	−0.3520***	−0.0040	0.4950***	−0.2910***	1

注：* 为在 0.1 的水平上显著，** 为在 0.05 的水平上显著，*** 为在 0.01 的水平上显著。

4.2.4 实证检验结果与分析

（1）盈余质量对融资约束的影响结果分析。表 4–8 列示了盈余质量对融资约束影响的检验结果。基于全样本，盈余质量与融资约束的相关系数为 −0.2490，并且在 1% 的水平上显著，表明盈余质量的提高能够显著降低企业的融资约束程度。当盈余信息质量较高时，投资者的信息不对称水平降低，其能够得到及时性、相关性和可靠性更高的信息，增加对公司情况的了解，从而能够对公司的财务状况做出正确的判断，减少投资者的信息风险与逆向选择，降低债权人的契约条件难度，进而降低企业的融资成本，提高企业筹集资金的能力，缓解融资约束。

此外，本章将样本分为投资不足样本和投资过度样本两组，在这两组中分别进行检验，研究盈余质量对融资约束的影响是否会产生不同的结果。从表 4-8 中可以看出，在投资不足样本中，盈余质量与融资约束的相关系数为 -0.6301，并且在 5% 的水平上显著，而在投资过度样本中，二者的相关系数为 -0.0272，不显著。结果表明：当企业存在投资不足的情况时，企业披露高质量的盈余信息能缓解融资约束；而当企业面临的情况是投资过度时，二者的关系不显著。对于后者，可能的解释有两点：一方面，由于企业存在投资过度问题，债权人对其评价是负面的，对其信息的信任程度较低，因此其披露的信息对融资来说影响并不显著；另一方面，投资过度情况的出现在一定程度上表明企业可能不存在融资约束问题，或该问题不严重，因此不需要披露相关信息来促进融资。综上所述，高质量的盈余信息对融资约束的缓解作用在面临投资不足的企业中更加显著。

表 4-8 盈余质量对融资约束影响的检验结果

	（1） 全样本	（2） 投资不足样本	（3） 投资过度样本
_cons	11.1119***	5.1836***	5.9325***
	（14.1828）	（5.4825）	（12.4099）
EQ	-0.2490***	-0.6301**	-0.0272
	（-3.0486）	（-2.3756）	（-0.2655）
Grow	0.0000*	0.0000	0.0000
	（1.7789）	（0.8115）	（1.0220）
Lev	5.0721***	4.8126***	4.7275***
	（42.3138）	（50.5853）	（43.2837）
Cash	-0.0000***	-0.0000**	-0.0000

续表

	（1）	（2）	（3）
	全样本	投资不足样本	投资过度样本
	（-3.8640）	（-2.1161）	（-0.4306）
Size	-0.5642***	-0.2001***	-0.2553***
	（-18.2072）	（-11.5482）	（-12.3979）
Age	0.8226***	0.1461***	0.1302***
	（11.0214）	（4.6322）	（3.5691）
Ret	0.0749***	0.1425***	0.1188***
	（3.1217）	（3.7804）	（3.4176）
Linv	1.5609***	-0.0963	-0.0116
	（7.0319）	（-0.3252）	（-0.0423）
Soe	-0.2346***	-0.1219***	-0.1275***
	（-2.6657）	（-3.1796）	（-2.6604）
*Holdedtate*1	0.0020	0.0011	0.0023*
	（1.0335）	（1.0057）	（1.7620）
Ddsbl	-0.0164	0.8460***	0.0683
	（-0.0560）	（2.9351）	（0.2217）
Ceodum	-0.0894**	-0.0413	-0.0115
	（-2.1943）	（-0.9986）	（-0.2724）
N	12356	6156	6200

注：* 为在 0.1 的水平上显著，** 为在 0.05 的水平上显著，*** 为在 0.01 的水平上显著。

（2）融资约束对资本配置效率的影响结果分析。表 4-9 列示了融资约束对资本配置效率影响的检验结果。从表 4-9 的第（1）列可以看出，融资约束与资本配置效率的相关系数是 -0.0054，在 5% 的水平上显著，这说明当企业面临融资约束问题时，会降低企业的资本配置效率。企业面临融资约束，说明企业的内部资金不足，而外部资金也因为各种原因无法获得，导致企业无法进行有益于企业发展的投资，资本配置效率随之降低。

表 4-9 融资约束对资本配置效率影响的检验结果

	（1）全样本	（2）投资不足样本	（3）投资过度样本
_cons	0.1892***	0.3244***	-1.0328***
	(3.2319)	(5.7422)	(-3.8908)
KZ	-0.0054**	0.0115***	-0.0454***
	(-2.1176)	(4.6217)	(-3.7144)
Grow	0.0000	-0.0000	0.0000
	(0.4829)	(-0.8980)	(0.8750)
Lev	-0.0020	-0.0074***	0.0171*
	(-1.0328)	(-4.3745)	(1.9572)
Cash	0.0000	0.0000***	-0.0000***
	(1.4698)	(4.7500)	(-3.0298)
Size	0.0090***	-0.0166***	0.0588***
	(2.9228)	(-5.5495)	(4.0255)
Age	0.0006	0.0017***	-0.0099
	(0.9682)	(2.9769)	(-1.5859)
Ret	0.0050***	0.0046***	0.0055***
	(6.8238)	(6.8752)	(3.2124)
Linv	0.1256***	0.1514***	-0.0983***
	(22.4746)	(28.5417)	(-6.0551)
Soe	-0.0035***	-0.0017**	-0.0054
	(-4.6795)	(-2.5347)	(-0.7772)
*Holdedtate*1	0.0000	0.0000	0.0001
	(0.8667)	(0.6000)	(0.6296)
Ddsbl	0.0115**	0.0108**	-0.0067
	(2.0439)	(2.0875)	(-0.3011)
Ceodum	-0.0015*	-0.0022***	0.0034
	(-1.9337)	(-3.0334)	(1.0727)
N	10684	6309	4375

注：* 为在 0.1 的水平上显著，** 为在 0.05 的水平上显著，*** 为在 0.01 的水平上显著。

与前述研究一致，同样将样本分为投资不足样本和投资过度样本两组，在两组中分别进行检验。表 4–9 的第（2）列和第（3）列列示了相关结果，从中可以看出，在投资不足样本中，融资约束与资本配置效率的相关系数为 0.0115，在 1% 的水平上显著，而在投资过度样本中，融资约束与资本配置效率的相关系数为 –0.0454，在 1% 的水平上显著。基于上文分析，说明当公司投资不足时，公司受融资约束会显著加剧投资不足行为，而存在过度投资的公司，其面临的融资约束程度较低，甚至不存在融资约束，因此融资约束只能在一定程度上抑制公司的过度投资行为，且抑制力度较小。对比融资约束对投资不足和投资过度的影响可见，一方面在投资不足公司中融资约束显著加剧了投资不足，另一方面在投资过度公司中融资约束在一定程度上抑制了投资过度。因此，综合来看，在融资约束对非效率投资的影响中，融资约束对投资不足的加剧作用更为显著。

（3）盈余质量、融资约束与资本配置效率的检验结果分析。表 4–10 为中介检验的最后结果。根据中介检验步骤，需要在加入中介变量融资约束后，对原解释变量盈余质量的系数和中介变量的系数进行统计，且符号也需要符合前文假设。本部分在表 4–8 和表 4–9 检验结果的基础上，将中介变量融资约束放入模型中进行检验，以验证在盈余质量对资本配置效率的影响中，融资约束是否发挥了中介作用。

表 4–10 盈余质量、融资约束与资本配置效率的检验结果

	（1） 全样本	（2） 投资不足样本	（3） 投资过度样本
_cons	0.1907***	0.3292***	–1.0326***
	（3.2600）	（5.8372）	（–3.8894）
EQ	0.0199***	–0.0244***	–0.0209*
	（3.7090）	（–5.1109）	（–1.8541）
KZ	–0.0056**	0.0119***	–0.0453***
	（–2.2031）	（4.8024）	（–3.7063）
Grow	0.0000	–0.0000	0.0000
	（0.4516）	（–0.9946）	（0.8767）

续表

	(1) 全样本	(2) 投资不足样本	(3) 投资过度样本
Lev	-0.0026	-0.0082***	0.0168*
	(-1.3555)	(-4.7963)	(1.9168)
Cash	0.0000	0.0000***	-0.0000***
	(1.5568)	(4.8585)	(-3.0145)
Size	0.0091***	-0.0170***	0.0588***
	(2.9793)	(-5.6948)	(4.0211)
Age	0.0006	0.0017***	-0.0099
	(0.9590)	(2.9357)	(-1.5892)
Ret	0.0048***	0.0044***	0.0055***
	(6.5690)	(6.5748)	(3.1622)
Linv	0.1261***	0.1515***	-0.0981***
	(22.5695)	(28.6241)	(-6.0422)
Soe	-0.0034***	-0.0016**	-0.0054
	(-4.5181)	(-2.2962)	(-0.7820)
*Holdedtate*1	0.0000	0.0000	0.0001
	(0.8037)	(0.5629)	(0.6083)
Ddsbl	0.0111**	0.0107**	-0.0069
	(1.9739)	(2.0724)	(-0.3098)
Ceodum	-0.0016**	-0.0024***	0.0034
	(-1.9881)	(-3.2249)	(1.0671)
N	10684	6309	4375

注：* 为在 0.1 的水平上显著，** 为在 0.05 的水平上显著，*** 为在 0.01 的水平上显著。

通过表 4-10 的结果可以看出，在第（1）列全样本中，盈余质量的估计系数是 0.0199，且在 1% 的水平上显著，融资约束的估计系数是 -0.0056，在 5% 的水平上显著。盈余质量的估计系数由模型（3-6）中的 0.0157 变化为模型（4-3）中的 0.0199，显著性水平保持不变，表明盈余质量的提高对融资约束起到了缓解作用，进而减少了公司的非效率投资，使资本配置效率得到提高，即融资约束在盈余质量对资本配置效率的影响中发挥了中介效应。同时，由于实证模型（4–3）中盈余质量对资本配置效率的正向作用与实证模型（3–6）一致，显著性水平相同，因此融资约束的中介作用得到验证。

随后，仍然按照前文的方式将样本分为投资不足样本和投资过度样本两组，在两组中分别进行上述检验，分析是否会产生不同的影响。由表 4–10 的第（2）、第（3）列可知，对于投资不足样本而言，盈余质量直接和投资不足的相关系数与纳入融资约束之后盈余质量和投资不足的相关系数存在显著差异，融资约束的系数为 0.0119，在 1% 的水平上显著，而对于投资过度样本而言，检验结果与第（2）列的结果恰恰相反，但与主检验的结果相同，融资约束的系数显著为负，为 –0.0453。为了增加结果的稳健性，本书更换了一种中介检验方法，即利用 Sobel 检验方法对中介效应重新进行检验，具体的计算方法如下式。

$$Z=（\alpha_1 \times \gamma_2）/S_{\alpha1\gamma2}，S_{\alpha1\gamma2}=（\alpha_1^2 \times S_{\gamma2}^2+\gamma_2^2 \times S_{\alpha1}^2）$$

其中，$S_{\alpha1}$、$S_{\gamma2}$ 分别为 α_1 和 γ_2 的标准差。经上式计算，在投资过度样本中，Sobel 检验的统计量 Z=0.99>0.97，与前文中介效应的检验结果一致，表明融资约束影响了投资过度，而盈余质量发挥了中介作用。此外，通过对两组检验结果进行分析比较可知，相对于投资过度，投资不足在融资约束对企业盈余质量的影响中的作用更加明显。这也从侧面说明投资不足的企业一般面临着更为严重的融资约束，这时高质量的盈余信息能够发挥信号传递作用，让投资者相信信息具有真实性和可靠性，这对于投资不足的企业来说作用更大，而投资过度的企业与投资不足的企业不同，其融资约束问题可能并不严重，因此对其的影响并不显著。

4.3 基于代理冲突的中介效应检验

4.3.1 样本选择与数据来源

由于本节的检验内容与上一节基本一致，因此，本节的样本选择与数据来源与上一节相同，对样本的处理方式也与上一节保持一致。

4.3.2 变量定义与实证模型设定

（1）变量定义。资本配置效率和盈余质量的定义与上一节一致。由于代理冲突的定义和度量方法目前尚未统一，本书选择常用的代理成本作为代理冲突的替代变量，将管理费用率作为代理成本（*AC*）的衡量指标，管理费用率越高，代理成本越大。此外，将总资产周转率作为稳健性检验指标进行验证。

（2）实证模型设定。本节在前文研究的基础上，即在实证模型（3–6）的基础上，通过借鉴黄志典和李宜训（2017）的中介效应检验方法，对盈余质量影响资本配置效率的机制进行检验，即检验代理冲突是否具有中介效应。检验方法与融资约束中介效应的检验方法一致，具体如下。

第一步，构建实证模型（4–4），运用多元线性回归方法直接检验盈余质量对代理冲突的影响。根据已有学者的研究，公司成长性、负债、现金持有水平、资产与公司上市年限等基本面情况和公司治理情况是影响公司代理冲突的主要因素，因此实证模型（4–4）中选择主营业务增长率、资产负债率、现金持有水平、公司规模、公司上市年限、产权性质、所属行业、年份等作为控制变量。若实证模型（4–4）中的 α_1 显著，则进行第二步。

$$\begin{aligned} AC_{i,\ t}=&\alpha_0+\alpha_1 EQ_{i,\ t}+\alpha_2 Grow_{i,\ t}+\alpha_3 Lev_{i,\ t}+\alpha_4 Cash_{i,\ t}+\alpha_5 Size_{i,\ t}+\alpha_6 Age_{i,\ t}+\alpha_7 Ret_{i,\ t}\\ &+\alpha_8 Inv_{i,\ t}+\alpha_9 Soe_{i,\ t}+\alpha_{10} Holdedtate1_{i,\ t}+\alpha_{11} Ddsbl_{i,\ t}+\alpha_{12} Ceodum_{i,\ t}+\Sigma Year\\ &+\Sigma Ind+\varepsilon_{i,\ t} \end{aligned} \tag{4–4}$$

第二步，构建实证模型（4–5），检验代理冲突对资本配置效率的影响。若实证模型（4–5）中的 β_1 显著，则进行第三步。

$$\begin{aligned} InvEff_{i,\ t}=&\beta_0+\beta_1 AC_{i,\ t}+\beta_2 Grow_{i,\ t}+\beta_3 Lev_{i,\ t}+\beta_4 Cash_{i,\ t}+\beta_5 Size_{i,\ t}+\beta_6 Age_{i,\ t}+\beta_7 Ret_{i,\ t}\\ &+\beta_8 Inv_{i,\ t}+\beta_9 Soe_{i,\ t}+\beta_{10} Holdedtate1_{i,\ t}+\beta_{11} Ddsbl_{i,\ t}+\beta_{12} Ceodum_{i,\ t}+\Sigma Year\\ &+\Sigma Ind+\varepsilon_{i,\ t} \end{aligned} \tag{4–5}$$

第三步，构建实证模型（4–6），将代理冲突这一中介变量纳入模型，检验代理冲突在盈余质量对资本配置效率的影响中是否发挥了中介作用。

$$\begin{aligned} InvEff_{i,\ t}=&\gamma_0+\gamma_1 EQ_{i,\ t}+\gamma_2 AC_{i,\ t}+\gamma_3 Grow_{i,\ t}+\gamma_4 Lev_{i,\ t}+\gamma_5 Cash_{i,\ t}+\gamma_6 Size_{i,\ t}+\gamma_7 Age_{i,\ t}\\ &+\gamma_8 Ret_{i,\ t}+\gamma_9 Inv_{i,\ t}+\gamma_{10} Soe_{i,\ t}+\gamma_{11} Holdedtate1_{i,\ t}+\gamma_{12} Ddsbl_{i,\ t}+\gamma_{13} Ceodum_{i,\ t}\\ &+\Sigma Year+\Sigma Ind+\varepsilon_{i,\ t} \end{aligned} \tag{4–6}$$

对于中介效应的检验，与上一节保持一致。检验程序如图 4–2 所示。

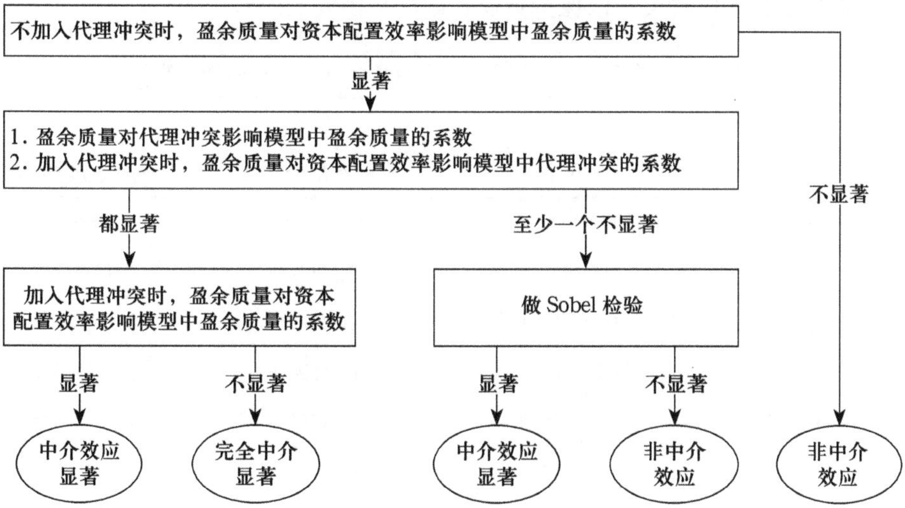

图 4–2 代理冲突在盈余质量对资本配置效率影响中的中介效应检验程序

4.3.3 实证检验结果与分析

（1）盈余质量对代理成本的影响结果分析。表 4–11 是实证检验结果，从第（1）列全样本的结果可知，盈余质量与管理费用率显著负相关，系数为 –0.1074，且在 1% 的水平上显著。这表明高质量的盈余信息能够降低管理费用率，减少管理者的私利行为，减少其对企业资源的侵占和浪费，加强对管理者的监督，使管理者努力工作，减少企业内部管理层的代理问题。从其他控制变量的系数、符号和显著性来看，公司规模、主营业务增长率、资产负债率与管理费用率的系数均显著为负，表明较大的企业规模和发展能力能够在一定程度上抑制代理问题，这是因为当企业的规模和发展能力较大时，企业在监督管理和契约制定上都做得较为完善妥帖，能够有效地监督和激励管理层，从而减少其代理问题，加强公司的治理。企业产权性质与管理费用率的系数也显著为负，表明国有企业中盈余质量的提高对代理成本的降低作用更显著，这是因为国有企业面临着更严格的监督，同时，其管理层的目标也与非国有企业不尽相同。此外，现金持有水平和公司上市年限两个控制变量与管理费用率均显著正相关，这从侧面说明管理层持有较多的现金时，其有更多的机会谋取私利，同时公司上市时间越长，累积的问题可能就越多。因此，企业要想减少代理问题，需要对现金持有水平进行关注，同时要制定长期有效的管理政策，以保持企业长期的平稳发展。

表 4-11 盈余质量对代理成本（管理费用率）影响的检验结果

	（1） 全样本	（2） 投资不足样本	（3） 投资过度样本
_cons	0.8226***	0.6478***	0.7706***
	（11.1166）	（11.1766）	（9.7694）
EQ	-0.1074***	-0.1066**	-0.0232***
	（-14.7171）	（-10.3594）	（-2.7189）
Grow	-0.0443***	-0.0488***	-0.0418***
	（-14.8983）	（-11.1004）	（-14.7474）
Lev	-0.0392***	-0.0647***	0.0951***
	（-5.7908）	（-6.8598）	（8.2945）
Cash	0.0000***	0.0000	-0.0000*
	（2.6585）	（1.4415）	（-1.7517）
Size	-0.0214***	-0.0184***	-0.0305***
	（-17.9282）	（-10.8356）	（-9.8472）
Age	0.0142***	0.0130***	0.0182**
	（6.5444）	（4.1713）	（2.4411）
Ret	-0.0086***	-0.0103***	-0.0056**
	（-3.1878）	（-2.7500）	（-2.1728）
Linv	0.0425**	0.0477	0.0624***
	（2.1449）	（1.6354）	（2.7877）
Soe	-0.0217***	-0.0207***	0.0140
	（-8.2040）	（-5.4343）	（1.5700）
*Holdedtate*1	-0.0008***	-0.0008***	-0.0009***
	（-10.4417）	（-7.2726）	（-4.6149）
Ddsbl	0.0876***	0.0825***	0.0479
	（4.4228）	（2.9089）	（1.6024）

续表

	（1）	（2）	（3）
	全样本	投资不足样本	投资过度样本
Ceodum	0.0054*	0.0067	−0.0029
	（1.9425）	（1.6423）	（−0.7323）
N	12817	6409	6408

注：* 为在 0.1 的水平上显著，** 为在 0.05 的水平上显著，*** 为在 0.01 的水平上显著。

进一步将样本分为投资不足和投资过度两个子样本，分别分析盈余质量对代理成本（管理费用率）的影响。由表 4–11 可知：在投资不足样本中，盈余质量与管理费用率的回归系数为 −0.1066，且在 5% 的水平上显著，说明在投资不足的情况下，盈余质量的提高显著减少了企业的代理问题；而在投资过度样本中，盈余质量与管理费用率的回归系数为 −0.2320，同样显著为负，这说明在投资过度的情况下，盈余质量的提高也能显著抑制代理冲突。但从系数和显著性方面可以看出，代理问题在投资过度样本中更加明显，此时，盈余信息的披露能够产生更大的作用。在公司管理者追求个人私有收益以及控股股东追求控制权私有收益的情况下，公司的实际投资水平远远高于最优投资水平。此时，公司处于过度投资的状态，盈余信息的真实性和有效性就变得非常关键。对于投资者来说，高质量的盈余信息能够使其了解公司的真实情况，从而进行合理的投资以维护自身的利益，他们能够通过“用手投票”的方式，如提交议案等，要求公司对管理者和控股股东进行监督管理，防止管理者和控股股东的非效率投资决策；对于中小股东来说，当其意识到自己的利益受到损害时，他们可以通过“用脚投票”或“威胁退出”的方式出售或威胁出售公司股票，以此向市场传递信号，管理者为了防止这种情况发生后对自己产生不利影响，会向中小股东“示弱”，从而改善公司治理，优化投资决策，提高公司的资本配置效率。

使用总资产周转率作为代理成本的衡量指标，重新进行实证检验，结果如表 4–12 所示。在第（1）列中，盈余质量与总资产周转率的回归系数为 −0.1058，在 10% 的水平上显著，这表明总资产周转率越快，转化为收益的速度也将越快，说明管理者尽职尽责，公司的代理冲突并不严重。随后，根据前文的方式将样本分为投资不足和投资过度两个子样本，分别进行检验，结果见表 4–12 的第（2）、第（3）列。从表 4–12 中可知，盈余质量与总资产周转率的回归系数均是显著的，其中：在投资不足样本中，回归系数为 –0.2924，在 5% 的水平上显著；在投资过度样本中，回归系数为 –0.0866，并且在 1% 的水平上显著。总体而言，盈余质量的提高能显著抑制企业的代理问题，而当企业存在投资过度问题时，这种抑制作用更加显著。

表 4–12 盈余质量对代理成本（总资产周转率）影响的检验结果

	（1） 全样本	（2） 投资不足样本	（3） 投资过度样本
_cons	0.5334**	0.3127*	2.4029***
	（2.2012）	（1.6525）	（11.3847）
EQ	–0.1058*	–0.2924**	–0.0866***
	（–1.7676）	（–8.7024）	（–3.7754）
Grow	0.0889***	0.0842***	0.1033***
	（9.1736）	（5.8675）	（13.6927）
Lev	0.3444***	0.4125***	0.1370***
	（15.5237）	（13.3917）	（4.4737）
Cash	0.0000**	0.0000*	–0.0000
	（2.2823）	（1.7491）	（–1.2797）
Size	–0.0003	–0.0029	–0.0894***
	（–0.0758）	（–0.5147）	（–10.7904）
Age	0.0257***	0.0307***	0.0502**
	（3.6293）	（3.0210）	（2.5216）
Ret	0.0263***	0.0261**	0.0095
	（2.9883）	（2.1426）	（1.3795）
Linv	–0.5051***	–0.3677***	–0.4506***
	（–7.7940）	（–3.8664）	（–7.5267）
Soe	0.0171**	0.0252**	0.0132
	（1.9835）	（2.0313）	（0.5510）

续表

	(1)	(2)	(3)
	全样本	投资不足样本	投资过度样本
*Holdedtate*1	0.0031***	0.0026***	0.0015***
	(12.6908)	(7.4913)	(2.9045)
Ddsbl	−0.2444***	−0.2198**	−0.1262
	(−3.7613)	(−2.3737)	(−1.5761)
Ceodum	−0.0165*	−0.0138	−0.0001
	(−1.8025)	(−1.0410)	(−0.0107)
N	12817	6409	6408

注：* 为在 0.1 的水平上显著，** 为在 0.05 的水平上显著，*** 为在 0.01 的水平上显著。

（2）代理成本对资本配置效率的影响结果分析。表 4–13 以管理费用率作为代理成本的衡量指标，列示了管理费用率对资本配置效率影响的检验结果。第（1）列是全样本检验结果，从中可以看出，管理费用率与资本配置效率的相关系数为 −0.0246，在 1% 的水平上显著，这说明企业管理费用率的提高显著降低了资本配置效率。企业的高管理费用率表明企业的股东和管理层存在私利行为，这会导致企业资金没有用在有助于企业发展的项目上，从而使资本配置效率降低。

进一步将样本分为投资不足和投资过度两个子样本，分别检验发现：在投资不足样本中，代理冲突与投资不足的相关系数为 −0.0159，在 10% 的水平上显著；在投资过度样本中，代理冲突与投资过度的相关系数为 0.0634，在 1% 的水平上显著，这说明公司代理冲突程度越高，公司管理者和控股股东越有可能为了获取私人利益而盲目扩大投资规模，导致公司投资过度。因此，对比投资不足公司中代理冲突与投资不足的相关系数和投资过度公司中代理冲突与投资过度的相关系数可知，在投资过度公司中代理冲突对投资过度的影响更大，且在统计显著性水平上更显著。

表 4–13 代理成本（管理费用率）对资本配置效率影响的检验结果

	(1)	(2)	(3)
	全样本	投资不足样本	投资过度样本
_cons	0.0674***	0.0637***	−0.0680

续表

	（1） 全样本	（2） 投资不足样本	（3） 投资过度样本
	（5.7074）	（5.9797）	（-1.0473）
AC-acc	-0.0246***	-0.0159*	0.0634***
	（-5.1901）	（-3.7971）	（2.8633）
Grow	-0.0067***	-0.0002	0.0106***
	（8.0274）	（-0.1910）	（5.1587）
Lev	-0.0011	-0.0062***	0.0140
	（-0.5976）	（-3.5464）	（1.6010）
Cash	-0.0000	0.0000**	-0.0000
	（-0.0604）	（2.4099）	（-0.6783）
Size	0.0021***	-0.0025***	0.0055**
	（6.0292）	（-7.8270）	（2.0950）
Age	0.0004	0.0011*	-0.0054
	（0.6005）	（1.9181）	（-0.8951）
Ret	0.0041***	0.0048***	0.0049***
	（5.6135）	（7.1582）	（2.8378）
Linv	0.1225***	0.1504***	-0.0933***
	（22.1877）	（28.5947）	（-5.7853）
Soe	-0.0030***	-0.0017**	-0.0073
	（-4.1214）	（-2.5300）	（-1.0639）
*Holdedtate*1	0.0000	0.0000	0.0001
	（1.0923）	（0.8094）	（0.3595）
Ddsbl	0.0099*	0.0110**	-0.0141
	（1.7728）	（2.1542）	（-0.6356）
Ceodum	-0.0014*	-0.0021***	0.0036
	（-1.7212）	（-2.9272）	（1.1287）
N	10851	6410	4441

注：* 为在 0.1 的水平上显著，** 为在 0.05 的水平上显著，*** 为在 0.01 的水平上显著。

表 4–14 以总资产周转率作为代理成本的衡量指标，列示了总资产周转率对资本配置效率影响的检验结果。在第（1）列中，不进行分组，在对一系列控制变量进行控制之后，结果显示，总资产周转率与资本配置效率的系数为 –0.0048，并且在 1% 的水平上显著，这说明代理冲突与资本配置效率呈显著的负相关关系，进一步验证了上面结论的稳健性。

表 4–14 代理成本（总资产周转率）对资本配置效率影响的检验结果

	（1）	（2）	（3）
	全样本	投资不足样本	投资过度样本
_cons	0.0814***	0.0722***	0.0717
	（7.0272）	（6.9012）	（1.1156）
AC-aturn	–0.0048***	–0.0021***	0.0320***
	（–6.3672）	（–2.9940）	（7.3390）
Grow	0.0066***	–0.0004	0.0131***
	（7.9047）	（–0.4571）	（6.3821）
Lev	–0.0011	–0.0066***	0.0170*
	（–0.5658）	（–3.8044）	（1.9557）
Cash	0.0000	0.0000***	–0.0000
	（0.3105）	（2.6420）	（–0.8821）
Size	–0.0025***	–0.0027***	0.0000
	（–7.4909）	（–8.8261）	（0.0166）
Age	0.0007	0.0013**	–0.0026
	（1.1770）	（2.2823）	（–0.4333）
Ret	0.0042***	0.0049***	0.0051***
	（5.7607）	（7.2222）	（3.0003）
Linv	0.1212***	0.1503***	–0.1037***
	（21.9171）	（28.5582）	（–6.4566）
Soe	–0.0031***	–0.0018**	0.0062
	（–4.1846）	（–2.5584）	（0.9174）
*Holdedtate*1	0.0000	0.0000	0.0001

续表

	（1）	（2）	（3）
	全样本	投资不足样本	投资过度样本
	（1.2934）	（0.7232）	（0.4663）
Ddsbl	0.0101*	0.0115**	−0.0158
	（1.7994）	（2.2391）	（−0.7178）
Ceodum	−0.0014*	−0.0021***	0.0030
	（−1.7328）	（−2.8851）	（0.9681）
N	10851	6410	4441

注：* 为在 0.1 的水平上显著，** 为在 0.05 的水平上显著，*** 为在 0.01 的水平上显著。

（3）盈余质量、代理成本与资本配置效率的检验结果分析。根据前文的中介效应检验步骤，本部分将管理费用率放入盈余质量对资本配置效率影响的模型中，检验其是否具有中介作用，检验结果如表 4–15 所示。实证结果发现，对于全样本而言，盈余质量的估计系数是 0.0149，在 1% 的水平上显著，代理成本（管理费用率）的估计系数是 −0.0244，在 1% 的水平上显著。盈余质量的估计系数相比融资约束中介效应检验中的 0.0199 来说有所降低，但总体的显著性水平保持不变，说明代理冲突发挥了部分中介作用，企业高质量的盈余信息通过减少企业的代理冲突，提高了企业的资本配置效率。同时，根据前文所列模型，模型（4–6）中盈余质量对资本配置效率的正向作用与模型（3–6）一致，显著性水平相同，因此代理冲突发挥了中介效应。

进一步将样本分组后，对中介效应进行检验。在第（2）列投资不足样本中，管理费用率的系数为 0.0154，在 1% 的水平上显著，同时盈余质量的系数为 0.0234，同样在 1% 的水平上显著；而在第（3）列投资过度样本中，管理费用率的系数为 0.0634，在 1% 的水平上显著，同时盈余质量的系数为 0.0110，在 10 % 的水平上显著。因此，无论是在投资不足还是投资过度样本，管理费用率都能够在盈余质量对资本配置效率的影响中发挥中介作用。而通过中介效应检验结果的对比可知，管理费用率在盈余质量影响投资过度过程中的中介效应更显著。这从一定程度上反映出投资过度公司中的代理冲突较为严重，此时较高的盈余质量在抑制公司代理冲突过程中的作用较大。

表 4-15 盈余质量、代理成本（管理费用率）与资本配置效率的检验结果

	（1） 全样本	（2） 投资不足样本	（3） 投资过度样本
_cons	0.0652***	0.0604***	-0.0620
	（5.5111）	（5.6705）	（-0.9541）
EQ	0.0149***	0.0234***	0.0110*
	（2.8008）	（4.9053）	（1.8889）
AC-acc	-0.0244***	0.0154***	0.0634***
	（-5.1589）	（3.6818）	（2.8606）
Grow	0.0065***	-0.0006	0.0100***
	（7.6912）	（-0.7175）	（4.8166）
Lev	-0.0016	-0.0069***	0.0147*
	（-0.8247）	（-3.9547）	（1.6825）
Cash	-0.0000	0.0000**	-0.0000
	（-0.0136）	（2.4473）	（-0.6026）
Size	-0.0020***	-0.0023***	0.0052**
	（-5.8168）	（-7.4725）	（1.9948）
Age	0.0003	0.0010*	-0.0059
	（0.5586）	（1.8033）	（-0.9802）
Ret	0.0040***	0.0047***	0.0047***
	（5.4705）	（6.9553）	（2.7402）
Linv	0.1230***	0.1507***	-0.0935***
	（22.2633）	（28.7068）	（-5.7968）
Soe	-0.0030***	-0.0016**	-0.0072
	（-4.0071）	（-2.3187）	（-1.0441）
*Holdedtate*1	0.0000	0.0000	0.0000
	（1.0416）	（0.7559）	（0.3347）
Ddsbl	0.0097*	0.0110**	-0.0155
	（1.7344）	（2.1567）	（-0.6994）
Ceodum	-0.0014*	-0.0023***	0.0035

续表

	(1) 全样本	(2) 投资不足样本	(3) 投资过度样本
	(-1.7536)	(-3.0977)	(1.1128)
N	10851	6410	4441

注：* 为在 0.1 的水平上显著，** 为在 0.05 的水平上显著，*** 为在 0.01 的水平上显著。

为了保证结果的稳健性，用总资产周转率作为代理成本的衡量指标重新进行检验，结果与用管理费用率作为代理成本的衡量指标时保持一致，具体如表 4-16 所示。

表 4-16　盈余质量、代理成本（总资产周转率）与资本配置效率的检验结果

	(1) 全样本	(2) 投资不足样本	(3) 投资过度样本
_cons	0.0790***	0.0686***	0.0798
	(6.8081)	(6.5539)	(1.2392)
EQ	-0.0157***	-0.0239***	-0.0127**
	(-2.9439)	(-5.0108)	(-2.1969)
AC-aturn	-0.0048***	-0.0021***	-0.0323***
	(-6.4064)	(-3.0244)	(-7.4236)
Grow	0.0063***	-0.0008	0.0125***
	(7.5617)	(-0.9781)	(6.0160)
Lev	-0.0015	-0.0073***	0.0178**
	(-0.7951)	(-4.1975)	(2.0536)
Cash	0.0000	0.0000***	-0.0000
	(0.3592)	(2.6758)	(-0.7955)
Size	-0.0024***	-0.0026***	-0.0004
	(-7.2487)	(-8.4259)	(-0.1477)
Age	0.0007	0.0012**	-0.0032
	(1.1320)	(2.1585)	(-0.5299)
Ret	0.0041***	0.0047***	0.0049***
	(5.6121)	(7.0174)	(2.8902)
Linv	0.1216***	0.1507***	-0.1040***

续表

	（1）	（2）	（3）
	全样本	投资不足样本	投资过度样本
	（21.9940）	（28.6684）	（-6.4812）
Soe	-0.0030***	-0.0016**	-0.0061
	（-4.0631）	（-2.3395）	（-0.8927）
*Holdedtate*1	0.0000	0.0000	0.0001
	（1.2476）	（0.6832）	（0.4412）
Ddsbl	0.0098*	0.0114**	-0.0174
	（1.7560）	（2.2355）	（-0.7930）
Ceodum	-0.0014*	-0.0022***	0.0030
	（-1.7678）	（-3.0620）	（0.9488）
N	10851	6410	4441

注：* 为在 0.1 的水平上显著，** 为在 0.05 的水平上显著，*** 为在 0.01 的水平上显著。

4.4 基于融资约束和代理冲突双重路径的综合检验

企业的任何财务行为都是动机和能力的统一。投资作为企业的重要经济活动之一，其效率对企业的发展非常重要。从企业投资的动机来看，企业在发展的过程中，为了不断扩张，增强实力，需要进行一系列投资，而代理问题在投资的动机方面有很重要的影响。当企业的代理问题不严重时，企业能够较为顺利地获得资金进行投资；当企业面临严重的代理问题时，从企业内部来说，一方面，由于代理问题严重，内部资金不足，无法进行有效的投资，另一方面，股东和管理层为了彰显能力，增加声誉，会不断扩大投资，导致投资过度，而从企业外部来说，债权人无法获得企业的信息，因此会更加谨慎，使企业的融资成本更高，最终将对企业的资本配置效率产生负面影响。从企业投资的能力来看，要进行投资，一是需要投资项目，二是需要资金，大多数企业能够找到投资项目，但大部分企业往往缺少资金。考虑到融资成本问题，企业从内部筹集的资金比较有限，企业往往希望能从外部获得相应的资金，而外部的债权人通常有比较严苛的借贷条件，因此融资成本较高，融资约束较大。当企业无法获得充足的资金时，就要放弃一些能够获利的项目，导致企业投资不足，不利于企业的长远发展。外部债权人之所以进行有条件的借贷是出于自身成本和收益的考虑，当企业的盈余质量较高时，会减少企业中的代理问题，从而不仅能够对管理层和股东进行有效的监督和约束，也能够向外部投资者提供企业的真实信息，使其对资本市场中的企业进行合理的选择，使企业优质的项目得到投资，此时，企业投资不足的情况能得到有效缓解（Bushman 和 Smith，2001），同时，资本配置得到进一步优化，效率得到大幅提高。根据上述理论分析，融资约束和代理冲突这两项在盈余质量和资本配置效率的关系中发挥着重要的作用，那么，这两条路径是否是共同发挥作用呢？若不是，又有什么差别呢？本节将从双重中介机制的角度，对融资约束和代理冲突这两个中介变量进行分析。

4.4.1 样本选择与数据来源

本节的样本选择与数据来源与前两节相同，对样本的处理方式也与前两节保持一致。

4.4.2 变量定义与实证模型设定

资本配置效率和盈余质量的定义与第 3 章一致。和上文 4.2 节一致，本节也将 KZ 指数作为融资约束的替代变量。和上文 4.3 节一致，公司存在的代理冲突主要通过代理成本来表现，而代理成本主要通过公司管理费用率和总资产周转率来度量。

本节将融资约束和代理冲突同时纳入盈余质量对资本配置效率影响的模型中，考察融资约束和代理冲突的中介效应，检验二者是否具有双重中介效应。具体参考 Baron 和 Kenny（1986）的中介效应检验程序，步骤如下。

第一步，构建实证模型（4–7），该模型选取的控制变量与前文的检验模型保持一致。实证模型（4–7）的具体结构如下。

$$KZ_{i,t} \times AC_{i,t} = \alpha_0 + \alpha_1 EQ_{i,t} + \alpha_2 Grow_{i,t} + \alpha_3 Lev_{i,t} + \alpha_4 Cash_{i,t} + \alpha_5 Size_{i,t} + \alpha_6 Age_{i,t} + \alpha_7 Ret_{i,t} + \alpha_8 Inv_{i,t} + \alpha_9 Soe_{i,t} + \alpha_{10} Holdedtate1_{i,t} + \alpha_{11} Ddsbl_{i,t} + \alpha_{12} Ceodum_{i,t} + \Sigma Year$$

$$+\Sigma Ind+\varepsilon_{i,\ t} \quad (4\text{–}7)$$

第二步，在第 3 章的实证模型（3–6）、本章的实证模型（4–3）和（4–6）的基础上，将融资约束和代理冲突同时放入模型，选取的其他控制变量与上文的检验模型保持一致，模型的具体构造如下。

$$InvEff_{i,\ t}=\gamma_0+\gamma_1 EQ_{i,\ t}+\gamma_2 KZ_{i,\ t}\times AC_{i,\ t}+\gamma_3 Grow_{i,\ t}+\gamma_4 Lev_{i,\ t}+\gamma_5 Cash_{i,\ t}+\gamma_6 Size_{i,\ t}+\gamma_7 Age_{i,\ t}$$
$$+\gamma_8 Ret_{i,\ t}+\gamma_9 Inv_{i,\ t}+\gamma_{10} Soe_{i,\ t}+\alpha_{11} Holdedtate1_{i,\ t}+\alpha_{12} Ddsbl_{i,\ t}+\alpha_{13} Ceodum_{i,\ t}$$
$$+\Sigma Year+\Sigma Ind+\varepsilon_{i,\ t} \quad (4\text{–}8)$$

本部分通过构建双重中介效应模型来检验融资约束和代理冲突在盈余质量和资本配置效率关系中的中介作用，同时，比较分析融资约束和代理冲突的中介作用差异。

4.4.3 实证检验结果与分析

（1）盈余质量对融资约束和代理冲突交乘项的影响结果分析。表 4–17 是盈余质量对两个中介变量交乘项影响的检验结果。从第（1）列可以看出，盈余质量的相关系数为 –0.3618，在 1% 的水平上显著，由于被解释变量是两个中介变量的交乘项，因此说明当盈余质量较高时，不仅能够缓解各类代理问题，而且能够减少融资约束问题。这对企业来说非常有益，对企业将来的投资决策等具有促进作用。

随后，依旧将样本分为投资不足和投资过度两个子样本，分别检验盈余质量对融资约束和代理冲突交乘项的影响。从表 4–17 的第（2）、第（3）列可知，分组检验的结果与之前的总体检验结果较为一致，盈余质量的系数均显著为负，在投资不足样本中，盈余质量的系数为 –0.5664，在 1% 的水平上显著，在投资过度样本中，盈余质量的系数为 –0.4370，也在 1% 的水平上显著，这表明无论是投资不足还是投资过度样本中，盈余质量的提高对融资约束和代理冲突均会产生缓解作用。从融资约束来看，当投资者了解充足的真实信息后，在借贷时其利益能够得到保障，债务契约的条件会有所降低，从而缓解企业的融资约束；从代理冲突来看，高质量的盈余信息在一定程度上能对管理层产生约束，从而能够保障中小股东的利益，同时能够使市场获得企业的真实信息，减少债权人和企业之间的代理问题。

表 4-17 盈余质量对融资约束和代理冲突（管理费用率）交乘项影响的检验结果

	（1）全样本	（2）投资不足样本	（3）投资过度样本
_cons	2.6345***	4.4521***	1.7197*
	（3.2082）	（4.0186）	（1.9089）
EQ	-0.3618***	-0.5664***	-0.4370***
	（-4.8092）	（-4.6873）	（-4.0701）
Grow	0.0000***	0.0000***	0.0000***
	（4.8995）	（4.7600）	（3.7648）
Lev	3.3054***	3.9201***	3.2851***
	（35.5342）	（35.2417）	（27.1659）
Cash	-0.0000**	-0.0000	-0.0000
	（-2.3039）	（-1.5243）	（-1.2070）
Size	-0.2049***	-0.1323***	-0.1566***
	（-10.7967）	（-6.5252）	（-6.5335）
Age	0.1661***	0.0925**	0.1274***
	（4.8326）	（2.5001）	（2.9690）
Ret	0.1283***	0.2158***	0.1019***
	（5.5130）	（4.8729）	（2.9092）
Linv	-0.5528***	-1.3276***	-1.1100***
	（-2.7175）	（-3.8224）	（-3.8875）
Soe	-0.0115	-0.0687	-0.0067
	（-0.2461）	（-1.5262）	（-0.1166）
*Holdedtate*1	0.0065***	0.0079***	0.0075***
	（5.2998）	（6.2347）	（4.8714）
Ddsbl	0.1456	0.1201	-0.0926
	（0.5884）	（0.3552）	（-0.2748）
Ceodum	-0.0780**	-0.1369***	-0.0062
	（-2.2842）	（-2.8253）	（-0.1355）
N	12356	6156	6200

注：* 为在 0.1 的水平上显著，** 为在 0.05 的水平上显著，*** 为在 0.01 的水平上显著。

替换代理冲突的衡量指标，再进行检验。表 4–18 列示了盈余质量对融资约束和代理冲突（总资产周转率）交乘项影响的检验结果。从表 4–18 可知，其结果和显著性保持不变。

表 4–18 盈余质量对融资约束和代理冲突（总资产周转率）交乘项影响的检验结果

	（1） 全样本	（2） 投资不足样本	（3） 投资过度样本
_cons	2.4680***	1.5408***	1.8598***
	（15.7898）	（7.4266）	（9.9530）
EQ	–0.4606***	–0.1519***	–0.5072***
	（–14.9238）	（–2.6106）	（–14.1370）
Grow	0.0000	–0.0000	–0.0000
	（0.2174）	（–0.8270）	（–0.6671）
Lev	0.5552***	0.3698***	0.3863***
	（30.0866）	（17.7155）	（18.9062）
Cash	0.0000**	0.0000***	0.0000***
	（2.1738）	（3.7402）	（5.3675）
Size	–0.1157***	–0.0792***	–0.0854***
	（–29.3638）	（–20.8265）	（–23.8533）
Age	0.0829***	0.0620***	0.0498***
	（11.3607）	（8.9568）	（7.8267）
Ret	–0.0026	0.0058	0.0042
	（–0.6050）	（0.7048）	（0.5130）
Linv	0.2688***	0.1455**	0.0675
	（7.0126）	（2.2391）	（1.1712）
Soe	–0.0194*	–0.0127	–0.0250***
	（–1.9580）	（–1.5061）	（–3.2417）
*Holdedtate*1	–0.0005**	–0.0006**	–0.0007***
	（–2.0274）	（–2.3326）	（–3.2062）
Ddsbl	0.0703	0.2934***	0.1539***
	（1.4651）	（4.6383）	（2.6219）
Ceodum	–0.0044	–0.0008	0.0004

续表

	（1）	（2）	（3）
	全样本	投资不足样本	投资过度样本
	（-0.6580）	（-0.0863）	（0.0540）
N	12343	6156	6187

注：* 为在 0.1 的水平上显著，** 为在 0.05 的水平上显著，*** 为在 0.01 的水平上显著。

（2）双重路径下盈余质量对资本配置效率的影响结果分析。表 4-19 是最终的中介效应检验结果。根据前文假设，高质量的盈余信息能够缓解企业的融资约束和代理冲突，加强对企业的监管，发挥信号传递作用，减少债权人和企业之间的代理问题，而融资约束和代理冲突又都会对资本配置效率产生一定影响。为了进行进一步分析，下面检验融资约束和代理冲突的双重中介效应。

表 4-19　双重路径下盈余质量对资本配置效率影响的检验结果（管理费用率）

	（1）	（2）	（3）
	全样本	投资不足样本	投资过度样本
_cons	0.0606***	0.0648***	0.0648***
	（5.4978）	（3.7837）	（3.0915）
EQ	0.0168***	-0.0227***	-0.0088**
	（3.0922）	（-4.7527）	（-2.0612）
KZ	-0.0021***	0.0161***	-0.0042***
	（-5.7486）	（2.8665）	（-5.6073）
AC-acc	-0.0222***	0.0209***	0.0323*
	（-2.8904）	（3.5689）	（1.8729）
KZ×AC-acc	-0.0012**	0.0024**	0.0057*
	（-2.0020）	（2.2586）	（1.8041）
Grow	0.0000	-0.0000	0.0000
	（0.8809）	（-0.2097）	（0.8692）
Lev	0.0080***	-0.0052**	0.0241***
	（3.0020）	（-2.4926）	（4.6277）
Cash	-0.0000	0.0000***	-0.0000
	（-0.6994）	（2.9404）	（-1.1475）
Size	-0.0018***	-0.0025***	-0.0019**

续表

	（1） 全样本	（2） 投资不足样本	（3） 投资过度样本
	（-4.1648）	（-7.6229）	（-2.1738）
Age	-0.0002	0.0009	-0.0016
	（-0.2920）	（1.5039）	（-1.1068）
Ret	0.0052***	0.0045***	0.0059***
	（7.2265）	（6.5639）	（4.0434）
Linv	0.0990***	0.1473***	0.0290**
	（16.6023）	（27.6496）	（2.5040）
Soe	-0.0037***	-0.0014**	-0.0055***
	（-3.8601）	（-2.0433）	（-3.0849）
*Holdedtate*1	0.0000	0.0000	0.0001
	（0.4260）	（0.6923）	（1.2577）
Ddsbl	0.0090	0.0114**	0.0070
	（1.3798）	（2.1966）	（0.5490）
Ceodum	-0.0011	-0.0023***	0.0005
	（-1.1761）	（-3.0676）	（0.2737）
N	10433	6156	4277

注：* 为在 0.1 的水平上显著，** 为在 0.05 的水平上显著，*** 为在 0.01 水平上显著。

表 4-19 第（1）列的全样本检验结果显示：盈余质量的系数为 0.0168，在 1% 的水平上显著，与前文结果一致；融资约束和代理冲突的系数均为负，这说明它们都会降低企业的资本配置效率，其中，融资约束的系数为 -0.0021，在 1% 的水平上显著，代理冲突的系数为 -0.0222，也在 1% 的水平上显著；交乘项 $KZ \times AC\text{-}acc$ 的估计系数为 -0.0012，且在 5% 的水平上显著，说明存在双重中介效应。交乘项的估计系数显著为负，说明较高的盈余质量能通过缓解企业的融资约束和代理冲突，使资本配置效率得到提高，融资约束和代理冲突这两者同时具有中介作用。

随后进行分组检验，考察在企业面临不同的投资情况时，双重中介效应会产生何种不同的变化。

在投资不足样本中，盈余质量的系数为 -0.0227，在 1% 的水平上显著，融资约束的系数为 0.0161，在 1% 的水平上显著，代理冲突的系数为 0.0209，在 1% 的水平上显著，交乘项的系数为 0.0024，在 5% 的水平上显著，表明融资约束和代理冲突发挥了双重中介作用，即盈余质量的提高能通过缓解公司的融资约束和代理冲突，从而减少公司投资不足的问题。

在投资过度样本中，盈余质量的系数为 –0.0088，在 5% 的水平上显著，融资约束的系数为 –0.0042，在 1% 的水平上显著，代理冲突的系数为 0.0323，在 1% 的水平上显著，交乘项的系数为 0.0057，在 10% 的水平上显著，表明融资约束和代理冲突发挥了双重中介作用，即盈余质量的提高能够通过缓解公司的融资约束和代理冲突，使公司的投资过度问题得到缓解。代理冲突的估计系数为 0.0323，远大于融资约束的估计系数 –0.0042，这说明当公司面临投资过度问题时，较高的盈余质量主要通过抑制公司存在的代理冲突来减少公司的投资过度问题，进而发挥对公司非效率投资的治理作用。

替换代理冲突的衡量指标，加入实证模型再检验，检验结果如表 4–20 所示。通过表 4–20 可知，其检验结果具有稳健性。

表 4–20 双重路径下盈余质量对资本配置效率影响的检验结果（总资产周转率）

	（1） 全样本	（2） 投资不足样本	（3） 投资过度样本
_cons	0.0763***	0.0744***	0.0870**
	（7.1590）	（4.3607）	（2.0661）
EQ	0.0175***	–0.0233***	–0.0252**
	（3.2237）	（–4.8816）	（–2.2445）
KZ	–0.0025***	0.0008**	–0.0041***
	（–6.1692）	（2.4711）	（–5.3745）
AC-aturn	–0.0076***	0.0044***	0.0120***
	（–5.2165）	（3.7288）	（4.4229）
KZ×AC-aturn	–0.0010**	0.0008**	0.0016*
	（–2.0620）	（2.0299）	（1.6645）
Grow	0.0000	–0.0000	0.0000
	（1.0969）	（–0.0592）	（0.9712）
Lev	0.0083***	–0.0056***	0.0228***

续表

	(1) 全样本	(2) 投资不足样本	(3) 投资过度样本
	(3.1518)	(-2.7161)	(4.8652)
Cash	-0.0000	0.0000***	-0.0000
	(-0.3491)	(3.2194)	(-0.7603)
Size	-0.0023***	-0.0027***	-0.0027***
	(-5.4763)	(-8.6281)	(-3.8264)
Age	0.0002	0.0011**	0.0000
	(0.2669)	(1.9787)	(0.0215)
Ret	0.0053***	0.0045***	0.0062***
	(7.2812)	(6.5855)	(4.1102)
Linv	0.0980***	0.1476***	0.0669***
	(16.4229)	(27.6669)	(6.0827)
Soe	-0.0036***	-0.0014**	-0.0054***
	(-3.8177)	(-2.0141)	(-3.6713)
*Holdedtate*1	0.0000	0.0000	0.0001**
	(0.5794)	(0.5417)	(2.0573)
Ddsbl	0.0090	0.0118**	0.0094
	(1.3871)	(2.2704)	(0.8178)
Ceodum	-0.0011	-0.0022***	-0.0008
	(-1.1993)	(-2.9708)	(-0.5205)
N	10433	6156	4277

注：* 为在 0.1 的水平上显著，** 为在 0.05 的水平上显著，*** 为在 0.01 的水平上显著。

4.5 本章小结

本章以沪深两市 A 股上市公司为研究样本，检验融资约束和代理冲突在盈余质量和资本配置效率的关系中是否发挥中介作用，研究结果如下。

（1）基于融资约束路径的研究发现，盈余质量的提高对融资约束起到了缓解作用，融资约束发挥了部分中介作用，进而使企业资本配置效率得到提高。在分组的中介效应检验中，无论是在投资不足还是投资过度样本中，融资约束都能在盈余质量对资本配置效率的影响机制中起到部分中介作用。同时，进一步对比分析发现，在这两种情况下，中介作用略有不同，当企业投资不足时，融资约束在盈余质量和资本配置效率关系中的中介作用更加显著。

（2）基于代理冲突路径的研究发现，盈余质量的提高对代理冲突起到了缓解作用，代理冲突发挥了部分中介作用，进而使企业资本配置效率得到提高。进一步将样本分为投资不足和投资过度两个子样本，实证检验发现，不管是在投资不足还是投资过度样本中，代理冲突均发挥了部分中介作用，即盈余质量的提高均会显著抑制代理问题，从而对企业的资本配置效率产生影响。但进一步对比分析发现，在这两种情况下，中介作用略有不同。在投资过度样本中，代理冲突的中介作用更加显著，可能是因为在投资过度时，盈余质量对企业的内外部信息使用者来说更加重要。而在投资不足的情况下，由于企业投资能力有限，代理问题可能相较之下并不严重，因此中介作用就较为有限。

5 债务融资比例、盈余质量与资本配置效率

第 3 章和第 4 章实证检验了盈余质量对公司资本配置效率的影响以及影响机制与路径。本章将进一步从债务积极监督假说和债务契约假说出发，结合中国经济转型时期的制度背景，深入探究企业债务融资比例对盈余质量和资本配置效率之间关系的影响，以及该关系是否因企业债务融资比例而存在着变化，以期进一步深化关于债务融资、盈余质量与资本配置效率关系的研究。

5.1 引言

在新古典经济学中完美市场的条件下，决定公司投资与否的唯一因素是投资项目的边际价值。然而在现实世界中，市场并不是完美的，通常情况下，信息不对称和代理冲突等因素的存在导致市场产生“噪声”，进而影响市场的有效性。在微观层面上，其后果可能表现为企业的投资偏离其最优投资水平。

现有关于盈余质量的研究表明，盈余质量的提高能够缓解公司的融资约束，促使公司管理者做出更加符合投资者利益的决策。大量学者认为，基于成熟的资本市场，高质量的盈余信息通过降低融资成本、抑制代理冲突和有效发挥资本市场监督功能这三种内在机制提高公司的资本配置效率（黄欣然，2011；朱志标，2016；李竹薇等，2020）。然而，部分研究发现，高质量的盈余信息仅仅是缓解融

资约束和抑制代理冲突，进而影响公司资本配置效率的关键因素之一。

已有关于债务融资的研究表明，相对于股权融资，债务融资可以有效缓解债权人与企业之间的信息不对称（江伟和雷光勇，2008；卢闯和陈玲，2011；Robin等，2017；李竹薇等，2020；胡文卿和左拙人，2020）。从债务人的视角来看，债务融资比例越高，作为债务人的企业越会向资本市场传递较好的盈利信号，让债权人认为该企业是一个运转良好、有着较好利润和盈利能力的企业（Goncharov和Zimmermann，2006），从而及时获得利率较低的贷款或者顺利进行续贷融资；从债权人的视角来看，短期借款的债务期限可以促使债权人更好地监督和控制企业的管理者，减少企业管理者对债权人利益的侵占，进而促使管理者改善项目选择，优化投资决策。Childs等（2005）提出的理论模型也表明，由于债务融资具有很高的弹性，因而能有效抑制企业的非效率投资行为，从而发挥债务融资的治理效应。我国学者利用中国上市公司的数据也验证了这些结论（赵卿，2012；杨继伟等，2016；李竹薇等，2020）。

从债务融资影响公司投资的相关研究来看，目前主流观点有两种（童盼和陆正飞，2005）。第一种观点认为，债务融资可以抑制股东－经理之间的冲突，从而缓解由于股东－经理冲突所产生的投资过度问题（Firth等，2010；Gomariz和Ballesta，2014，张新民，2015）；第二种观点则认为，债务融资会带来股东与债权人之间的利益冲突，即债务融资行为可能导致企业投资大幅增加（即投资过度），也有可能导致企业投资减少（即投资不足）（陆正飞等，2008；张亦春等，2015；童梓，2017），进而加剧企业的非效率投资问题。在我国的制度背景下，债务融资究竟是作为一种治理机制抑制了企业非效率投资，还是作为一种恶化代理冲突的因素，进而加剧了企业非效率投资？对于这个问题，我国学术界目前尚未得出明确的结论，该问题就成为本章需要解答的第一个核心问题。

根据上述分析可以看出，债务融资可以发挥监督作用，进而约束企业的非效率投资行为，并在一定程度上弱化管理层对企业利益的侵占行为，约束企业的盈余管理行为，进而提高企业盈余质量。但是，基于企业"资金饥渴症"，债务融资需求迫切的企业也可能为了获得债务资金，或避免事后达不到债务合同的要求，出现盈余管理或会计利润操纵行为，进而导致盈余质量下降。债务融资究竟是提高还是降低盈余质量，仍然是一个尚待验证的问题。这是本章研究的第二个核心问题，即实证检验债务融资和盈余质量的关系，分析二者究竟存在着因果关系还是治理关系。若能明确债务融资和盈余质量的关系，也就可以为债权人识别企业提供一个新的视角，即为了减少资金风险，优化资源配置，债权人可以将资金优先提供给公司治理水平相对较高、盈余质量较好的企业。

由代理理论可知，相比较低的债务融资比例，较高的债务融资比例使得债权人更可能对公司股东和管理层进行监督，且更容易收回债权，不再续借贷款，因此，银行等债权人一般通过控制贷款比例来控制债务偿还风险（Fan 等，2014；刘海明和李明明，2020）。同时，对于债务融资比例较高的公司来说，由于需要负担固定的利息支出且到期需要偿还本金，因此管理层出现侵占自由现金流的自利行为的可能性较低（张润宇和余明阳，2020；Bartov 等，2000；Firth 等，2010），从而可以抑制管理层的在职消费和过度投资。但是，Watts 和 Zimmerman（1986）提出的债务契约假说则认为，公司偏离债务条款的程度越高，管理层通过会计程序将未来收益调整到当期的动机就越强。在公司进行债务融资前，为了满足债务合同中的融资条件和要求，管理层可能会对盈余信息进行粉饰。因此，债务融资提高盈余质量的积极治理功能和债务融资降低盈余质量的负面效应存在一个动态博弈过程（万红波等，2010），其究竟发挥治理效应还是诱发新的盈余管理行为视债务融资比例而存在着差异。但是，既有研究并没有考虑债务融资比例对盈余质量及其与资本配置效率关系的差异性影响，这就成为本章关注的第三个核心问题。

本章后续结构安排依次为理论分析与研究假设、研究设计、变量的描述性统计和相关性分析、多元回归分析以及稳健性检验，最后对本章内容进行小结。

5.2 理论分析与研究假设

5.2.1 资本配置效率较低的成因

公司资本配置效率很大程度上取决于其融资能力和投资意愿。一方面，公司需要有融资能力，能够为其面临的投资机会筹集到所需要的资金。在完美的资本市场中，公司内部融资和外部融资并不存在差异，因此公司的投资决策与融资能力无关，公司能为所有净现值为正的投资项目筹集到足够的资金，投资项目的边际价值是投资决策唯一的影响因素。然而，现实世界中完美的资本市场是不存在的，外部资本提供者与公司及其管理者之间存在的信息不对称会导致融资摩擦，从而使公司面临融资约束。面临融资约束的公司由于不能筹集到足够的资金，因而不得不放弃一些净现值为正的投资项目，使公司实际投资规模小于最优投资规模，从而产生投资不足，降低资本配置效率。另一方面，即便企业拥有投资项目所需要的全部资金，也不一定能确保企业所有的投资决策都可以使股东价值最大化，因为企业投资是否有效率在很大程度上取决于其投资意愿。由于道德风险问题的存在，作为公司实际控制人的管理者往往会通过投资净现值为负的项目以获取私人收益，如在职消费、“帝国建造”等。因此，在管理者追逐个人私利的情况下，公司会盲目扩大投资规模，导致投资过度。此外，有部分文献表明，公司管理者也可能因倾向于选择“宁静的生活”而缺乏投资意愿，导致公司投资不足。

5.2.2 债务融资比例与资本配置效率

债务融资比例的高低对企业资本配置效率的影响存在差异，适当的债务融资比例可以减少投资扭曲行为（Hackbarth 和 Mauer，2012）。债务融资对资本配置效率具有双重影响（万红波等，2010；冯展斌等，2013）。一方面，债务融资存在积极治理功能（李竹薇等，2020），即债务融资能够提升企业的资本配置效率。根据债务融资约束理论可知，债务融资比例（规模）较大的公司不得不支付固定的财务成本，如贷款利息，并面临到期时偿还本金的压力，因此减少了经理人错误投资或过度投资的机会（Bartov 等，2000；朱志标，2016）。Bartov 等（2000）通过实证检验发现，由于债务融资需要固定偿还利息，因而能够减少管理层赖以实施在职消费和非效率投资等利益侵占行为的自由现金流。如果公司的自由现金流减少，过度投资的现象也将减少，即债务融资可以通过减少公司的自由现金流而抑制公司的过度投资行为（Firth 等，2010；Gomariz 和 Ballesta，2014；赵卿，2012；杨继伟等，2016）。另一方面，债务治理的作用是无效的（田利辉，2005；张亦春等，2015；童梓，2017）。由于机构关联会导致预算软约束问题，加上制度环境的不完善和公司高级管理人员的腐败，因而影响了债务治理的作用（吴祖光和万迪昉，2011；张润宇和余明阳，2020；李竹薇等，2020）。田利辉（2005）的实证检验结果发现，我国金融机构体系的不完善以及发展初期的缺陷导致债务约束的软化（朱志标，2016），从而严重削弱了债务治理在事前调查、过程约束和事后监管中的作用（于东智，2003）。张亦春等（2015）的实证研究发现，债务管理对改善公司投资的低效率尚未有显著的效果。

债务融资对企业收益质量和资本配置效率的治理效应与负面效应存在一个动态博弈过程（Watts 和 Zimmerman，1986）。当债务融资比例（规模）较小时，企业偿还本金和支付利息的压力较小，违反债务合同和美化收益信息的动机也相对较小。因此，在低贷款率的情况下，债务融资对收益质量和资本配置效率起到治理作用（冯展斌等，2013）。当债务融资比例（规模）较大时，债权人会在债务合同中提出更高的贷款条件，以规避信用风险，也会加强对借款企业的监管，因而企业会面临较大的还本付息的压力，更有甚者会面临破产风险（沈红波等，2010）。破产机制的存在也使债务在治理中发挥相应的作用，债务约束是建立在破产机制的“硬预算约束”基础上的。破产机制使企业在经营极其糟糕的情况下面临破产清算，这不仅降低了企业的价值，而且损害了管理者的利益（Defond 和 Jiambalvo，1994；朱志标，2016）。因此，当企业进行债务融资时，因债务而面临破产危机的概率非常高，这将对管理者产生较大的约束力，最后达到提高公司治理水平的效果（冯展斌等，2013；张亦春等，2015；杨继伟等，2016）。

基于上述分析，本书提出如下假设。

假设 5-1：债务融资比例对资本配置效率的影响是非线性的。

5.2.3 债务融资比例与盈余质量

正如信息不对称理论所揭示的，信息的外部使用者和内部发布者对信息掌握的程度是不一样的，这种信息不对称给企业进行盈余管理创造了机会，因此，外部信息使用者如银行和证券投资者等所使用的公司财务信息往往是经公司内部粉饰过的，公司的管理层会通过盈余管理手段达到自己的目的。债务融资是公司常用的外部融资方式，尤其是中小高新技术企业。这类企业具有较大的成长潜力，需要巨大的资金，政府部门对这类企业十分重视，银行等金融机构也为这类企业提供了相应的金融支持，使得这类企业将通过债务融资获得的资金作为企业的启动资金。然而，银行等金融机构作为债权人对于企业信用的评级主要依靠企业所提供的财报信息，当企业的财报信息较好，企业有稳定良好的发展态势时，债权人就会向企业发放贷款，并对企业未来的偿债能力进行监督。企业管理层为了获得贷款和降低违约风险，会采取盈余管理行为，从而加深企业的盈余管理程度。债务融资作为外部融资方式，对盈余质量具有双重影响：一方面，公司管理层有提高盈余质量，以降低融资成本的动机（Richard 等，2007），此时，债务融资的治理机制发挥了重要作用，能够对盈余质量产生积极影响；另一方面，由于违反债务合同会导致企业付出高昂的成本，管理层不得不通过变更会计政策和选择性披露信息等手段进行盈余管理（于东智，2003；Watts 和 Zimmerman，1986），因而债务融资对盈余质量的影响是负面的（Defond 和 Jiambalvo，1994；Dichev 和 Skinner，2002）。

当企业的债务融资比例较低时，债权人对企业盈余质量的要求较高，其监督性也强，此时企业承担的债务融资成本较小，企业的债务融资可能是为了扩大经营规模和加快资金周转，满足生产经营的需要。债权人对企业信用等级的要求越高，企业进行盈余管理的可能性越小。此外，较低的债务融资比例意味着管理层持股比例的增加，因此管理层自身的利益与整个企业的利益会趋同（郭雅楠，2019），管理层会追求企业利益的最大化，减少盈余管理行为，提高盈余质量（吴祖光和万迪昉，2011）。根据债务契约理论，随着企业债务融资比例的增加，债权人对企业的约束条件会更加严格，此时企业承担的债务契约成本更大，企业的管理者有可能进行盈余管理来满足债务契约的要求，粉饰企业的经营业绩，从而抑制债务融资对盈余质量的治理作用（Watts 和 Zimmerman，1986；万红波等，2010）。在不同的债务融资比例下，企业盈余管理的程度会有所不同，因此盈余质量也会不同。当债务融资在对公司的监督和控制中发挥重要作用时，债务融资比例的扩大将提高公司的盈余质量。随着债务融资比例的不断扩大，债权人对公司的财务要求和监管越来越严格，公司的债务契约将难以实现，此时公司管理层会提高盈余管理的程度以满足债权人的条件，从而降低盈余质量。基于上述研究观点，本书提出如下假设。

假设 5-2：债务融资比例对盈余质量的影响是非线性的。

5.2.4 债务融资比例、盈余质量与资本配置效率

在现实的资本市场中，由于信息不对称问题广泛存在，因此会对公司的融资需求、融资成本及融资能力产生重大影响，从而引发逆向选择、融资约束等问题（陈艳等，2015；朱志标，2016）。一般情况下，高质量的盈余信息有助于降低信息不对称程度，减少代理成本，进而提高资本配置效率（刘慧龙等，2014）。高质量的盈余信息能使资本市场中的投资者更加了解公司的经营状况，弱化投资者的信息劣势，减少投资者的逆向选择，缓解公司面临的融资约束，使公司有能力筹集到更多的资金，并提高投资者对管理者监督与激励的能力，抑制投资者与管理者之间的代理冲突，减少投资不足或投资过度，提高资本配置效率（Bushman 和 Smith，2001；王积田和闫婷婷，2017）。而公司债务融资对盈余质量和资本配置效率具有双重影响。一方面，债务融资具有积极的治理功能，可以提高收益质量。银行具有一定的实力，可以利用自身的专业优势对企业进行监管（王积田和闫婷婷，2017）。在银行的监督和治理下，管理层会更加勤奋和负责，这在一定程度上抑制了管理层操纵收益的行为（李竹薇等，2020）。此外，根据债务融资约束理论，债务融资比例高的公司不得不支付固定的利息费用和高额的本金，这会减少管理者过度投资的机会（Bartov 等，2000；朱志标，2016）。Bartov 等（2000）的实证检验结果表明，债务融资减少了自由现金流，而管理层依赖自由现金流从事侵蚀利润的活动，如在职消费和过度投资。当企业的自由现金流减少时，就削弱了管理层攫取利润的动机，间接保证了收益的质量。另一方面，Watts 和 Zimmerman（1986）提出的债务契约假说认为，企业偏离其债务契约条款的程度越大，管理层就越有动机使用会计程序将未来的收益调整到当期。在债务融资之前，管理层也会美化收益信息，以获得债务契约下的融资资格。在动态博弈过程中，债务融资存在提高盈余质量的积极治理功能和降低盈余质量的负面效应。当债务融资比例（规模）较小时，公司为了获取贷款资金而美化盈余信息的动机较弱，为了避免债务违约而美化盈余信息的动机也较弱（冯展斌等，2013）。因此，在贷款比率很低的情况下，预计债务融资对盈余质量会起到积极的治理作用。当

借贷比率较高时，银行为了避免信用风险，将提出更高的贷款条件，管理层为达到债务合同的要求，存在粉饰盈余信息的动机。另外，由于企业将会面临更大的支付利息和偿还本金的压力，为了规避制裁，管理层也有管理收益的动机（沈红波等，2010）。因此，当债务融资比例较高时，预计债务融资对盈余质量会产生负面影响。债务融资也能通过向资本市场传递公司良好的盈利信号，有利于公司管理者为净现值为正的投资项目筹集资金以避免投资不足（Bharath 等，2006）；同时，较多的债务融资也能使债权人通过频繁地与公司接触和谈判，获取公司更多的私有信息，提高债权人对公司管理者的监督和控制能力，抑制公司的过度投资（D’Mello 和 Miranda，2010）。因此，如果公开披露的盈余信息与通过债务融资获得的私有信息对资本配置效率的影响存在替代效应，则盈余质量对资本配置效率的影响可能会随着债务融资比例的提高而减弱；如果公开披露的盈余信息与通过债务融资获得的私有信息对资本配置效率的影响存在互补效应，则盈余质量对资本配置效率的影响可能会随着债务融资比例的提高而增强。根据上述分析，本书提出如下假设。

假设 5-3-1：债务融资比例的提高弱化了盈余质量对公司资本配置效率的影响。

假设 5-3-2：债务融资比例的提高强化了盈余质量对公司资本配置效率的影响。

5.3 研究设计

5.3.1 主要变量选择

盈余质量、资本配置效率变量的定义及衡量与前面章节保持一致，不再赘述。对债务融资比例则主要参考冯展斌等（2013）、刘行等（2017）、吕明晗等（2018）的做法予以衡量：一种是用负债总额与资产总额之比作为债务融资比例的代理变量，另一种是用借款总额与资产总额之比作为债务融资比例的代理变量。另外，为衡量债务融资比例，对债务融资比例的代理变量取平方值。

本书参考以往学者（Kothari 等，2005；姜付秀等，2013；黄海杰等，2016）的研究并考虑数据的可获得性，选取了产权性质（*Soe*）、前五大股东持股比例（*Holdedtate5*）、独立董事比例（*Ddsbl*）、两职合一（*Ceodum*）、公司规模（*Size*）、总资产净利率（*Roa*）、净资产收益率（*Roe*）、公司成长性（*Grow*）、债务成本（*Cost*）、总资产周转率（*Aturn*）等控制变量。在具体的回归中，还控制了年度固定效应（*Year*）和行业固定效应（*Ind*）的影响，并将解释变量和控制变量滞后一期。

5.3.2 样本数据来源

本章选取 2003—2019 年沪深 A 股上市公司作为研究样本，实证检验所需的财务数据均来自国泰安（CSMAR）数据库，其中产权性质信息通过对国泰安数据库相关数据进行手工整理后获得。

本书根据研究需要对研究样本进行了筛选：①剔除金融类上市公司；②剔除因资产重组、股权变更和战略转型等造成公司主营业务变化而导致无法准确进行行业分类的观察值；③剔除 *ST、ST 或者 PT 状态的上市公司；④剔除数据不完整的公司。最后，本书按照 1%~99% 的水平对上市公司连续变量的极端值进行 Winsorize 处理。

5.3.3 实证模型设定

为检验债务融资比例对资本配置效率和盈余质量的影响及债务融资比例与盈余质量的交乘项对资本配置效率的影响，本章将实证检验分为以下三个步骤：

第一，检验债务融资比例对资本配置效率的影响；

第二，检验债务融资比例对盈余质量的影响；

第三，检验债务融资比例与盈余质量的交互作用对资本配置效率的影响。

为实现第一步研究目标，本书设定 $Lev_{i,\ t-1}$ 为债务融资比例的代理变量，并根据 Biddle 等（2009）、Balakrishnan 等（2014）、朱志标（2016）、刘行等（2017）的研究，选取营业收入增长率、现金持有水平、公司规模、公司上市年限、总资产周转率及产权性质等相关变量的滞后一期作为实证模型的控制变量，实证模型设计如（5–1）所示。

$$\begin{aligned}InvEff_{i,\ t}=&\alpha_0+\alpha_1Lev_{i,\ t-1}+\alpha_2Lev^2_{i,\ t-1}+\alpha_3Grow_{i,\ t-1}+\alpha_4Cash_{i,\ t-1}+\alpha_5Size_{i,\ t-1}+\alpha_6Age_{i,\ t-1}\\&+\alpha_7Ret_{i,\ t-1}+\alpha_8Inv_{i,\ t-1}+\alpha_9Roa_{i,\ t-1}+\alpha_{10}Aturn_{i,\ t-1}+\alpha_{11}Soe_{i,\ t-1}+\alpha_{12}Holdedtate5_{i,\ t-1}\\&+\alpha_{13}Ddsbl_{i,\ t-1}+\alpha_{14}Ceodum_{i,\ t-1}+\Sigma Year+\Sigma Ind+\varepsilon_{i,\ t}\end{aligned}\tag{5–1}$$

为实现第二步研究目标，本书构建如下模型。

$$EQ_{i,t}=\alpha_0+\alpha_1 Lev_{i,t-1}+\alpha_2 Lev_{i,t-1}^2+\alpha_3 Size_{i,t-1}+\alpha_4 Roa_{i,t-1}+\alpha_5 Roe_{i,t-1}+\alpha_6 Grow_{i,t-1}+\alpha_7 Cost_{i,t-1}+\alpha_8 Aturn_{i,t-1}+\alpha_9 Soe_{i,t-1}+\alpha_{10} Holdedtate5_{i,t-1}+\alpha_{11} Ddsbl_{i,t-1}+\alpha_{12} Ceodum_{i,t-1}+\Sigma Year+\Sigma Ind+\varepsilon_{i,t} \quad (5\text{-}2)$$

为实现第三步研究目标，本书构建如下模型。

$$InvEff_{i,t}=\beta_0+\beta_1 Lev_{i,t-1}+\beta_2 EQ_{i,t-1}+\beta_3 Lev_{i,t-1}\times EQ_{i,t-1}+\beta_4 Lev_{i,t-1}^2\times EQ_{i,t-1}+\beta_5 Grow_{i,t-1}+\beta_6 Cash_{i,t-1}+\beta_7 Size_{i,t-1}+\beta_8 Age_{i,t-1}+\beta_9 Ret_{i,t-1}+\beta_{10} Inv_{i,t-1}+\beta_{11} Roa_{i,t-1}+\beta_{12} Aturn_{i,t-1}+\beta_{13} Soe_{i,t-1}+\beta_{14} Holdedtate5_{i,t-1}+\beta_{15} Ddsbl_{i,t-1}+\beta_{16} Ceodum_{i,t-1}+\Sigma Year+\Sigma Ind+\varepsilon_{i,t} \quad (5\text{-}3)$$

其中，$Lev_{i,t-1}^2\times EQ_{i,t-1}$ 表示债务融资比例与盈余质量的交互作用。β_3 表示在债务融资比例低于样本中间值的公司中盈余质量对资本配置效率的影响；$\beta_3+\beta_4$ 表示在具有各类债务融资的公司中盈余质量对资本配置效率的影响。

5.4 变量的描述性统计和相关性分析

5.4.1 变量的描述性统计

为更好地分析债务融资比例、盈余质量与资本配置效率之间的关系，在进行相关性分析及回归分析之前，对样本的变量进行描述性统计。

首先对全样本变量进行描述性统计，统计结果如表 5-1 所示。

表 5-1 全样本变量的描述性统计结果

变量	N	mean	p25	p50	p75	min	sd	max
InvEff	11000	0.0315	0.0102	0.0217	0.0407	0.0000	0.0326	0.2850
Lev	11000	0.4610	0.2990	0.4680	0.6240	0.0614	0.2060	0.8830
Lev^2	11000	0.2550	0.0893	0.2190	0.3890	0.0038	0.1930	0.7800
EQ_jones	11000	−0.0578	−0.0777	−0.0406	−0.0182	−0.3550	0.0585	−0.0007
EQ_dacc	11000	−0.0713	−0.0959	−0.0506	−0.0233	−0.4250	0.0704	−0.0009
EQ_em	8800	−4.1020	−4.4190	−2.1040	−1.0980	−36.9000	5.7820	−0.1230
EQ_emp	11000	0.0598	0.0202	0.0435	0.0801	0.0008	0.0572	0.3110

续表

变量	N	mean	p25	p50	p75	min	sd	max
EQ_emc	11000	0.0838	0.0242	0.0541	0.1070	0.0009	0.0937	0.5220
EQ_emd	11000	0.0418	0.0116	0.0266	0.0546	0.0005	0.0465	0.2710
Size	11000	0.2214	0.2121	0.2195	0.2285	0.1968	0.0128	0.2600
Roa	11000	0.0386	0.0135	0.0343	0.0628	−0.2250	0.0511	0.1880
Roe	11000	0.0581	0.0294	0.0697	0.1170	−20.7400	0.3140	0.8740
Grow	11000	0.1540	−0.0296	0.1030	0.2520	−0.5700	0.3770	2.8180
Cost	11000	0.0100	0.0000	0.0161	0.0310	−0.1430	0.0356	0.0634
Aturn	11000	0.6670	0.3500	0.5540	0.8360	0.06960	0.4690	2.5990
Soe	11000	0.5020	0.0000	1.0000	1.0000	0.0000	0.5000	1.0000
Holdedtate5	11000	0.1700	0.0752	0.1410	0.2390	0.0000	0.1220	0.8100
Ddsbl	11000	0.3700	0.3330	0.3330	0.4000	0.0909	0.0548	0.8000
Ceodum	11000	0.1990	0.0000	0.0000	0.0000	0.0000	0.3990	1.0000

从表 5–1 可以看出，我国上市公司资本配置效率的均值为 0.0315，最小值与最大值分别为 0.0000 与 0.2850，标准差为 0.0326，说明上市公司总体资本配置水平较为均匀，但是不同企业的情况存在较大差异。债务融资比例的均值为 0.4610，最小值和最大值分别是 0.0614 和 0.8830，说明上市公司总体债务水平差别较大。从均值来看，债务水平总体较前些年略有降低，这个结果与近几年我国降杠杆、稳杠杆有关。从盈余质量的六个代理变量的最小值和最大值以及均值可以看出，上市公司在一定程度上存在盈余管理行为，进而影响公司的盈余质量以及会计信息的价值含量，这为本书的研究提供了数据检验基础。

为进一步探究债务融资比例、盈余质量与资本配置效率的关系，本章根据企业资本配置的情况进一步将全样本分为投资不足样本和投资过度样本两组，并对变量分组进行描述性统计，具体结果如表 5–2 和表 5–3 所示。

表 5–2 投资不足样本变量的描述性统计结果

变量	N	mean	p25	p50	p75	min	sd	max
UInv	6400	0.0265	0.0106	0.0206	0.0345	0.0000	0.0242	0.2430
Lev	6400	0.4540	0.2870	0.4580	0.6230	0.0614	0.2110	0.8830

续表

变量	N	mean	p25	p50	p75	min	sd	max
Lev^2	6400	0.2510	0.0823	0.2100	0.3880	0.0038	0.1960	0.7800
EQ_jones	6400	−0.0593	−0.0798	−0.0411	−0.0181	−0.3550	0.0603	−0.0007
EQ_dacc	6400	−0.0729	−0.0981	−0.0511	−0.0231	−0.4250	0.0731	−0.0009
EQ_em	5200	−4.1930	−4.5790	−2.1170	−1.0760	−36.9000	5.9410	−0.1230
EQ_emp	6400	0.0599	0.0197	0.0432	0.0799	0.0008	0.0581	0.3110
EQ_emc	6400	0.0851	0.0240	0.0551	0.1080	0.0009	0.0945	0.5220
EQ_emd	6400	0.0425	0.0117	0.0272	0.0553	0.0005	0.0470	0.2710
Size	6400	0.2211	0.2116	0.2189	0.2284	0.1968	0.0130	0.2600
Roa	6400	0.0371	0.0122	0.0330	0.0620	−0.2250	0.0540	0.1880
Roe	6400	0.0492	0.0260	0.0662	0.1160	−20.7400	0.3920	0.8740
Grow	6400	0.1330	−0.0476	0.0873	0.2350	−0.5700	0.3680	2.8180
Cost	6400	0.0087	−0.0016	0.0156	0.0319	−0.1430	0.0382	0.0634
Aturn	6400	0.6720	0.3490	0.5540	0.8460	0.0696	0.4730	2.5990
Soe	6400	0.5160	0.0000	1.0000	1.0000	0.0000	0.5000	1.0000
Holdedtate5	6400	0.1730	0.0761	0.1440	0.2430	0.0000	0.1240	0.8100
Ddsbl	6400	0.3710	0.3330	0.3330	0.4000	0.1430	0.0556	0.8000
Ceodum	6400	0.1930	0.0000	0.0000	0.0000	0.0000	0.3950	1.0000

表 5-3 投资过度样本变量的描述性统计结果

变量	N	mean	p25	p50	p75	min	sd	max
OInv	4400	0.0386	0.0096	0.0246	0.0539	0.0000	0.0408	0.2850
Lev	4400	0.4710	0.3170	0.4830	0.6240	0.0614	0.1990	0.8830
Lev^2	4400	0.2610	0.1000	0.2330	0.3890	0.0038	0.1890	0.7800
EQ_jones	4400	−0.0558	−0.0744	−0.0398	−0.0182	−0.3550	0.0557	−0.0007
EQ_dacc	4400	−0.0689	−0.0933	−0.0499	−0.0236	−0.4250	0.0663	−0.0009
EQ_em	3600	−3.9710	−4.1360	−2.0740	−1.1250	−36.9000	5.5430	−0.1230
EQ_emp	4400	0.0597	0.0210	0.0441	0.08030	0.0008	0.0560	0.3110
EQ_emc	4400	0.0821	0.0243	0.0525	0.1060	0.0009	0.0924	0.5220
EQ_emd	4400	0.0409	0.0114	0.0258	0.0539	0.0005	0.0457	0.2710

续表

变量	N	mean	p25	p50	p75	min	sd	max
Size	4400	0.2218	0.2130	0.2202	0.2287	0.1968	0.0124	0.2600
Roa	4400	0.0408	0.0157	0.0357	0.0638	–0.2250	0.0466	0.1880
Roe	4400	0.0709	0.0345	0.0743	0.1180	–3.3910	0.1370	0.8540
Grow	4400	0.1850	–0.0012	0.1240	0.2810	–0.5700	0.3870	2.8180
Cost	4400	0.0119	0.0023	0.0169	0.0298	–0.1430	0.0314	0.0634
Aturn	4400	0.6600	0.3510	0.5550	0.8210	0.0696	0.4610	2.5990
Soe	4400	0.4820	0.0000	0.0000	1.0000	0.0000	0.5000	1.0000
Holdedtate5	4400	0.1650	0.0736	0.1370	0.2310	0.0029	0.1180	0.7580
Ddsbl	4400	0.3690	0.3330	0.3330	0.4000	0.0909	0.0535	0.7140
Ceodum	4400	0.2080	0.0000	0.0000	0.0000	0.0000	0.4060	1.0000

对比表 5–2 和表 5–3 可以得出以下结论。

（1）债务融资比例的统计情况。在投资过度样本中均值（中位数）为 0.4710（0.4830），在投资不足样本中均值（中位数）为 0.4540（0.4580），由此可知，与投资不足的公司相比，投资过度的公司债务融资比例更高，这说明公司债务融资比例越高，过度投资倾向越严重。

（2）盈余质量代理变量的统计情况。按照修正的 Jones 模型所估计的企业操纵性应计利润的绝对值的负数（*EQ_jones*）在投资过度样本中均值（中位数）为 –0.0558（–0.0398），最大值和最小值分别为 –0.0007 和 –0.3550，在投资不足样本中均值（中位数）为 –0.0593（–0.0411），最大值和最小值分别为 –0.0007 和 –0.3550，表明投资不足的公司相比投资过度的公司更倾向于进行盈余管理，盈余质量更低；累计操纵性应计利润的绝对值的负数（*EQ_dacc*）在投资过度样本中均值（中位数）为 –0.0689（–0.0499），在投资不足样本中均值（中位数）为 –0.0729（–0.0511），由此可知，投资不足的公司盈余管理水平比投资过度的公司更高；公司披露的会计盈余与真实收益之间的偏离程度的负数（*EQ_em*）在投资过度样本中均值（中位数）为 –3.9710（–2.0740），在投资不足样本中均值（中位数）为 –4.1930（–2.1170），由此可知，投资不足的公司披露的会计盈余与真实收益之间的偏离程度比投资过度的公司更大，即投资不足的公司更倾向于进行盈余管理；异常经营活动现金流量的绝对值（*EQ_emp*）在投资过度样本中均值（中位数）为 0.0597（0.0441），在投资不足样本中均值（中位数）为 0.0599（0.0432），由此可知，投资不足的公司异常经营活动现金流量的绝对值比投资过度的公司更大，即投资不足的公司更倾向于进行盈余管理；异常生产成本的绝对值（*EQ_emc*）在投资过度样本中均值（中位数）为 0.0821（0.0525），在投资不足样本中均值（中位数）为 0.0851（0.0551），由此可知，投资不足的公司异常生产成本的绝对值比投资过度的公司更大，即投资不足的公司更倾向于进行盈余管理；异常酌量费用的绝对值（*EQ_emd*）在投资过度样本中均值（中位数）为 0.0409（0.0258），在投资不足样本中均值（中位数）为 0.0425（0.0272），由此可知，投资不足的公司异常酌量费用的绝对值比投资过度的公司更大，即投资不足的公司更倾向于进行盈余管理。

5.4.2 相关性分析

为进一步验证模型的合理性及各变量之间的相关关系，本书对全样本变量进行了相关性分析，分析结果如表 5-4 所示。

表 5-4 全样本变量的相关性分析结果

	InvEff	*Lev*	Lev^2	*EQ_jones*	*EQ_dacc*	*EQ_em*	*EQ_emp*
InvEff	1						
Lev	0.1030***	1					
Lev^2	-0.1080***	0.9730***	1				
EQ_jones	0.0150**	-0.1030***	-0.1070***	1			
EQ_dacc	0.0130*	-0.0810***	-0.0830***	0.7380***	1		
EQ_em	0.0750***	-0.2020***	-0.2100***	0.1470***	0.1190***	1	
EQ_emp	-0.0420***	0.0440***	0.0500***	-0.5960***	-0.4860***	-0.1350***	1
EQ_emc	-0.0060	0.0560***	0.0610***	-0.2840***	-0.2490***	-0.0930***	0.4090***
EQ_emd	-0.0390***	-0.1160***	-0.1210***	-0.0480***	-0.0170	0.0330***	0.1040***
Size	-0.1210***	0.5140***	0.5120***	0.0300***	0.0090	-0.0860***	-0.0340***
Roa	0.0560***	-0.3720***	-0.3760***	0.0370***	-0.0350***	0.0350***	0.1430***
Roe	0.0210**	-0.1050***	-0.1320***	0.0600***	0.0260***	-0.0410***	0.0590***

续表

	InvEff	*Lev*	*Lev*^{2}	*EQ_jones*	*EQ_dacc*	*EQ_em*	*EQ_emp*
Grow	0.0930***	0.0570***	0.0560***	−0.1340***	−0.1390***	−0.0120	0.1720***
Cost	−0.0380***	0.5160***	0.4010***	−0.0290***	−0.0360***	0.0200	−0.0290***
Aturn	−0.0540***	0.1400***	0.1160***	−0.0050	0.0020	−0.0290***	0.0480***
Soe	−0.0780***	0.2920***	0.2790***	0.0350***	0.0380***	−0.0630***	−0.0440***
Holdedtate5	−0.0250***	0.0740***	0.0790***	0.0020	−0.0180	−0.0020	0.0150
Ddsbl	−0.0030	0.0020	0.0110	−0.0230**	−0.0080	−0.0560***	0.0100
Ceodum	0.0220**	−0.1410***	−0.1300***	−0.0060	−0.0030	−0.0160	0.0180
	EQ_emc	*EQ_emd*	*Size*	*Roa*	*Roe*	*Grow*	*Cost*
EQ_emc	1						
EQ_emd	0.3550***	1					
Size	−0.0130	−0.1030***	1				
Roa	0.1610***	0.1710***	−0.0160	1			
Roe	0.0640***	0.0430***	0.0450***	0.4380***	1		
Grow	0.1510***	0.0890***	0.0340***	0.2200***	0.1020***	1	
Cost	−0.0550***	−0.1010***	0.1910***	−0.2770***	−0.0790***	−0.0030	1
Aturn	0.0920***	0.2410***	0.0080	0.1020***	0.0380***	0.0620***	0.1080***
Soe	−0.0680***	−0.1080***	0.2930***	−0.1280***	−0.0410***	−0.0580***	0.1750***
Holdedtate5	−0.0040	−0.0610***	0.2730***	0.0740***	0.0410***	0.0310***	−0.0420***
Ddsbl	0.0230**	0.0140	0.0520***	−0.0420***	−0.0290***	0.0120	−0.0300***
Ceodum	0.0080	0.0670***	−0.1470***	0.0480***	0.0110	0.0120	−0.1280***
	Aturn	*Soe*	*Holdedtate5*	*Ddsbl*	*Ceodum*		
Aturn	1						
Soe	0.0790***	1					
Holdedtate5	0.0610***	0.1740***	1				
Ddsbl	−0.0560***	−0.0600***	0.0550***	1			
Ceodum	−0.0460***	−0.2740***	−0.0510***	0.1080***	1		

注：* 为在 0.1 的水平上显著，** 为在 0.05 的水平上显著，*** 为在 0.01 的水平上显著。

从表 5–4 所示的全样本变量的相关性分析结果来看，债务融资比例与资本配置效率呈倒“U”型关系。盈余质量的各个代理变量（*EQ_jones*、*EQ_dacc*、*EQ_em*、

EQ_emp、*EQ_emc* 和 *EQ_emd*）与资本配置效率显著正相关，且基本通过显著性检验，说明盈余质量的变动方向与公司投资水平的变动方向相同。盈利能力与资本配置效率显著正相关，与预期结果相同。公司成长性与资本配置效率显著正相关，因此在企业快速发展的时期，需要更加关注资本的流动，将资本投资于优质项目。

5.5 多元回归分析

5.5.1 债务融资比例对资本配置效率影响的检验结果分析

为使得结果更为稳健，本书同时采用了普通最小二乘法、固定效应回归和随机效应回归三种回归方式。表 5–5 列示了三种方法下债务融资比例对资本配置效率影响的检验结果。

通过表 5–5 的回归结果可知，债务融资比例与资本配置效率呈倒“U”型关系。在 OLS 回归模型中，债务融资比例（*Lev*）和债务融资比例的平方项（Lev^2）与资本配置效率的系数分别是 0.0231、–0.0219，且在 1% 的水平上显著；在固定效应模型中，债务融资比例（*Lev*）和债务融资比例的平方项（Lev^2）与资本配置效率的系数分别是 0.0969、–0.0857，且在 1% 的水平上显著；在随机效应模型中，债务融资比例（*Lev*）和债务融资比例的平方项（Lev^2）与资本配置效率的系数分别是 0.0412、–0.0364，且在 1% 的水平上显著。这说明债务融资比例与资本配置效率呈倒“U”型关系，即在债务融资比例较低时，债务融资的积极治理效应占优势，从而提高企业的资本配置效率，而随着债务融资比例的不断提高，其负面效应便会占优势，从而降低企业的资本配置效率。

表 5–5 债务融资比例对资本配置效率影响的检验结果

	OLS		固定效应		随机效应	
	（1）	（2）	（3）	（4）	（5）	（6）
_cons	0.0347***	0.0836***	0.0153***	–0.0047	0.0329***	0.0685***
	（25.3795）	（7.1841）	（5.2187）	（–0.1664）	（19.9112）	（6.2328）
Lev	0.0071	0.0231***	0.0799***	0.0969***	0.0162**	0.0412***

续表

	OLS		固定效应		随机效应	
	(1)	(2)	(3)	(4)	(5)	(6)
	(1.0984)	(2.8131)	(6.2446)	(6.9415)	(2.0857)	(4.3457)
Lev^2	-0.0256***	-0.0219***	-0.0809***	-0.0857***	-0.0328***	-0.0364***
	(-3.7025)	(-2.6528)	(-6.2222)	(-6.1142)	(-3.9448)	(-3.8121)
Size		-0.0019***		0.0012		-0.0020***
		(-5.7906)		(1.0301)		(-4.7090)
Roa		0.0072		0.0781***		0.0295***
		(0.9236)		(7.4202)		(3.5228)
Roe		0.0006		-0.0010		0.0004
		(0.5661)		(-0.8262)		(0.3580)
Grow		0.0080***		0.0052***		0.0068***
		(9.3362)		(5.5923)		(8.1682)
Cost		-0.0364***		-0.0735***		-0.0503***
		(-2.9476)		(-3.8418)		(-3.6705)
Aturn		-0.0063***		-0.0177***		-0.0080***
		(-8.0721)		(-8.7572)		(-8.2327)
Soe		-0.0046***		-0.0044		-0.0048***
		(-6.5224)		(-1.5118)		(-5.1253)
Holdedtate5		0.0020		-0.0043		0.0006
		(0.7525)		(-0.5663)		(0.1879)
Ddsbl		0.0084		-0.0050		0.0055
		(1.4766)		(-0.5100)		(0.8275)
Ceodum		-0.0007		-0.0013		-0.0004
		(-0.8172)		(-0.9920)		(-0.4321)
N	10921	10841	10921	10841	10921	10841
F	65.5671	15.9775	19.9002	10.6963		

注：* 为在 0.1 的水平上显著，** 为在 0.05 的水平上显著，*** 为在 0.01 的水平上显著。

5.5.2 债务融资比例对投资不足影响的检验结果分析

表 5–6 是债务融资比例对投资不足影响的检验结果。在 OLS 回归模型中，债务融资比例（*Lev*）和债务融资比例的平方项（Lev^2）与投资不足的系数分别是 –0.0278、0.0230，且在 1% 的水平上显著；在固定效应模型中，债务融资比例（*Lev*）和债务融资比例的平方项（Lev^2）与投资不足的系数分别是 –0.0022、0.0041，不具有显著性；在随机效应模型中，债务融资比例（*Lev*）和债务融资比例的平方项（Lev^2）与投资不足的系数分别是 –0.0258、0.0220，且在 5% 以上的水平显著。从上述结果来看，债务融资比例与投资不足呈"U"型关系，说明债务融资可以缓解公司的投资不足，但是随着债务融资比例的增加，其缓解效应将会消失。

此外，从控制变量的回归结果可知，公司规模（*Size*）与投资不足显著负相关，说明公司规模越大，越不太可能出现投资不足的现象。产权性质（*Soe*）与投资不足显著负相关，说明当企业为国有企业时，越不可能存在投资不足的情况，因为一般情况下，国有企业相对于非国有企业来说融资更为容易，面临的融资约束较小。

表 5–6 债务融资比例对投资不足影响的检验结果

	OLS		固定效应		随机效应	
	（1）	（2）	（3）	（4）	（5）	（6）
_cons	0.0356***	0.0869***	0.0241***	0.0060	0.0351***	0.0855***
	（28.4846）	（7.9722）	（7.8399）	（0.2081）	（22.9881）	（7.9135）
Lev	–0.0223***	–0.0278***	0.0192	–0.0022	–0.0171**	–0.0258***
	（–3.6953）	（–3.5916）	（1.4081）	（–0.1485）	（–2.3382）	（–2.8432）
Lev^2	0.0044	0.0230***	–0.0248*	0.0041	0.0001	0.0220**
	（0.6837）	（2.9457）	（–1.7855）	（0.2763）	（0.0064）	（2.4053）
Size		–0.0022***		0.0015		–0.0023***
		（–6.8928）		（1.2756）		（–5.6054）
Roa		–0.0002		0.0453***		0.0128*
		（–0.0229）		（4.4009）		（1.6787）
Roe		0.0005		–0.0004		0.0005

续表

	OLS		固定效应		随机效应	
	（1）	（2）	（3）	（4）	（5）	（6）
		（0.6105）		（-0.4573）		（0.5792）
Grow		0.0025***		0.0009		0.0021**
		（2.9775）		（0.8909）		（2.5351）
Cost		0.0145		0.0483**		0.0257**
		（1.2848）		（2.4781）		（2.0132）
Aturn		-0.0029***		-0.0090***		-0.0038***
		（-3.9211）		（-4.3096）		（-4.0237）
Soe		-0.0038***		-0.0009		-0.0041***
		（-5.5148）		（-0.3157）		（-4.5201）
Holdedtate5		0.0023		-0.0077		0.0001
		（0.8857）		（-0.9858）		（0.0310）
Ddsbl		0.0129**		0.0092		0.0122*
		（2.3794）		（0.9503）		（1.9339）
Ceodum		-0.0011		-0.0021		-0.0015*
		（-1.4543）		（-1.5186）		（-1.6700）
N	6452	6405	6452	6405	6452	6405
F	85.1058	11.6000	2.0549	5.7903		

注：* 为在 0.1 的水平上显著，** 为在 0.05 的水平上显著，*** 为在 0.01 的水平上显著。

5.5.3 债务融资比例对投资过度影响的检验结果分析

表 5-7 是债务融资比例对投资过度影响的检验结果。在 OLS 回归模型中，债务融资比例（*Lev*）和债务融资比例的平方项（Lev^2）与投资过度的系数分别是 0.0806、-0.0736，且在 1% 的水平上显著；在固定效应模型中，债务融资比例（*Lev*）和债务融资比例的平方项（Lev^2）与投资过度的系数分别是 0.1751、-0.1478，且在 1% 的水平上显著；在随机效应模型中，债务融资比例（*Lev*）和债务融资比例的平方项（Lev^2）与投资过度的系数分别是 0.0999、-0.0894，且在 1% 的水平上显著。上述结果说明，债务融资比例与投资过度呈倒“U”型关系，债

务融资会促进公司过度投资，但是随着债务融资比例的增加，这种促进效应将会消失。

表 5-7 债务融资比例对投资过度影响的检验结果

	OLS		固定效应		随机效应	
	（1）	（2）	（3）	（4）	（5）	（6）
_cons	0.0361***	0.0487	0.0106	0.1081*	0.0354***	0.0595***
	（12.3780）	（1.1581）	（1.6034）	（1.6742）	（10.9871）	（2.9762）
Lev	0.0368***	0.0806***	0.1226***	0.1751***	0.0396***	0.0999***
	（2.7491）	（4.7940）	（4.2898）	（5.5896）	（2.6656）	（5.4688）
Lev^2	−0.0570***	−0.0736***	−0.1141***	−0.1478***	−0.0589***	−0.0894***
	（−4.0480）	（−4.4039）	（−3.9610）	（−4.7596）	（−3.7642）	（−4.9156）
Size		−0.0017**		−0.0036		−0.0021***
		（−2.5649）		（−1.4085）		（−2.7495）
Roa		−0.0098		0.0769**		0.0028
		（−0.4482）		（2.3343）		（0.1245）
Roe		0.0066		0.0042		0.0072
		（0.9773）		（0.4913）		（1.0566）
Grow		0.0130***		0.0116***		0.0123***
		（8.0109）		（5.5500）		（7.7444）
Cost		−0.1286***		−0.2199***		−0.1539***
		（−4.8614）		（−4.8621）		（−5.5165）
Aturn		−0.0097***		−0.0295***		−0.0114***
		（−6.3907）		（−6.6195）		（−6.4275）
Soe		−0.0055***		−0.0093		−0.0057***
		（−3.9828）		（−1.3492）		（−3.4254）
Holdedtate5		0.0065		0.0078		0.0059
		（1.1967）		（0.4291）		（0.9389）
Ddsbl		0.0012		−0.0149		−0.0005
		（0.1081）		（−0.6727）		（−0.0389）
Ceodum		−0.0004		0.0024		0.0007
		（−0.2850）		（0.7566）		（0.3898）

续表

	OLS		固定效应		随机效应	
	(1)	(2)	(3)	(4)	(5)	(6)
N	4469	4436	4469	4436	4469	4436
F	21.9891	9.1086	9.3359	5.6660		

注：* 为在 0.1 的水平上显著，** 为在 0.05 的水平上显著，*** 为在 0.01 的水平上显著。

5.5.4 债务融资比例对盈余质量影响的检验结果分析

表 5-8 是债务融资比例对盈余质量影响的检验结果。第（1）至（6）列的被解释变量为盈余质量的六个代理变量，分别为按照修正的 Jones 模型所估计的企业操纵性应计利润的绝对值的负数（*EQ_jones*）、累计操纵性应计利润的绝对值的负数（*EQ_dacc*）、盈余平滑度（*EQ_em*）、真实盈余管理之销售操控（*EQ_emp*）、真实盈余管理之成本操控（*EQ_emc*）、真实盈余管理之费用操控（*EQ_emd*）。

从表 5-8 第（1）至（6）列的回归结果可以看出，债务融资比例（*Lev*）与盈余质量的回归系数分别是 0.0183、0.0359、-2.0937、-0.0200、-0.0411 和 -0.0524，且均在 1% 的水平上显著，债务融资比例的平方项（Lev^2）与盈余质量的回归系数分别是 -0.0198、-0.0272、1.1991、0.0276、0.0290 和 0.0444，除债务融资比例的平方项与盈余平滑度（*EQ_em*）的系数不显著外（但符号一致），其他均在 5% 以上的水平显著。

从这个回归结果可知，债务融资比例与盈余质量呈倒“U”型关系，说明在债务融资比例较高时，债务融资的负面效应占优势，即降低了盈余质量。

通过控制变量的检验结果可以看出，公司规模（*Size*）与企业盈余质量呈显著的正相关关系，这表明公司规模越大，越容易获得债务融资，因此前期美化盈余信息的动机也就变得越弱。此外，一般情况下大公司都有充足的资金支持，可能违反合同的债务较少，所以后期美化会计信息的动机也变得薄弱（朱志标，2016）。债务融资成本（*Cost*）与企业盈余质量表现为显著的正相关关系，表明债务融资成本越高，越会约束管理层攫取私人收益的行为，从而有利于提高企业盈余质量。企业成长性（*Grow*）与企业盈余质量显著负相关，这是因为高成长性企业的资金需求一般较大，而高成长性企业又大多处于企业生命周期的初期，整体资本实力相对较弱，此时企业为获得债务融资会积极美化盈余信息。同时，高成长性企业也面临着较高的投资风险，因而存在着美化盈余信息以避免违约的强烈动机。净资产收益率（*Roe*）和总资产净利率（*Roa*）与企业盈余质量显著正相关，主要是因为企业的盈利能力较强时，企业将会有更多的现金流，从而保证能及时偿还贷款本金和利息，此时违反债务契约的可能性较低，美化盈余信息的动机也变得薄弱。总资产周转率（*Aturn*）与企业盈余质量表现为负相关关系，说明企业代理冲突越严重，越倾向于进行盈余管理，从而降低盈余质量。前五大股东持股比例（*Holdedtate5*）与企业盈余质量总体上显著负相关，说明前五大股东持股比例越高，股权制衡度越差，代理问题越多，越倾向于进行盈余管理，盈余质量就越差。产权性质（*Soe*）与企业盈余质量呈现显著的正相关关系，说明国有企业的管理相对完善，融资约束较小，盈余管理行为较少，盈余质量相对较高。

表5-8 债务融资比例对盈余质量影响的检验结果

	(1)	(2)	(3)	(4)	(5)	(6)
	EQ_jones	*EQ_dacc*	*EQ_em*	*EQ_emp*	*EQ_emc*	*EQ_emd*
_cons	-0.1248***	-0.1489***	-0.0684	0.1065***	0.0894***	0.0318***
	(-14.8100)	(-5.2745)	(-0.0686)	(13.3968)	(7.5134)	(5.2892)
Lev	0.0183***	0.0359***	-2.0937***	-0.0200***	-0.0411***	-0.0524***
	(2.9820)	(3.6603)	(-3.0491)	(-3.4316)	(-4.7252)	(-11.9303)
Lev^2	-0.0198***	-0.0272**	1.1991	0.0276***	0.0290***	0.0444***
	(-2.6192)	(-2.2947)	(1.4379)	(3.8527)	(2.7044)	(8.2123)
Size	0.0032***	0.0043***	-0.1055***	-0.0024***	-0.0017***	0.0001
	(8.6784)	(3.8673)	(-2.6057)	(-6.8483)	(-3.2206)	(0.4092)
Roa	0.0960***	0.0326***	0.9907	0.0967***	0.1607***	0.0491***
	(11.5420)	(2.6116)	(1.1036)	(12.2821)	(13.6413)	(8.2516)
Roe	0.0049***	0.0051***	-0.2242***	-0.0007	-0.0029***	-0.0016***
	(9.4344)	(7.8199)	(-4.3560)	(-1.3995)	(-3.9353)	(-4.1628)
Grow	-0.0173***	-0.0176***	0.1832*	0.0191***	0.0307***	0.0103***
	(-19.1260)	(-14.9645)	(1.8752)	(22.3418)	(23.9402)	(15.8904)

续表

	(1)	(2)	(3)	(4)	(5)	(6)
	EQ_jones	*EQ_dacc*	*EQ_em*	*EQ_emp*	*EQ_emc*	*EQ_emd*
Cost	-0.0312*	0.0416	10.6377***	0.0038	0.0085	-0.0007
	(-1.8296)	(1.4491)	(4.8740)	(0.2337)	(0.3499)	(-0.0565)
Aturn	-0.0042***	0.0011	-0.9395***	0.0044***	0.0168***	0.0116***
	(-4.3334)	(0.4892)	(-8.8869)	(4.7143)	(12.0951)	(16.5524)
Soe	0.0045***	0.0040	-0.8956***	-0.0030***	-0.0081***	-0.0057***
	(5.0337)	(1.3647)	(-9.1481)	(-3.4714)	(-6.3168)	(-8.7951)
Holdedtate5	-0.0097***	-0.0273***	1.4156***	0.0067**	0.0011	-0.0104***
	(-2.8749)	(-3.3182)	(3.8219)	(2.0930)	(0.2377)	(-4.2983)
Ddsbl	-0.0046	0.0050	-1.7382**	0.0011	0.0100	0.0234***
	(-0.6461)	(0.4026)	(-2.2237)	(0.1658)	(0.9937)	(4.5950)
Ceodum	-0.0021**	0.0005	-0.3718***	0.0022**	0.0029**	0.0036***
	(-2.0602)	(0.2456)	(-3.0924)	(2.2574)	(1.9726)	(4.7910)
N	22688	22688	18173	22734	22734	22734
F	51.9589	20.1125	41.9454	52.2315	112.3081	111.9778

注：* 为在 0.1 的水平上显著，** 为在 0.05 的水平上显著，*** 为在 0.01 的水平上显著。

5.5.5 债务融资比例、盈余质量与资本配置效率的检验结果分析

表 5-9 是债务融资比例、盈余质量与资本配置效率的检验结果。债务融资比例与盈余质量的交乘项（*Lev*×*EQ_jones*、*Lev*×*EQ_dacc*、*Lev*×*EQ_em*、*Lev*×*EQ_emp*、*Lev*×*EQ_emc* 和 *Lev*×*EQ_emd*）的系数分别是 0.3477、0.3578、0.0021、-0.1636、-0.0961 和 -0.5268，除 *Lev*×*EQ_em* 的系数不显著外（但符号一致），其他交乘项的系数均在 10% 以上的水平显著；债务融资比例的平方项与盈余质量的交乘项（Lev^2×*EQ_jones*、Lev^2×*EQ_dacc*、Lev^2×*EQ_em*、Lev^2×*EQ_emp*、Lev^2×*EQ_emc* 和 Lev^2×*EQ_emd*）的系数分别是 -0.3773、-0.3767、-0.0024、0.1657、0.1091 和 0.5697，同样除 Lev^2×*EQ_em* 的系数不显著外，其他交乘项的系数均在 5% 以上的水平显著。上述结果表明：盈余质量的改善能够提高资本配置效率，随着债务融资比例的提高，盈余质量对资本配置效率的影响会强化；但

是，当债务融资比例提高到一定程度时，债务融资比例对盈余质量与资本配置效率关系的调节效应将会弱化。

表 5-9 债务融资比例、盈余质量与资本配置效率的检验结果

	(1)	(2)	(3)	(4)	(5)	(6)
	reg1	reg2	reg3	reg4	reg5	reg6
_cons	0.0065	0.0026	-0.0542**	-0.0795***	-0.0814***	0.0031
	(0.2289)	(0.0916)	(-2.4542)	(-6.8411)	(-7.0089)	(0.1073)
Lev	0.0017	0.0015	0.0023	0.0019	0.0005	0.0005
	(0.3692)	(0.3237)	(0.5040)	(0.7581)	(0.2325)	(0.1000)
EQ_jones	0.0494*					
	(1.8548)					
$Lev \times EQ\_jones$	0.3477***					
	(3.1760)					
$Lev^2 \times EQ\_jones$	-0.3773***					
	(-3.5348)					
EQ_dacc		0.0586***				
		(2.7356)				
$Lev \times EQ\_dacc$		0.3578***				
		(4.0250)				
$Lev^2 \times EQ\_dacc$		-0.3767***				
		(-4.3110)				
EQ_em			-0.0005			
			(-0.9207)			
$Lev \times EQ\_em$			0.0021			
			(1.1382)			
$Lev^2 \times EQ\_em$			-0.0024			
			(-1.3817)			
EQ_emp				-0.0095		
				(-0.4714)		
$Lev \times EQ\_emp$				-0.1636**		
				(-2.0045)		

续表

	(1)	(2)	(3)	(4)	(5)	(6)
	reg1	reg2	reg3	reg4	reg5	reg6
$Lev^2 \times EQ\_emp$				0.1657**		
				(2.0661)		
EQ_emc					−0.0114	
					(−0.8615)	
$Lev \times EQ\_emc$					−0.0961*	
					(−1.7691)	
$Lev^2 \times EQ\_emc$					0.1091**	
					(2.0437)	
EQ_emd						−0.0622
						(−1.4168)
$Lev \times EQ\_emd$						−0.5268***
						(−2.8352)
$Lev^2 \times EQ\_emd$						0.5697***
						(2.9858)
Grow	−0.0059***	−0.0059***	−0.0066***	−0.0061***	−0.0065***	−0.0057***
	(−6.3712)	(−6.4037)	(−6.9086)	(−7.2404)	(−7.7296)	(−6.1730)
Size	−0.0020*	−0.0019*	−0.0017	0.0025***	0.0025***	−0.0019*
	(−1.7805)	(−1.6481)	(−1.4404)	(7.2395)	(7.3970)	(−1.7043)
Age	0.0016	0.0016	0.0215***	−0.0007	−0.0007	0.0018
	(0.6193)	(0.6195)	(8.2406)	(−1.1155)	(−1.0594)	(0.6748)
Ret	−0.0044***	−0.0044***	−0.0022***	−0.0040***	−0.0042***	−0.0044***
	(−5.8170)	(−5.7925)	(−4.1104)	(−5.4814)	(−5.7026)	(−5.9100)
Linv	−0.0456***	−0.0453***	−0.0405***	−0.1211***	−0.1208***	−0.0458***
	(−6.3106)	(−6.2742)	(−4.9267)	(−21.8605)	(−21.8104)	(−6.3394)
Aturn	0.0146***	0.0147***	0.0125***	0.0050***	0.0050***	0.0150***
	(7.3449)	(7.3745)	(6.0846)	(6.6871)	(6.6225)	(7.5238)
Soe	0.0042	0.0041	0.0019	0.0030***	0.0030***	0.0039
	(1.4378)	(1.4066)	(0.6275)	(4.0180)	(4.0816)	(1.3430)
Holdedtate5	−0.0014	−0.0013	0.0065	−0.0035	−0.0036	−0.0008

续表

	（1）	（2）	（3）	（4）	（5）	（6）
	reg1	reg2	reg3	reg4	reg5	reg6
	（-0.1861）	（-0.1691）	（0.7784）	（-1.2837）	（-1.3485）	（-0.1071）
Dsbl	0.0058	0.0058	0.0080	-0.0097*	-0.0096*	0.0063
	（0.6002）	（0.5956）	（0.7493）	（-1.7468）	（-1.7269）	（0.6520）
Ceodum	0.0011	0.0011	-0.0001	0.0014*	0.0014*	0.0012
	（0.8318）	（0.8403）	（-0.0512）	（1.7947）	（1.7361）	（0.8639）
N	10851	10851	8830	10851	10851	10851

注：* 为在 0.1 的水平上显著，** 为在 0.05 的水平上显著，*** 为在 0.01 的水平上显著。

5.5.6 债务融资比例、盈余质量与投资不足的检验结果分析

表 5-10 是债务融资比例、盈余质量与投资不足的检验结果。从回归结果可知：债务融资比例（*Lev*）和盈余质量的代理变量即按照修正的 Jones 模型所估计的企业操纵性应计利润的绝对值的负数（*EQ_jones*）与投资不足的回归系数分别为 -0.0054 和 -0.0520，且在 5% 以上的水平显著，说明债务融资比例的增加和盈余质量的改善可以缓解投资不足；债务融资比例和盈余质量的代理变量即按照修正的 Jones 模型所估计的企业操纵性应计利润的绝对值的负数的交乘项（$Lev \times EQ\_jones$）与投资不足的回归系数为 0.1062，但不显著；债务融资比例的平方项和盈余质量的代理变量即按照修正的 Jones 模型所估计的企业操纵性应计利润的绝对值的负数的交乘项（$Lev^2 \times EQ\_jones$）与投资不足的回归系数为 -0.0836，也不具有显著性。上述结果说明，债务融资比例越多，公司越不可能存在投资不足的情况，随着盈余质量的提高，债务融资的治理效应将会弱化。

债务融资比例（*Lev*）和盈余质量的代理变量即累计操纵性应计利润的绝对值的负数（*EQ_dacc*）与投资不足的回归系数分别为 -0.0068 和 -0.0239；债务融资比例和盈余质量的代理变量即累计操纵性应计利润的绝对值的负数的交乘项（$Lev \times EQ\_dacc$）与投资不足的回归系数为 0.0343，但不显著；债务融资比例的平方项和盈余质量的代理变量即累计操纵性应计利润的绝对值的负数的交乘项（$Lev^2 \times EQ\_dacc$）与投资不足的回归系数为 -0.0370，也不具有显著性。上述结

果说明，盈余质量的改善对投资不足的缓解效应将会随着债务融资比例的提高而减弱。

债务融资比例（*Lev*）和盈余质量的代理变量即公司披露的会计盈余与真实收益之间的偏离程度的负数（*EQ_em*）、异常经营活动现金流量的绝对值（*EQ_emp*）、异常生产成本的绝对值（*EQ_emc*）、异常酌量费用的绝对值（*EQ_emd*）与投资不足的回归系数分别为 –0.0027、–0.0098、–0.0070、–0.0081 和 0.0004、0.0081、0.0148、0.0498；债务融资比例和盈余质量的交乘项（*Lev*×*EQ_em*、*Lev*×*EQ_emp*、*Lev*×*EQ_emc*、*Lev*×*EQ_emd*）与投资不足的回归系数分别为 –0.0019、–0.0516、–0.0542、–0.3036，除了 *Lev*×*EQ_emd* 的系数在 1% 的水平上显著外，其他交乘项的系数都不显著，但符号符合预期；债务融资比例的平方项和盈余质量的交乘项（Lev^2 × *EQ_em*、Lev^2 × *EQ_emp*、Lev^2 × *EQ_emc*、Lev^2 × *EQ_emd*）与投资不足的回归系数分别为 0.0015、0.1097、0.0663、0.3993，除了 Lev^2 × *EQ_emd* 的系数在 1% 的水平上显著外，其他交乘项的系数都不显著，但符号符合预期。上述结果说明，盈余质量的改善对投资不足的缓解效应将会随着债务融资比例的提高而减弱。

控制变量公司规模和产权性质与投资不足的回归系数显著为负，说明公司规模越大，越不会发生投资不足，而在国有企业，投资不足发生的可能性会更低。

表 5-10 债务融资比例、盈余质量与投资不足的检验结果

	（1）	（2）	（3）	（4）	（5）	（6）
	reg1	reg2	reg3	reg4	reg5	reg6
_cons	0.0693***	0.0712***	0.0816***	0.0722***	0.0731***	0.0743***
	（6.6010）	（6.7827）	（4.7160）	（6.8720）	（6.9632）	（7.0892）
Lev	–0.0054**	–0.0068***	–0.0027	–0.0098***	–0.0070***	–0.0081***
	（–2.4511）	（–3.0611）	（–1.2760）	（–4.3528）	（–3.2936）	（–3.8067）
EQ_jones	–0.0520***					
	（–2.8142）					
Lev×*EQ_jones*	0.1062					
	（1.4330）					
Lev^2×*EQ_jones*	–0.0836					
	（–1.1744）					

续表

	(1)	(2)	(3)	(4)	(5)	(6)
	reg1	reg2	reg3	reg4	reg5	reg6
EQ_dacc		-0.0239				
		(-1.6025)				
Lev×EQ_dacc		0.0343				
		(0.5737)				
Lev^2×*EQ_dacc*		-0.0370				
		(-0.6426)				
EQ_em			0.0004			
			(1.2098)			
Lev×EQ_em			-0.0019			
			(-1.4265)			
Lev^2×*EQ_em*			0.0015			
			(1.2912)			
EQ_emp				0.0081		
				(0.4542)		
Lev×EQ_emp				-0.0516		
				(-0.7079)		
Lev^2×*EQ_emp*				0.1097		
				(1.5333)		
EQ_emc					0.0148	
					(1.2853)	
Lev×EQ_emc					-0.0542	
					(-1.1309)	
Lev^2×*EQ_emc*					0.0663	
					(1.3961)	
EQ_emd						0.0498**
						(2.4545)
Lev×EQ_emd						-0.3036***
						(-3.3433)

续表

	(1)	(2)	(3)	(4)	(5)	(6)
	reg1	reg2	reg3	reg4	reg5	reg6
$Lev^2 \times EQ\_emd$						0.3993***
						(4.0618)
Grow	-0.0008	-0.0007	-0.0007	-0.0008	-0.0006	-0.0006
	(-0.9619)	(-0.8917)	(-0.7950)	(-0.9582)	(-0.7545)	(-0.7752)
Size	-0.0027***	-0.0027***	-0.0030***	-0.0027***	-0.0028***	-0.0028***
	(-8.5505)	(-8.7844)	(-8.9885)	(-8.5995)	(-8.8589)	(-9.0112)
Age	0.0013**	0.0013**	0.0015**	0.0014**	0.0013**	0.0014**
	(2.2093)	(2.3148)	(2.0141)	(2.4530)	(2.3547)	(2.4190)
Ret	0.0047***	0.0047***	0.0045***	0.0047***	0.0048***	0.0048***
	(6.9748)	(6.9857)	(6.2079)	(7.0401)	(7.1097)	(7.1994)
Linv	0.1509***	0.1509***	0.1478***	0.1517***	0.1510***	0.1514***
	(28.6760)	(28.6618)	(24.3109)	(28.7745)	(28.6536)	(28.7567)
Aturn	-0.0021***	-0.0020***	-0.0017**	-0.0020***	-0.0022***	-0.0021***
	(-3.0030)	(-2.9595)	(-2.2384)	(-2.9520)	(-3.1257)	(-3.0126)
Soe	-0.0016**	-0.0016**	-0.0021***	-0.0017**	-0.0017**	-0.0016**
	(-2.3833)	(-2.3737)	(-2.8359)	(-2.4547)	(-2.4366)	(-2.3359)
Holdedtate5	0.0027	0.0025	0.0030	0.0023	0.0025	0.0030
	(1.1018)	(0.9998)	(1.1265)	(0.9392)	(1.0259)	(1.2210)
Ddsbl	0.0114**	0.0116**	0.0091	0.0120**	0.0116**	0.0122**
	(2.2206)	(2.2706)	(1.6161)	(2.3496)	(2.2558)	(2.3769)
Ceodum	-0.0022***	-0.0022***	-0.0011	-0.0022***	-0.0021***	-0.0021***
	(-3.0578)	(-3.0157)	(-1.3050)	(-3.0084)	(-2.9226)	(-2.9128)
N	6410	6410	5212	6410	6410	6410

注：* 为在 0.1 的水平上显著，** 为在 0.05 的水平上显著，*** 为在 0.01 的水平上显著。

5.5.7 债务融资比例、盈余质量与投资过度的检验结果分析

表 5–11 是债务融资比例、盈余质量与投资过度的检验结果。从回归结果可知：债务融资比例与投资过度的回归系数显著为正，说明债务融资比例的增加提

高了公司过度投资的程度；盈余质量的各个代理变量与投资过度的回归系数为负但不显著，说明盈余质量的提高可以抑制公司过度投资；债务融资比例和盈余质量的交乘项（$Lev \times EQ\_jones$、$Lev \times EQ\_dacc$、$Lev \times EQ\_em$、$Lev \times EQ\_emp$、$Lev \times EQ\_emc$、$Lev \times EQ\_emd$）与投资不足的回归系数分别为 −0.5600、−0.4734、0.0030、0.3525、0.2532、0.6660，除了 $Lev \times EQ\_em$ 和 $Lev \times EQ\_emd$ 的系数不显著外，其他交乘项的系数均在 5% 的水平上显著，说明盈余质量的提高可以缓解债务融资比例的增加对投资过度的恶化作用；债务融资比例的平方项和盈余质量的交乘项（$Lev^2 \times EQ\_jones$、$Lev^2 \times EQ\_dacc$、$Lev^2 \times EQ\_em$、$Lev^2 \times EQ\_emp$、$Lev^2 \times EQ\_emc$、$Lev^2 \times EQ\_emd$）与投资过度的回归系数分别为 0.6285、0.5611、−0.0021、−0.4382、−0.3048、−0.7908，除了 $Lev^2 \times EQ\_em$ 的系数不显著外，其他交乘项的系数均在 10% 以上的水平显著，这表明债务融资比例的提高对公司过度投资产生了恶化作用，随着盈余质量的提高，这种恶化作用会得到缓解，但是当债务融资比例增加过多时，盈余质量提高的缓解作用会减弱。

表 5-11 债务融资比例、盈余质量与投资过度的检验结果

	（1）	（2）	（3）	（4）	（5）	（6）
	reg1	reg2	reg3	reg4	reg5	reg6
_cons	0.1388***	0.0819	−0.0673	0.0692*	0.0705*	0.1372***
	（3.1713）	（1.2733）	（−0.8249）	（1.6527）	（1.6810）	（3.1464）
Lev	0.0279***	0.0235**	0.0136	0.0079	0.0071	0.0272***
	（2.8981）	（2.4253）	（1.1627）	（1.5303）	（1.4541）	（2.7571）
EQ_jones	−0.0918					
	（−1.2944）					
Lev×EQ_jones	−0.5600**					
	（−2.0227）					
Lev^2×EQ_jones	0.6285**					
	（2.3852）					
EQ_dacc		−0.0711				
		（−1.2502）				
Lev×EQ_dacc		−0.4734**				

续表

	(1)	(2)	(3)	(4)	(5)	(6)
	reg1	reg2	reg3	reg4	reg5	reg6
		(−2.0766)				
$Lev^2 \times EQ\_dacc$		0.5611**				
		(2.5415)				
EQ_em			0.0009			
			(0.6978)			
$Lev \times EQ\_em$			0.0030			
			(0.6616)			
$Lev^2 \times EQ\_em$			−0.0021			
			(−0.5065)			
EQ_emp				0.0052		
				(0.1240)		
$Lev \times EQ\_emp$				0.3525**		
				(2.0637)		
$Lev^2 \times EQ\_emp$				−0.4382***		
				(−2.6005)		
EQ_emc					0.0331	
					(1.1157)	
$Lev \times EQ\_emc$					0.2532**	
					(2.1570)	
$Lev^2 \times EQ\_emc$					−0.3048***	
					(−2.6846)	
EQ_emd						0.0042
						(0.0396)
$Lev \times EQ\_emd$						0.6660
						(1.4747)
$Lev^2 \times EQ\_emd$						−0.7908*
						(−1.6994)
Grow	0.0138***	0.0131***	0.0134***	0.0118***	0.0126***	0.0130***

续表

	(1)	(2)	(3)	(4)	(5)	(6)
	reg1	reg2	reg3	reg4	reg5	reg6
	(6.8695)	(6.3551)	(4.5994)	(7.3669)	(7.8279)	(6.4758)
Size	-0.0017	-0.0005	0.0024	-0.0022***	-0.0023***	-0.0016
	(-0.7425)	(-0.1989)	(0.7732)	(-3.1514)	(-3.2418)	(-0.7109)
Age	-0.0190***	-0.0029	0.0230*	-0.0007	-0.0005	-0.0200***
	(-4.5718)	(-0.4831)	(1.8136)	(-0.5528)	(-0.4138)	(-4.8250)
Ret	0.0024**	0.0050***	0.0047**	0.0033**	0.0037**	0.0025**
	(2.0525)	(2.9313)	(2.3001)	(2.2464)	(2.4944)	(2.1361)
Linv	-0.1023***	-0.1072***	-0.1056***	0.0692***	0.0696***	-0.1030***
	(-6.4062)	(-6.6624)	(-4.6648)	(6.4311)	(6.4619)	(-6.4609)
Aturn	-0.0303***	-0.0329***	-0.0290***	-0.0089***	-0.0087***	-0.0305***
	(-7.0296)	(-7.5292)	(-5.3488)	(-5.9425)	(-5.7695)	(-7.1055)
Soe	-0.0060	-0.0062	-0.0039	-0.0040***	-0.0042***	-0.0047
	(-0.8912)	(-0.9153)	(-0.4438)	(-2.7838)	(-2.8949)	(-0.6942)
Holdedtate5	-0.0034	0.0140	-0.0090	0.0084	0.0091	-0.0073
	(-0.1849)	(0.7491)	(-0.3973)	(1.5126)	(1.6372)	(-0.4014)
Ddsbl	-0.0214	-0.0130	-0.0166	0.0029	0.0031	-0.0247
	(-0.9734)	(-0.5906)	(-0.6179)	(0.2589)	(0.2743)	(-1.1307)
Ceodum	0.0032	0.0031	0.0054	-0.0009	-0.0008	0.0037
	(1.0279)	(0.9900)	(1.5515)	(-0.5739)	(-0.5215)	(1.1854)
N	4441	4441	3618	4441	4441	4441

注：* 为在 0.1 的水平上显著，** 为在 0.05 的水平上显著，** 为在 0.01 的水平上显著。

5.6 稳健性检验

参考第 4 章的稳健性检验方法，改变企业资本配置效率的定义方式，借鉴王淑芳（2014）和朱明园（2016）的投资效率衡量方法，将前文采用 Richardson 模型回归所得的残差值的绝对值进行降序排列，按其大小进行分组，取前五分之二的分位样本作为投资过度样本，取后五分之二的分位样本作为投资不足样本，对实证模型重新验证，发现其结果保持稳健不变。

另外，借鉴 Ghosh 和 Moon（2010）、冯展斌等（2013）的做法，改变债务融资比例的定义方式，根据债务融资曲线的极值点将债务融资曲线拆分成线段型变量，选择债务融资比例大于 22% 和小于等于 22% 来重新定义债务融资比例，对相应的实证模型重新检验，发现其结果依旧保持稳健不变。

5.7 本章小结

本章选取 2003—2019 年沪深 A 股上市公司作为样本，系统研究了债务融资比例、盈余质量与资本配置效率的关系，研究结果如下。

（1）债务融资比例与资本配置效率呈倒"U"型关系，即当债务融资比例较低时，债务融资的积极治理效应占优势，企业资本配置效率得到提高，但是当债务融资比例超过一定程度时，将会降低企业的资本配置效率，此时债务融资的负面效应占优势。进一步分析表明：在投资不足子样本中，债务融资比例与投资不足显著负相关，而债务融资比例的平方项与投资不足显著正相关，这说明债务融资比例与投资不足呈"U"型关系；在投资过度子样本中，债务融资比例与投资过度显著正相关，而债务融资比例的平方项与投资过度显著负相关，这说明债务融资比例与投资过度呈倒"U"型关系。

（2）债务融资比例与盈余质量呈倒"U"型关系，即债务融资可以减少公司的盈余管理行为，从而提高公司的盈余质量，起到治理作用，但是这种治理作用会随着债务融资比例的提高而弱化，也就是说，当债务融资比例提高到一定程度时，债务融资会降低盈余质量。

（3）盈余质量的改善能够提高资本配置效率，随着债务融资比例的提高，盈余质量对资本配置效率的影响会强化；但是，当债务融资比例提高到一定程度时，债务融资比例对盈余质量与资本配置效率关系的调节效应将会显著弱化。进一步分组检验发现，债务融资比例越高，公司越不可能存在投资不足，但会出现投资过度的情况，随着债务融资比例的提高，盈余质量的改善对投资不足的缓解效应将会弱化，盈余质量的改善对投资过度的抑制作用也会降低。

6 债务融资类型、盈余质量与资本配置效率

第5章实证检验了债务融资比例对盈余质量、公司资本配置效率的影响以及债务融资比例对盈余质量与公司资本配置效率关系的调节效应。但除了不同比例的债务融资外，不同类型的债务融资的治理效应也存在着巨大差异。本章进一步检验不同的债务融资类型（银行贷款、商业信用融资和企业债券融资）对盈余质量、公司资本配置效率的影响，并考察不同的债务融资类型对盈余质量与公司资本配置效率关系的调节效应，以期进一步深化关于债务融资、盈余质量与公司资本配置效率关系的研究。

6.1 引言

早期较为经典的以MM（Modigliani and Miller，简称MM）理论为代表的资本结构理论暗含着各类债务同质的假设，而现实中企业债务存在异质性是十分普遍的现象（胡建雄和茅宁，2015）。不同类型的债务融资对公司资本配置行为的影响也是不同的，因此，有很多研究开始关注不同类型的债务融资对公司资本配置行为的治理机制。Denis等（2008）与黄乾富和沈红波（2009）的研究发现，债务融资作为公司一项重要的外部治理机制，能够促使债权人积极监督管理层的行为、参与公司治理，从而在一定程度上缓解股东和管理层之间的代理冲突（张润

宇和余明阳，2020）。银行等金融机构作为典型的债权人，对公司的投资行为具有明显的干预和约束作用。特别是在我国“银行主导”的金融市场中，债权人在公司运行过程中发挥着特别大的作用，深刻影响着公司的经济行为（黄珺和黄妮，2012），而随着经济体制改革的不断深入，债务契约关系对公司行为的影响也明显增强（熊剑和王金，2016），发挥着较强的治理功能。与银行贷款相比，商业信用融资是一种短期债务融资方式，它主要是通过企业之间的某些特定交易而形成的。商业信用融资以信用销售合同为基础，充分依靠双方之间的信任。与银行贷款相比，商业信用融资的合同条款对企业的约束力较弱，但它建立在双方信任的基础上，可以减少信息不对称。此外，商业信用融资依靠其再融资压力对企业进行有效约束。如果企业违约，其声誉将受到影响，再融资的困难将加剧，从而影响企业的可持续发展。从商业信用融资的性质来看，它具有一定的公司治理效应（周雪峰，2014；陈艳等，2016；吕明晗等，2018）。企业债券融资是指企业自己发行债券进行融资，因为投资者希望在经营状况良好的情况下进行投资，以求给自己带来更好的回报，所以企业为了获得融资，发行债券时会美化财务信息以吸引投资者，从而提高盈余管理的程度，降低盈余质量。我们知道理论中的完美市场是把投资活动和融资活动分开的，但现实中的市场并不完美，加之债务融资类型划分也并非特别清晰，所以目前关于债务融资对盈余质量和资本配置效率的治理作用尚未形成一致的意见。由此可知，探讨不同的债务融资类型对盈余质量和企业资本配置效率的影响十分必要。目前相关研究主要是规范研究，鲜有研究通过实证方法去验证各种债务融资类型对盈余质量和资本配置效率的影响。因此，本章采用实证研究方法，系统深入地探讨不同的债务融资类型对盈余质量和资本配置效率的影响以及不同的债务融资类型和盈余质量的交互作用对资本配置效率的影响。

6.2 理论分析与研究假设

6.2.1 债务融资类型与资本配置效率

李竹薇等（2020）按来源将债务融资分为银行贷款、商业信用融资和企业债券融资三类，研究发现，不同类型的债务融资对资本配置有不同的影响。由于不同类型的债务融资具有不同的性质，因此在公司内部治理中发挥着不同的作用（Nissim 和 Penman，2001；张楠，2018；胡文卿和左拙人，2019）。李竹薇等（2020）研究发现，债务融资能够约束企业的非效率投资行为，具有治理效应，且不同的债务融资类型对公司资本配置效率的影响不同，其中银行贷款的治理作用不显著，而商业信用融资和企业债券融资的治理效应显著。此外，企业持股金融机构会弱化债务融资的治理效应，尤其是弱化了商业信用融资和企业债券融资的治理效应。张润宇和余明阳（2020）的研究发现，银行贷款、商业信用融资与企业债券融资在不同程度上抑制了企业的投资过度，并缓解了企业的投资不足。

银行贷款作为企业债务融资的主要类型，在更有效的监管方面对企业具有约束力（童盼和陆正飞，2005；冯展斌等，2013；李竹薇等，2020），可以抑制企业的非效率投资行为。邓莉（2007）实证检验发现，银行贷款减少了企业的现金流和代理成本，提高了企业的投资效率。但是陈其安等（2013）研究发现，随着市场活动的进行，银行与公司之间的关系变得更加密切，从而削弱了银行的约束力，导致不能对低效投资产生积极的治理效应。

商业信用融资作为非正规金融的形式之一，在配置金融资源方面发挥了重要的补充作用（Giannetti 等，2011）。商业信用融资的债权人对企业的经营状况比较了解，能够根据债务人的偿付状况制定和调整其定价策略，因此商业信用融资可能比金融性负债更能发挥监督约束作用。研究发现：商业信用融资可以降低公司和供应商之间的信息不对称程度，发挥监督作用（Firth 等，2010；黄乾富和沈红波，2009），也能缓解公司的融资约束，防止投资不足（王彦超和林斌，2008）；但是，当商业信用融资过大时，公司在投资决策时会缺乏约束，从而出现冒险投资（金碚，2006），降低资本配置效率。周雪峰（2014）、陈艳等（2016）、胡文卿和左拙人（2019）的实证检验发现，商业信用融资具有有效的治理作用。

随着我国金融市场的不断发展，债券融资成为越来越多企业的融资方式。企业在发行债券时，需要按照规定定期全面披露企业的相关经营信息，这些信息是向市场上所有投资者公开的。这种债券发行机制有利于缓解股东与债权人之间的信息不对称，减少低效投资问题（童梓，2017）。此外，企业债券一般都具有较高的流动性和较低的成本，且债券购买者一般比较分散，所以当债务人拖欠债务时，加上破产机制的严格限制，重新谈判的成本很高，难度很大，从而对债务人起到监督约束作用。因此，企业债券融资能够对非效率投资行为产生有效的治理作用。童梓（2017）研究发现，企业债券融资一方面加剧了股东与债权人之间的矛盾，另一方面缓解了股东与管理者之间的矛盾，但前者比后者更突出，这导致了企业的过度投资。张润宇和余明阳（2020）认为，企业债券合同作为债务合同的一种，同样要求企业必须按时还本付息，同样对企业产生债务约束作用，从而抑制企业过度投资的发生。基于上述分析，本书提出以下假设。

假设 6-1-1：银行贷款能有效发挥债务治理作用，提高公司的资本配置效率。

假设 6-1-2：银行贷款不能有效发挥债务治理作用，对提高公司的资本配置效率无显著作用。

假设 6-2：商业信用融资能有效发挥债务治理作用，抑制企业的非效率投资，从而提高资本配置效率。

假设 6-3：企业债券融资能有效发挥债务治理作用，抑制企业的非效率投资，从而提高资本配置效率。

6.2.2 债务融资类型与盈余质量

不同类型的债务融资对企业投资行为有不同的影响。适当的债务结构可以减少投资扭曲（Hackbarth 和 Mauer，2012）。由于不同类型的债务融资对企业投资行为产生了不同的治理功能（张润宇和余明阳，2020），因此有必要打破“债务同质性”假说。银行贷款是企业较为常用的债务融资方式。银行作为债权人对贷款企业的信用进行评级时，一般都是依靠企业提供的财务信息，当企业的财务管理信息较好，企业有稳定良好的发展态势时，债权人就会将贷款发放给企业，并对企业未来的偿还能力进行监督。因此，为了获得银行贷款，降低违约风险，企业管理层会进行盈余管理，从而加深盈余管理的程度，降低盈余质量。Denis 等（2008）研究发现，相比基于严格契约的交易型负债，关系型负债的债权人能够拥有债务人的更多信息，因而关系型负债对于企业投资具有更多的治理功能。Nissim 和 Penman（2001）研究发现，经营性负债更能促进公司盈利水平的提升。黄莲琴和屈耀辉（2010）研究发现，与金融性负债相比，经营性负债更能发挥债务的监督约束作用，更能约束企业的过度投资行为，并对企业成长性产生更积极的影响。应付债券是企业为融资而发行的债券，因为投资者希望投资的企业是经营状况良好的企业，能够为自己带来利润，所以企业为了获得融资，在发行债券时会美化财务信息以吸引投资者，从而增加盈余管理的程度，降低盈余质量（郭雅楠，2019）。薄澜等（2014）研究发现，公司债的发行主体在公司债发行前一年和发行当年都有显著向上调整盈利的行为。应计盈余管理对我国债券的信用评级具有显著的正向影响，特别是在监管较少的短期融资券市场（马榕和石晓军，2015）。吕怀立（2017）研究发现：一方面，公司在债券发行中存在着强烈的盈余操纵动机，公司债券融资增量越多，越进行盈余管理，盈余质量越差；另一方面，债券融资还具有一定的监督作用，公司债券融资存量越多，越不可能进行盈余管理，盈余质量越好。基于以上分析，本书提出如下假设。

假设 6-4：银行贷款能够抑制盈余管理行为，提高公司盈余质量。

假设 6-5：商业信用融资能够抑制盈余管理行为，提高公司盈余质量。

假设 6-6：企业债券融资能够增加盈余管理行为，恶化公司盈余质量。

6.2.3 债务融资类型、盈余质量与资本配置效率

在现实的资本市场中，由于信息不对称问题广泛存在，因此会对公司的融资需求、融资成本及融资能力产生重大影响，从而引发逆向选择、融资约束等问题（陈艳等，2015）。一般情况下，高质量的盈余信息有助于降低信息不对称程度，减少代理成本，进而提高资本配置效率（刘慧龙等，2014）。高质量的盈余信息能使资本市场中的投资者更加了解公司的经营状况，弱化投资者的信息劣势，减少投资者的逆向选择，缓解公司面临的融资约束，使公司有能力筹集到更多的资金，并提高投资者对管理者监督与激励的能力，抑制投资者与管理者之间的代理冲突，减少投资不足或投资过度，提高资本配置效率（Bushman 和 Smith，2001；王积田和闫婷婷，2017）。此外，债务融资也能通过向资本市场传递公司良好的盈利信号，有利于公司管理者为净现值为正的投资项目筹集资金以避免投资不足（Bharath 等，2006）；同时，较多的债务融资也能使债权人通过频繁地与公司接触

和谈判，获取公司更多的私有信息，提高债权人对公司管理者的监督和控制能力，抑制公司的过度投资（D' Mello 和 Miranda，2010）。因此，如果公开披露的盈余信息与通过债务融资获得的私有信息对资本配置效率的影响存在替代效应，则盈余质量对资本配置效率的影响可能会随着债务融资比例的提高而减弱；如果公开披露的盈余信息与通过债务融资获得的私有信息对资本配置效率的影响存在互补效应，则盈余质量对资本配置效率的影响可能会随着债务融资比例的提高而增强。根据上述分析，本书提出如下假设。

假设 6-7：银行贷款弱化了盈余质量对公司资本配置效率的影响。

假设 6-8：商业信用融资弱化了盈余质量对公司资本配置效率的影响。

假设 6-9：企业债券融资弱化了盈余质量对公司资本配置效率的影响。

6.3 研究设计

6.3.1 主要变量选择

本书参考李竹薇等（2020）的做法，将企业债务融资类型按照债务融资来源划分为三类，即银行贷款（*Tloan*）、商业信用融资（*Odebt*）和企业债券融资（*Bdebt*），并分别将其与资产总额之比标准化后作为债务融资类型的代理变量。盈余质量、资本配置效率变量的定义及衡量与前面章节保持一致。对控制变量的选择参考已有研究，主要控制公司的基本特征变量和公司治理变量。为了解决内生性问题，将解释变量和控制变量滞后一期。

6.3.2 样本数据来源

本章选取 2003—2019 年沪深 A 股上市公司作为研究样本，实证检验所需的财务数据来自国泰安 CSMAR 数据库和 Wind 数据库。本书根据研究需要对研究样本进行了筛选：①剔除金融类上市公司；②剔除因资产重组、股权变更和战略转型等造成公司主营业务变化而导致无法准确进行行业分类的观察值；③剔除 *ST、ST 或者 PT 状态的上市公司；④剔除数据不完整的公司。最后，本书按照 1%~99% 的水平对上市公司连续变量的极端值进行 Winsorize 处理。

6.3.3 实证模型设定

为了检验债务融资类型对资本配置效率和盈余质量的影响及债务融资类型与盈余质量的交乘项对资本配置效率的影响，本章采用第 5 章的研究思路，也将实证检验分为三个步骤：

第一，检验债务融资类型对资本配置效率的影响；

第二，检验债务融资类型对盈余质量的影响；

第三，检验债务融资类型与盈余质量的交互作用对资本配置效率的影响。

为了实现第一步研究目标，本书设定 $Debt_{i,\ t\text{-}1}$ 为债务融资类型的代理变量，不同的债务融资类型分别用银行贷款（*Tloan*）、商业信用融资（*Odebt*）和企业债券融资（*Bdebt*）与总资产的比来衡量，并根据 Biddle 等（2009）、Balakrishnan 等（2014）、朱志标（2016）、刘行等（2017）的研究，选取营业收入增长率、资产负债率、现金持有水平、公司规模、公司上市年限、总资产周转率及产权性质等相关变量的滞后一期作为实证模型的控制变量，实证模型设计如（6–1）所示。

$$\begin{aligned} InvEff_{i,\ t} = {} & \alpha_0+\alpha_1 Debt_{i,\ t-1}+\alpha_2 Grow_{i,\ t-1}+\alpha_3 Cash_{i,\ t-1}+\alpha_4 Size_{i,\ t-1}+\alpha_5 Age_{i,\ t-1} \\ & +\alpha_6 Ret_{i,\ t-1}+\alpha_7 Inv_{i,\ t-1}+\alpha_8 Roa_{i,\ t-1}+\alpha_9 Aturn_{i,\ t-1}+\alpha_{10} Soe_{i,\ t-1} \\ & +\alpha_{11} Holdedtate5_{i,\ t-1}+\alpha_{12} Ddsbl_{i,\ t-1}+\alpha_{13} Ceodum_{i,\ t-1}+\Sigma Year \\ & +\Sigma Ind+\varepsilon_{i,\ t} \end{aligned} \tag{6–1}$$

为了实现第二步研究目标，检验上述假设，构建如下模型。

$$\begin{aligned} EQ_{i,\ t} = {} & \alpha_0+\alpha_1 Debt_{i,\ t-1}+\alpha_2 Size_{i,\ t-1}+\alpha_3 Roa_{i,\ t-1}+\alpha_4 Roe_{i,\ t-1}+\alpha_5 Grow_{i,\ t-1}+\alpha_6 Lev_{i,\ t-1} \\ & +\alpha_7 Cost_{i,\ t-1}+\alpha_8 Aturn_{i,\ t-1}+\alpha_9 Soe_{i,\ t-1}+\alpha_{10} Holdedtate5_{i,\ t-1}+\alpha_{11} Ddsbl_{i,\ t-1} \\ & +\alpha_{12} Ceodum_{i,\ t-1}+\Sigma Year+\Sigma Ind+\varepsilon_{i,\ t} \end{aligned} \tag{6–2}$$

在模型（6–2）中，*Debt* 代表债务融资类型（*Tloan*、*Odebt* 和 *Bdebt*），*EQ* 代表盈余质量（*EQ_ jones*、*EQ_dacc*、*EQ_em*、*EQ_emp*、*EQ_emc* 和 *EQ_emd*）。另外，系数 α_1 表示在债务融资比例低于样本中间值的公司中盈余质量对资本配置效率的影响。

为了实现第三步研究目标，本书设计实证模型如（6–3）所示。

$$InvEff_{i,\ t}=\beta_0+\beta_1 Debt_{i,\ t-1}+\beta_2 EQ_{i,\ t-1}+\beta_3 Debt_{i,\ t-1}\times EQ_{i,\ t-1}+\beta_4 Grow_{i,\ t-1}$$

$$+\beta_5 Lev_{i,\ t-1}+\beta_6 Cash_{i,\ t-1}+\beta_7 Size_{i,\ t-1}+\beta_8 Age_{i,\ t-1}+\beta_9 Ret_{i,\ t-1}$$
$$+\beta_{10} Inv_{i,\ t-1}+\beta_{11} Roa_{i,\ t-1}+\beta_{12} Aturn_{i,\ t-1}+\beta_{13} Soe_{i,\ t-1}$$
$$+\beta_{14} Holdedtate5_{i,\ t-1}+\beta_{15} Ddsbl_{i,\ t-1}+\beta_{16} Ceodum_{i,\ t-1}$$
$$+\Sigma Year+\Sigma Ind+\varepsilon_{i,\ t} \tag{6-3}$$

其中，$Debt_{i,\ t-1}\times EQ_{i,\ t-1}$ 表示债务融资类型与盈余质量的交互作用。β_2 表示在债务融资比例低于样本中间值的公司中盈余质量对资本配置效率的影响；$\beta_2+\beta_3$ 表示在具有各类债务融资的公司中盈余质量对资本配置效率的影响。

6.4 变量的描述性统计和相关性分析

6.4.1 变量的描述性统计

为了更好地分析债务融资类型、盈余质量与资本配置效率之间的关系，在进行相关性分析及回归分析之前，对样本的变量进行描述性统计。

首先对全样本变量进行描述性统计，统计结果如表 6–1 所示。

表 6–1 全样本变量的描述性统计结果

变量	N	mean	p25	p50	p75	min	sd	max
Tloan	11000	0.1680	0.0356	0.1470	0.2660	0.0000	0.1440	0.5630
Odebt	11000	0.1700	0.0765	0.1380	0.2340	0.0055	0.1240	0.5500
Bdebt	11000	0.0163	0.0000	0.0000	0.0000	0.0000	0.0390	0.1640
InvEff	11000	0.0315	0.0102	0.0217	0.0407	0.0000	0.0326	0.2850
EQ_jones	11000	−0.0578	−0.0777	−0.0406	−0.0182	−0.3550	0.0585	−0.0007
EQ_dacc	11000	−0.0713	−0.0959	−0.0506	−0.0233	−0.4250	0.0704	−0.0009
EQ_em	8800	−4.1020	−4.4190	−2.1040	−1.0980	−36.9000	5.7820	−0.1230
EQ_emp	11000	0.0598	0.0202	0.0435	0.0801	0.0008	0.0572	0.3110
EQ_emc	11000	0.0838	0.0242	0.0541	0.1070	0.0009	0.0937	0.5220
EQ_emd	11000	0.0418	0.0116	0.0266	0.0546	0.0005	0.0465	0.2710
Size	11000	0.2214	0.2121	0.2195	0.2285	0.1968	0.0128	0.2600
Roa	11000	0.0386	0.0135	0.0343	0.0628	−0.2250	0.0511	0.1880

续表

变量	N	mean	p25	p50	p75	min	sd	max
Roe	11000	0.0581	0.0294	0.0697	0.1170	−20.7400	0.3140	0.8740
Grow	11000	0.1540	−0.0296	0.1030	0.2520	−0.5700	0.3770	2.8180
Cost	11000	0.0100	0.0000	0.0161	0.0310	−0.1430	0.0356	0.0634
Aturn	11000	0.6670	0.3500	0.554	0.8360	0.0696	0.4690	2.5990
Soe	11000	0.5020	0.0000	1.0000	1.0000	0.0000	0.5000	1.0000
Holdedtate5	11000	0.1700	0.0752	0.1410	0.2390	0.0000	0.1220	0.8100
Ddsbl	11000	0.3700	0.3330	0.3330	0.4000	0.0909	0.0548	0.8000
Ceodum	11000	0.1990	0.0000	0.0000	0.0000	0.0000	0.3990	1.0000

由表 6–1 可以发现，我国上市公司资本配置效率的均值为 0.0315，最小值与最大值分别为 0.0000 与 0.2850，标准差为 0.0326，说明上市公司总体资本配置水平较为均匀，但是不同企业的情况存在较大差异。从债务融资类型来看，银行贷款和商业信用融资是企业主要的债务融资方式，其均值分别为 0.1680、0.1700。企业债券融资占比相对较低，其均值为 0.0163，可知我国上市公司很少通过企业债券进行融资。盈余质量（*EQ_ jones*、*EQ_dacc*、*EQ_em*、*EQ_emp*、*EQ_emc* 和 *EQ_emd*）的最大值分别是 −0.0007、−0.0009、−0.1230、0.3110、0.5220 和 0.2710，最小值分别是 −0.3550、−0.4250、−36.9000、0.0008、0.0009 和 0.0005，两者之间的差距较大，均值分别是 −0.0578、−0.0713、−4.1020、0.0598、0.0838 和 0.0418，说明上市公司存在盈余操纵行为，且各个上市公司的盈余操纵行为差别较大。

为进一步探究债务融资类型、盈余质量与资本配置效率的关系，本章也根据企业资本配置的情况将全样本分为投资不足样本和投资过度样本两组，并对变量分组进行描述性统计，统计结果如表 6–2 和表 6–3 所示。

表 6–2　投资不足样本变量的描述性统计结果

变量	N	mean	p25	p50	p75	min	sd	max
Tloan	6400	0.1580	0.0230	0.1350	0.2560	0.0000	0.1430	0.5630
Odebt	6400	0.1750	0.0762	0.1430	0.2440	0.0055	0.1300	0.5500

续表

变量	N	mean	p25	p50	p75	min	sd	max
Bdebt	6400	0.0154	0.0000	0.0000	0.0000	0.0000	0.0383	0.1640
UInv	6400	0.0265	0.0106	0.0206	0.0345	0.0000	0.0242	0.2430
EQ_jones	6400	−0.0593	−0.0798	−0.0411	−0.0181	−0.3550	0.0603	−0.0007
EQ_dacc	6400	−0.0729	−0.0981	−0.0511	−0.0231	−0.4250	0.0731	−0.0009
EQ_em	5200	−4.1930	−4.5790	−2.1170	−1.076	−36.9000	5.9410	−0.1230
EQ_emp	6400	0.0599	0.0197	0.0432	0.0799	0.0008	0.0581	0.3110
EQ_emc	6400	0.0851	0.0240	0.0551	0.1080	0.0009	0.0945	0.5220
EQ_emd	6400	0.0425	0.0117	0.0272	0.0553	0.0005	0.0470	0.2710
Size	6400	0.2211	0.2116	0.2189	0.2284	0.1968	0.0130	0.2600
Roa	6400	0.0371	0.0122	0.0330	0.0620	−0.2250	0.0540	0.1880
Roe	6400	0.0492	0.0260	0.0662	0.1160	−20.7400	0.3920	0.8740
Grow	6400	0.1330	−0.0476	0.0873	0.2350	−0.5700	0.3680	2.8180
Cost	6400	0.0087	−0.0016	0.0156	0.0319	−0.1430	0.0382	0.0634
Aturn	6400	0.6720	0.3490	0.5540	0.8460	0.0696	0.4730	2.5990
Soe	6400	0.5160	0.0000	1.0000	1.0000	0.0000	0.5000	1.0000
Holdedtate5	6400	0.1730	0.0761	0.1440	0.2430	0.0000	0.1240	0.8100
Ddsbl	6400	0.3710	0.3330	0.3330	0.4000	0.1430	0.0556	0.8000
Ceodum	6400	0.1930	0.0000	0.0000	0.0000	0.0000	0.3950	1.0000

表 6-3 投资过度样本变量的描述性统计结果

变量	N	mean	p25	p50	p75	min	sd	max
Tloan	4400	0.1820	0.0583	0.1650	0.2790	0.0000	0.1440	0.5630
Odebt	4400	0.1620	0.0774	0.1330	0.2180	0.0055	0.1150	0.5500
Bdebt	4400	0.0176	0.0000	0.0000	0.0000	0.0000	0.0399	0.1640
OInv	4400	0.0386	0.0096	0.0246	0.0539	0.0000	0.0408	0.2850
EQ_jones	4400	−0.0558	−0.0744	−0.0398	−0.0182	−0.3550	0.0557	−0.0007
EQ_dacc	4400	−0.0689	−0.0933	−0.0499	−0.0236	−0.4250	0.0663	−0.0009
EQ_em	3600	−3.9710	−4.1360	−2.0740	−1.1250	−36.9000	5.5430	−0.1230
EQ_emp	4400	0.0597	0.0210	0.0441	0.0803	0.0008	0.0560	0.3110
EQ_emc	4400	0.0821	0.0243	0.0525	0.1060	0.0009	0.0924	0.5220
EQ_emd	4400	0.0409	0.0114	0.0258	0.0539	0.0005	0.0457	0.2710

续表

变量	N	mean	p25	p50	p75	min	sd	max
Size	4400	0.2218	0.2130	0.2202	0.2287	0.1968	0.0124	0.2600
Roa	4400	0.0408	0.0157	0.0357	0.0638	−0.2250	0.0466	0.1880
Roe	4400	0.0709	0.0345	0.0743	0.1180	−3.3910	0.1370	0.8540
Grow	4400	0.1850	−0.0012	0.1240	0.2810	−0.5700	0.3870	2.8180
Cost	4400	0.0119	0.0023	0.0169	0.0298	−0.1430	0.0314	0.0634
Aturn	4400	0.6600	0.3510	0.5550	0.8210	0.0696	0.4610	2.5990
Soe	4400	0.4820	0.0000	0.0000	1.0000	0.0000	0.5000	1.0000
Holdedtate5	4400	0.1650	0.0736	0.1370	0.2310	0.0029	0.1180	0.7580
Ddsbl	4400	0.3690	0.3330	0.3330	0.4000	0.0909	0.0535	0.7140
Ceodum	4400	0.2080	0.0000	0.0000	0.0000	0.0000	0.4060	1.0000

对比表 6–2 和表 6–3 可以看出：银行贷款（*Tloan*）在投资过度样本中的均值（中位数）为 0.1820（0.1650），在投资不足样本中的均值（中位数）为 0.1580（0.1350），由此可知，与投资不足的公司相比，投资过度的公司银行贷款更多；商业信用融资（*Odebt*）在投资过度样本中的均值（中位数）为 0.1620（0.1330），在投资不足样本中的均值（中位数）为 0.1750（0.1430），由此可知，与投资过度的公司相比，投资不足的公司更多地进行商业信用融资；企业债券融资（*Bdebt*）在投资过度样本中的均值（中位数）为 0.0176（0.0000），在投资不足样本中的均值（中位数）为 0.0154（0.0000），由此可知，与投资不足的公司相比，投资过度的公司获得了更多的债券融资。其他变量在投资过度和投资不足样本中的描述性统计结果与前文保持一致。盈余质量（*EQ_jones*、*EQ_dacc*、*EQ_em*、*EQ_emp*、*EQ_emc* 和 *EQ_emd*）在投资过度样本中的均值分别为 –0.0558、–0.0689、–3.9710、0.0597、0.0821 和 0.0409，在投资不足样本中的均值分别为 –0.0593、–0.0729、–4.1930、0.0599、0.0851 和 0.0425，由此可知，在投资过度和投资不足的公司中，盈余质量是不同的，因此，将全样本分为投资不足和投资过度子样本分别进行研究是十分必要且有意义的。

6.4.2 相关性分析

为了进一步验证模型的合理性及各变量之间的相关关系，本书对全样本变量做了相关性分析，分析结果如表 6-4 所示。

表 6-4 全样本变量的相关性分析结果

	InvEff	*Tloan*	*Odebt*	*Bdebt*	*EQ_jones*	*EQ_dacc*	*EQ_em*
InvEff	1						
Tloan	0.0140*	1					
Odebt	−0.1510***	−0.1000***	1				
Bdebt	0.0220**	0.0420***	−0.0830***	1			
EQ_jones	0.0150**	−0.0530***	−0.0740***	0.0540***	1		
EQ_dacc	0.0130*	−0.0760***	−0.0170	0.0470***	0.7380***	1	
EQ_em	−0.0750***	−0.0620***	−0.2050***	0.0220**	0.1470***	0.1190***	1
EQ_emp	−0.0420***	−0.0070	0.0580***	−0.0550***	−0.5960***	−0.4860***	−0.1350***
EQ_emc	−0.0060	−0.0550***	0.1000***	−0.0630***	−0.2840***	−0.2490***	−0.0930***
EQ_emd	−0.0390***	−0.1830***	0.0640***	−0.0950***	−0.0480***	−0.0170	0.0330***
Size	−0.1210***	0.2760***	0.2300***	0.3560***	0.0300***	0.0090	−0.0860***
Roa	0.0560***	−0.3790***	−0.0820***	−0.0700***	0.0370***	−0.0350***	0.0350***
Roe	0.0210**	−0.1500***	0.0220**	−0.0220**	0.0600***	0.0260***	−0.0410***
Grow	0.0930***	0.0100	0.0670***	−0.0460***	−0.1340***	−0.1390***	−0.0120
Cost	−0.0380***	0.5490***	0.0570***	0.1780***	−0.0290***	−0.0360***	0.0200
Aturn	−0.0540***	−0.0420***	0.3860***	−0.0970***	−0.0050	0.0020	−0.0290***
Soe	−0.0780***	0.1800***	0.1150***	0.0700***	0.0350***	0.0380***	−0.0630***
Holdedtate5	−0.0250***	0.0120	0.0580***	0.0610***	0.0020	−0.0180	−0.0020
Ddsbl	−0.0030	−0.0080	−0.0100	0.0280***	−0.0230**	−0.0080	−0.0560***
Ceodum	0.0220**	−0.0910***	−0.0440***	−0.0550***	−0.0060	−0.0030	−0.0160

	EQ_emp	*EQ_emc*	*EQ_emd*	*Size*	*Roa*	*Roe*	*Grow*
EQ_emp	1						
EQ_emc	0.4090***	1					
EQ_emd	0.1040***	0.3550***	1				
Size	−0.0340***	−0.0130	−0.1030***	1			
Roa	0.1430***	0.1610***	0.1710***	−0.0160	1		
Roe	0.0590***	0.0640***	0.0430***	0.0450***	0.4380***	1	
Grow	0.1720***	0.1510***	0.0890***	0.0340***	0.2200***	0.1020***	1

续表

	EQ_emp	EQ_emc	EQ_emd	Size	Roa	Roe	Grow
Cost	−0.0290***	−0.0550***	−0.1010***	0.1910***	−0.2770***	−0.0790***	−0.0030
Aturn	0.0480***	0.0920***	0.2410***	0.0080	0.1020***	0.0380***	0.0620***
Soe	−0.0440***	−0.0680***	−0.1080***	0.2930***	−0.1280***	−0.0410***	−0.0580***
Holdedtate5	0.0150	−0.0040	−0.0610***	0.2730***	0.0740***	0.0410***	0.0310***
Ddsbl	0.0100	0.0230**	0.0140	0.0520***	−0.0420***	−0.0290***	0.0120
Ceodum	0.0180	0.0080	0.0670***	−0.1470***	0.0480***	0.0110	0.0120
	Cost	Aturn	Soe	Holdedtate5	Ddsbl	Ceodum	
Cost	1						
Aturn	0.1080***	1					
Soe	0.1750***	0.0790***	1				
Holdedtate5	−0.0420***	0.0610***	0.1740***	1			
Ddsbl	−0.0300***	−0.0560***	−0.0600***	0.0550***	1		
Ceodum	−0.1280***	−0.0460***	−0.2740***	−0.0510***	0.1080***	1	

注：* 为在 0.1 的水平上显著，** 为在 0.05 的水平上显著，*** 为在 0.01 的水平上显著。

通过观察表 6–4 得出，盈余质量（*EQ_ jones*、*EQ_dacc*、*EQ_em*、*EQ_emp*、*EQ_emc* 和 *EQ_emd*）的提高可以使资本配置效率得到提高，且通过 10% 水平以上的显著性检验，说明盈余质量的变动方向与公司投资水平的变动方向相同。银行贷款（*Tloan*）与资本配置效率正相关，且通过显著性检验。商业信用融资（*Odebt*）与资本配置效率负相关，且通过显著性检验。企业债券融资（*Bdebt*）与资本配置效率正相关，且通过显著性检验。盈利能力与资本配置效率显著正相关，与预期结果相同。公司成长性与资本配置效率显著正相关，因此在企业快速发展的时期，要更加关注资本的流动，将资本投资于优质项目。

6.5 多元回归分析

6.5.1 债务融资类型对资本配置效率影响的检验结果分析

表 6–5 是债务融资类型对资本配置效率影响的检验结果。通过回归结果可知：银行贷款（*Tloan*）与资本配置效率的系数为 0.0197，且在 1% 的水平上显

著，说明银行贷款对资本配置起到积极的治理作用；商业信用融资（*Odebt*）与资本配置效率的系数为 -0.0249，且在 1% 的水平上显著，说明商业信用融资降低了资本配置效率；企业债券融资（*Bdebt*）与资本配置效率的系数为 0.0151，在 10% 的水平上显著，说明企业债券融资对资本配置具有治理效应，但是治理水平不如银行贷款的治理水平高。

表 6-5 债务融资类型对资本配置效率影响的检验结果

	（1）	（2）	（3）	（4）	（5）	（6）
	reg1	reg2	reg3	reg4	reg5	reg6
_cons	0.0253	0.0939***	0.0317*	0.0777***	0.0257	0.0895***
	（1.3554）	（8.3492）	（1.7055）	（6.9181）	（1.3725）	（7.8669）
Tloan	0.0025	0.0197***				
	（1.1125）	（6.8908）				
Odebt			-0.0352***	-0.0249***		
			（-12.5827）	（-7.9950）		
Bdebt					0.0105	0.0151*
					（1.2775）	（1.7426）
Size		-0.0024***		-0.0014***		-0.0020***
		（-7.8291）		（-4.5883）		（-6.4501）
Roa		0.0215***		-0.0007		0.0066
		（2.8484）		（-0.0926）		（0.9081）
Roe		0.0012		0.0014		0.0010
		（1.1091）		（1.2928）		（0.9499）
Grow		0.0077***		0.0084***		0.0081***
		（9.0096）		（9.8979）		（9.5068）
Cost		-0.0472***		-0.0177*		-0.0180*
		（-4.4045）		（-1.8295）		（-1.8415）
Aturn		-0.0057***		-0.0037***		-0.0060***
		（-7.4118）		（-4.4956）		（-7.7787）
Soe		-0.0044***		-0.0042***		-0.0045***
		（-6.1984）		（-5.9464）		（-6.3302）
Holdedtate5		0.0022		0.0018		0.0021

续表

	(1)	(2)	(3)	(4)	(5)	(6)
	reg1	reg2	reg3	reg4	reg5	reg6
		(0.8286)		(0.6693)		(0.7865)
Ddsbl		0.0086		0.0062		0.0081
		(1.5154)		(1.0946)		(1.4276)
Ceodum		-0.0008		-0.0006		-0.0006
		(-1.0115)		(-0.6904)		(-0.7858)
N	10921	10841	10921	10841	10921	10841
Adj_R^2	0.0283	0.0596	0.0421	0.0610	0.0284	0.0557
F	10.9501	17.3603	16.0165	17.7763	10.9628	16.2356

注：* 为在 0.1 的水平上显著，** 为在 0.05 的水平上显著，*** 为在 0.01 的水平上显著。

6.5.2 债务融资类型对投资不足影响的检验结果分析

表 6–6 是债务融资类型对投资不足影响的检验结果。通过回归结果可知：银行贷款（*Tloan*）与投资不足的系数为 -0.0020，但是不显著，说明银行贷款虽然可以抑制公司的投资不足，但是这种效应并不显著；商业信用融资（*Odebt*）与投资不足的系数为 -0.0129，且在 1% 的水平上显著，说明商业信用融资显著抑制了公司的投资不足问题，提高了公司的投资水平；企业债券融资（*Bdebt*）与投资不足的系数为 0.0167，在 5% 的水平上显著，说明企业债券融资不仅不能缓解公司的投资不足问题，一定程度上还加重了公司的投资不足问题。此外，从控制变量的回归结果可知，公司规模（*Size*）与投资不足显著负相关，说明公司规模越大，越不太可能出现投资不足的现象。产权性质（*Soe*）与投资不足显著负相关，说明当企业为国有企业时，越不可能存在投资不足的情况，因为一般情况下，国有企业相对于非国有企业来说融资更容易，面临的融资约束较小。

表 6–6 债务融资类型对投资不足影响的检验结果

	(1)	(2)	(3)	(4)	(5)	(6)
	reg1	reg2	reg3	reg4	reg5	reg6
_cons	0.0248	0.0876***	0.0277	0.0835***	0.0226	0.0920***

续表

	(1) reg1	(2) reg2	(3) reg3	(4) reg4	(5) reg5	(6) reg6
	(1.4635)	(8.3006)	(1.6421)	(7.9190)	(1.3328)	(8.6270)
Tloan	-0.0116***	-0.0020				
	(-5.2977)	(-0.7258)				
Odebt			-0.0248***	-0.0129***		
			(-9.5632)	(-4.4107)		
Bdebt					-0.0143*	0.0167**
					(-1.7678)	(1.9628)
Size		-0.0025***		-0.0023***		-0.0027***
		(-8.6211)		(-8.0363)		(-9.2986)
Roa		0.0031		0.0015		0.0048
		(0.4521)		(0.2237)		(0.7384)
Roe		0.0002		0.0003		0.0002
		(0.1896)		(0.4160)		(0.2571)
Grow		0.0024***		0.0026***		0.0024***
		(2.7963)		(3.0857)		(2.8441)
Cost		-0.0104		-0.0139		-0.0159*
		(-1.0660)		(-1.5816)		(-1.7914)
Aturn		-0.0034***		-0.0021***		-0.0033***
		(-4.6655)		(-2.6976)		(-4.4666)
Soe		-0.0040***		-0.0037***		-0.0039***
		(-5.8136)		(-5.4694)		(-5.6966)
Holdedtate5		0.0025		0.0024		0.0026
		(0.9613)		(0.9223)		(1.0024)
Ddsbl		0.0133**		0.0124**		0.0132**
		(2.4710)		(2.2979)		(2.4430)
Ceodum		-0.0012		-0.0012		-0.0012
		(-1.5050)		(-1.5007)		(-1.5366)
N	6452	6405	6452	6405	6452	6405
Adj_R^2	0.0346	0.0644	0.0440	0.0671	0.0309	0.0649
F	8.2337	11.4908	10.2870	11.9756	7.4259	11.5760

注：* 为在 0.1 的水平上显著，** 为在 0.05 的水平上显著，*** 为在 0.01 的水平上显著。

6.5.3 债务融资类型对投资过度影响的检验结果分析

表 6-7 是债务融资类型对投资过度影响的检验结果。通过回归结果可知：银行贷款（*Tloan*）与投资过度的系数为 0.0380，在 1% 的水平上显著，说明银行贷款使公司投资加大，恶化了过度投资行为；商业信用融资（*Odebt*）与投资过度的系数为 -0.0372，且在 1% 的水平上显著，说明商业信用融资显著抑制了公司的过度投资问题，提高了公司的投资水平；企业债券融资（*Bdebt*）与投资过度的系数为 0.0075，但不显著，说明企业债券融资虽然加大了公司过度投资的程度，但是这种作用并不显著。

表 6-7 债务融资类型对投资过度影响的检验结果

	（1）	（2）	（3）	（4）	（5）	（6）
	reg1	reg2	reg3	reg4	reg5	reg6
_cons	0.0304	0.0767*	0.0368	0.0509	0.0323	0.0603
	（0.7535）	（1.8488）	（0.9166）	（1.2274）	（0.8005）	（1.4412）
Tloan	0.0139***	0.0380***				
	（3.1016）	（6.7813）				
Odebt			-0.0460***	-0.0372***		
			（-7.8330）	（-5.7464）		
Bdebt					-0.0145	0.0075
					（-0.9330）	（0.4588）
Size		-0.0024***		-0.0007		-0.0013**
		（-3.8796）		（-1.1600）		（-2.1435）
Roa		0.0101		-0.0465**		-0.0273
		（0.4745）		（-2.2352）		（-1.3226）
Roe		0.0111*		0.0169**		0.0133**
		（1.6736）		（2.5534）		（2.0021）
Grow		0.0123***		0.0134***		0.0131***
		（7.6141）		（8.3329）		（8.1208）
Cost		-0.1183***		-0.0605***		-0.0555**
		（-5.0831）		（-2.8376）		（-2.5747）
Aturn		-0.0080***		-0.0057***		-0.0090***

续表

	（1）	（2）	（3）	（4）	（5）	（6）
	reg1	reg2	reg3	reg4	reg5	reg6
		（-5.3322）		（-3.5249）		（-5.9219）
Soe		-0.0051***		-0.0049***		-0.0052***
		（-3.7408）		（-3.5901）		（-3.7685）
Holdedtate5		0.0064		0.0064		0.0068
		（1.1799）		（1.1768）		（1.2533）
Ddsbl		-0.0006		-0.0029		0.0004
		（-0.0569）		（-0.2601）		（0.0377）
Ceodum		-0.0009		-0.0002		-0.0004
		（-0.5560）		（-0.1561）		（-0.2841）
N	4469	4436	4469	4436	4469	4436
Adj_R^2	0.0384	0.0762	0.0494	0.0735	0.0365	0.0666
F	6.7534	9.9280	8.4973	9.5861	6.4585	8.7208

注：* 为在 0.1 的水平上显著，** 为在 0.05 的水平上显著，*** 为在 0.01 的水平上显著。

6.5.4 债务融资类型对盈余质量影响的检验结果分析

表 6–8 是债务融资类型对盈余质量影响的检验结果。由回归结果可知：银行贷款和商业信用融资与 *EQ_ jones* 的回归系数分别是 -0.0105 和 -0.0196，与 *EQ_dacc* 的回归系数分别是 -0.0260 和 -0.0258，且均在 1% 的水平上显著，说明银行贷款和商业信用融资无法抑制管理层的投机行为，公司的管理层为了减少债务违约成本和获得更多的资金，可能会加大盈余管理程度，从而导致盈余质量降低；企业债券融资（*Bdebt*）与 *EQ_ jones*、*EQ_dacc* 的回归系数分别是 0.0199 和 0.0332，且分别在 10% 和 5% 的水平上显著，说明企业债券融资可以抑制公司管理层的盈余管理行为，提高公司盈余质量，起到显著的治理作用。通过控制变量的回归结果可知，公司规模（*Size*）与盈余质量表现为显著的正相关关系，这表明公司规模越大，越容易获得信贷资金，提前粉饰收益信息的动机越弱。企业有了强大的资金支持，则违约的可能性很小，后期粉饰收益信息的动机也减弱了。债务融资成本（*Cost*）与盈余质量也表现为显著的正相关关系，这表明债务融资成

本越高，对管理层攫取私人收益行为的约束越强，从而有利于提高盈余质量。公司成长性（*Grow*）与盈余质量显著负相关，主要是因为高成长性企业对信贷资金的需求较大，而高成长性企业处于起步阶段，整体资本实力较弱，为了获取信贷资金，就会产生粉饰盈余信息的动机。同时，高成长性企业面临更高的风险，为了避免违反债务契约，有强烈的动机来粉饰盈余信息。总体来看，净资产收益率（*Roe*）和总资产净利率（*Roa*）与盈余质量表现为显著的正相关关系，这主要是因为盈利能力好的公司会有更多的现金流作为保证，能够及时偿还贷款本息，违反债务合同的可能性较小，粉饰盈余信息的动机也较弱。总资产周转率（*Aturn*）与盈余质量呈现显著的负相关关系，说明公司代理冲突越严重，越倾向于进行盈余管理，从而降低盈余质量。前五大股东持股比例（*Holdedtate*5）与盈余质量呈现显著的负相关关系，说明前五大股东持股比例越高，股权制衡度越差，代理问题越多，越倾向于进行盈余管理，盈余质量就越差。产权性质（*Soe*）与盈余质量呈现显著的正相关关系，说明国有企业的管理相对完善，融资约束较小，盈余管理行为较少，盈余质量相对较高。

表 6-8　债务融资类型对盈余质量影响的检验结果

	（1）	（2）	（3）	（4）	（5）	（6）
	EQ_jones	*EQ_jones*	*EQ_jones*	*EQ_dacc*	*EQ_dacc*	*EQ_dacc*
_cons	−0.1252***	−0.1315***	−0.1222***	−0.1297***	−0.1374***	−0.1251***
	（−15.7278）	（−16.3808）	（−14.8608）	（−13.4337）	（−16.1957）	（−12.5486）
Tloan	−0.0105***			−0.0260***		
	（−2.5810）			（−5.2724）		
Odebt		−0.0196***			−0.0258***	
		（−5.2774）			（−6.1765）	
Bdebt			0.0199*			0.0332**
			（1.7984）			（2.4695）
Size	0.0034***	0.0037***	0.0032***	0.0032***	0.0032***	0.0027***
	（10.0204）	（10.6166）	（8.9817）	（7.6661）	（8.2866）	（6.3317）
Roa	0.1128***	0.1120***	0.1177***	0.0618***	0.0733***	0.0736***
	（14.6067）	（14.7899）	（15.6767）	（6.5939）	（7.8591）	（8.0886）

续表

	（1）	（2）	（3）	（4）	（5）	（6）
	EQ_jones	*EQ_jones*	*EQ_jones*	*EQ_dacc*	*EQ_dacc*	*EQ_dacc*
Roe	0.0055***	0.0056***	0.0055***	0.0061***	0.0061***	0.0062***
	（10.5479）	（10.7248）	（10.5944）	（9.7546）	（9.3636）	（9.8305）
Grow	−0.0172***	−0.0170***	−0.0171***	−0.0201***	−0.0233***	−0.0201***
	（−19.8877）	（−19.6358）	（−19.8374）	（−19.2042）	（−21.9848）	（−19.1562）
Cost	0.0144	−0.0036	−0.0036	0.0016	−0.0433***	−0.0405**
	（1.0107）	（−0.2792）	（−0.2742）	（0.0931）	（−2.7873）	（−2.5548）
Aturn	−0.0055***	−0.0038***	−0.0055***	−0.0034***	0.0023**	−0.0036***
	（−6.0199）	（−3.8658）	（−6.0488）	（−3.1032）	（2.0879）	（−3.2531）
Soe	0.0048***	0.0051***	0.0049***	0.0061***	0.0049***	0.0065***
	（5.6086）	（6.0512）	（5.8019）	（5.9352）	（4.9749）	（6.2876）
Holdedtate5	−0.0088***	−0.0086***	−0.0085***	−0.0146***	−0.0155***	−0.0138***
	（−2.7535）	（−2.6852）	（−2.6475）	（−3.7595）	（−4.0359）	（−3.5441）
Ddsbl	−0.0052	−0.0064	−0.0053	0.0066	0.0002	0.0064
	（−0.7752）	（−0.9526）	（−0.7909）	（0.8207）	（0.0237）	（0.7950）
Ceodum	−0.0018*	−0.0019**	−0.0018*	−0.0013	0.0009	−0.0014
	（−1.8772）	（−1.9734）	（−1.9521）	（−1.1026）	（0.7909）	（−1.2487）
N	26504	26504	26504	26504	26504	26504
Adj_R^2	0.0911	0.0918	0.0910	0.0815	0.0290	0.0808
F	60.0095	60.5283	59.9256	53.2764	73.0757	52.7510

注：债务融资类型与盈余质量的其他代理变量（*EQ_em*、*EQ_emp*、*EQ_emc* 和 *EQ_emd*）的回归结果与此保持一致；* 为在 0.1 的水平上显著，** 为在 0.05 的水平上显著，*** 为在 0.01 的水平上显著。

6.5.5 债务融资类型、盈余质量与资本配置效率的检验结果分析

表 6–9 是债务融资类型、盈余质量与资本配置效率的检验结果。根据第（1）和第（2）列可知，盈余质量（*EQ_ jones*、*EQ_dacc*）与资本配置效率的系数分别为 0.0210 和 0.0511，且在 10% 以上的水平显著，银行贷款与资本配置效率的系数分别为 0.0224 和 0.0225，均在 1% 的水平上显著，银行贷款和盈余质量的交乘项（*Tloan* × *EQ_ jones*、*Tloan* × *EQ_dacc*）与资本配置效率的系数分别为 0.0283

和0.0028，但是不具有显著性，说明银行贷款强化了盈余质量的改善对资本配置效率的治理效应。第（3）和第（4）列显示了商业信用融资及商业信用融资和盈余质量的交乘项对资本配置效率的回归结果，商业信用融资与资本配置效率的系数分别为–0.0054（不具有显著性）和–0.0248（在1%的水平上显著），商业信用融资和盈余质量的交乘项（*Odebt*×*EQ_jones*、*Odebt*×*EQ_dacc*）与资本配置效率的系数分别为0.0779（在10%的水平上显著）和0.0106（不具有显著性），说明盈余质量的改善可以提高公司的资本配置效率，起到治理作用，商业信用融资强化了盈余质量的改善对资本配置效率的治理效应。第（5）和第（6）列显示了企业债券融资及企业债券融资和盈余质量的交乘项对资本配置效率的回归结果，企业债券融资与资本配置效率的系数分别为0.0090（不具有显著性）和0.0166（在10%的水平上显著），企业债券融资和盈余质量的交乘项（*Bdebt*×*EQ_jones*、*Bdebt*×*EQ_dacc*）与资本配置效率的系数分别为–0.2568（在10%的水平上显著）和–0.1317（在10%的水平上显著），说明企业债券融资显著弱化了盈余质量的改善对资本配置效率的治理效应。

表6-9 债务融资类型、盈余质量与资本配置效率的检验结果

	（1）	（2）	（3）	（4）	（5）	（6）
	InvEff	*InvEff*	*InvEff*	*InvEff*	*InvEff*	*InvEff*
_cons	0.1268***	0.1059***	0.1309***	0.0766***	–0.0030	0.0883***
	（7.4393）	（17.5604）	（7.6606）	（6.8091）	（–0.1084）	（7.7431）
EQ_jones	0.0210***		0.0239***		0.0173***	
	（3.4805）		（3.9614）		（2.8723）	
EQ_dacc		0.0511*		0.0073		0.0077*
		（1.7838）		（1.6058）		（1.6842）
Tloan	0.0224***	0.0225***				
	（4.6469）	（8.1279）				
Tloan×*EQ_jones*	0.0283					
	（0.8100）					
Tloan×*EQ_dacc*		0.0028				
		（0.6178）				

续表

	(1)	(2)	(3)	(4)	(5)	(6)
	InvEff	*InvEff*	*InvEff*	*InvEff*	*InvEff*	*InvEff*
Odebt			-0.0054	-0.0248***		
			(-0.8316)	(-7.9538)		
Odebt×EQ_jones			0.0779*			
			(1.8006)			
Odebt×EQ_dacc				0.0106		
				(0.3058)		
Bdebt					0.0090	0.0166*
					(0.7969)	(1.9086)
Bdebt×EQ_jones					-0.2568*	
					(-1.6820)	
Bdebt×EQ_dacc						-0.1317*
						(-1.8850)
Size	-0.0040***	-0.0035***	-0.0040***	-0.0014***	0.0020*	-0.0020***
	(-5.4504)	(-12.8454)	(-5.3690)	(-4.5577)	(1.8397)	(-6.4109)
Roa	0.0841***	0.0389***	0.0746***	-0.0012	0.0735***	0.0057
	(8.1963)	(5.2103)	(7.3684)	(-0.1658)	(7.2351)	(0.7810)
Roe	0.0010	0.0002	0.0009	0.0015	0.0004	0.0013
	(0.8233)	(0.2144)	(0.8211)	(1.3880)	(0.3862)	(1.2143)
Grow	0.0065***	0.0074***	0.0070***	0.0083***	0.0053***	0.0080***
	(7.0724)	(8.6841)	(7.6292)	(9.6712)	(5.6702)	(9.2900)
Cost	-0.0289	-0.0352***	-0.0127	-0.0185*	-0.0206	-0.0186*
	(-1.6211)	(-3.2989)	(-0.7253)	(-1.9069)	(-1.1667)	(-1.8937)
Aturn	-0.0162***	-0.0038***	-0.0166***	-0.0037***	-0.0171***	-0.0060***
	(-8.0731)	(-5.5878)	(-8.0926)	(-4.5127)	(-8.4765)	(-7.7871)
Soe	-0.0013	-0.0025***	-0.0008	-0.0042***	-0.0043	-0.0044***
	(-0.4612)	(-3.6599)	(-0.2863)	(-5.8889)	(-1.4758)	(-6.2556)
Holdedtate5	0.0009	0.0033	0.0040	0.0017	-0.0039	0.0021
	(0.1192)	(1.2232)	(0.5407)	(0.6304)	(-0.5096)	(0.7789)
Ddsbl	-0.0113	0.0004	-0.0124	0.0062	-0.0056	0.0082

续表

	(1)	(2)	(3)	(4)	(5)	(6)
	InvEff	*InvEff*	*InvEff*	*InvEff*	*InvEff*	*InvEff*
	(-1.1600)	(0.0654)	(-1.2713)	(1.0956)	(-0.5712)	(1.4391)
Ceodum	-0.0010	-0.0009	-0.0009	-0.0006	-0.0012	-0.0007
	(-0.7138)	(-1.0608)	(-0.6748)	(-0.7078)	(-0.8771)	(-0.8208)
N	10841	10841	10841	10841	10841	10841
Adj_R^2	0.0290	0.0351	0.0270	0.0611	0.0455	0.0560
F	19.8134	31.3117	18.4345	17.0297	9.5308	15.6188

注：债务融资类型与盈余质量的其他代理变量（*EQ_em*、*EQ_emp*、*EQ_emc* 和 *EQ_emd*）的回归结果与此保持一致；* 为在 0.1 的水平上显著，** 为在 0.05 的水平上显著，*** 为在 0.01 的水平上显著。

6.5.6 债务融资类型、盈余质量与投资不足的检验结果分析

表 6–10 是债务融资类型、盈余质量与投资不足的检验结果。从（1）至（4）列可知，盈余质量（*EQ_ jones*、*EQ_dacc*）与投资不足的系数分别为 –0.0116（在 5% 的水平上显著）和 –0.0090（在 5% 的水平上显著）、–0.0295（在 1% 的水平上显著）和 –0.0165（在 1% 的水平上显著），银行贷款和盈余质量的交乘项（*Tloan* × *EQ_ jones*、*Tloan* × *EQ_dacc*）与投资不足的系数分别为 0.0470 和 0.0316，均不显著，商业信用融资和盈余质量的交乘项（*Odebt* × *EQ_ jones*、*Odebt* × *EQ_dacc*）与投资不足的系数分别为 0.0676（在 10% 的水平上显著）和 0.0035（不具有显著性），说明盈余质量的改善可以显著抑制公司的投资不足，但是银行贷款和商业信用融资弱化了盈余质量的改善对投资不足的缓解效应。由第（5）和第（6）列可知，盈余质量（*EQ_ jones*、*EQ_dacc*）与投资不足的系数分别为 –0.0221 和 –0.0169，均在 1% 的水平上显著，企业债券融资和盈余质量的交乘项（*Bdebt* × *EQ_ jones*、*Bdebt* × *EQ_dacc*）与投资不足的系数分别为 –0.1400（在 5% 的水平上显著）和 –0.1164（不显著），说明企业债券融资可以抑制公司的投资不足，尤其是随着盈余质量的提高，这种抑制作用更加明显。控制变量公司规模和产权性质与投资不足的回归系数显著为负，说明公司规模越大，越不会发生投资不足的现象，并且在国有企业里投资不足现象发生的可能性会更小。

表 6-10 债务融资类型、盈余质量与投资不足的检验结果

	(1)	(2)	(3)	(4)	(5)	(6)
	UInv	UInv	UInv	UInv	UInv	UInv
_cons	0.0941***	0.0941***	0.1018***	0.0814***	0.0893***	0.0900***
	(16.4546)	(16.4656)	(5.7820)	(7.7184)	(8.3715)	(8.4370)
EQ_jones	-0.0116**		-0.0295***		-0.0221***	
	(-2.3236)		(-4.8257)		(-4.3338)	
EQ_dacc		-0.0090**		-0.0165***		-0.0169***
		(-2.1633)		(-3.9177)		(-4.0149)
Tloan	0.0011	0.0008				
	(0.4211)	(0.3103)				
Tloan×EQ_jones	0.0470					
	(1.3976)					
Tloan×EQ_dacc		0.0316				
		(1.1796)				
Odebt			-0.0098	-0.0126***		
			(-1.4790)	(-4.3162)		
Odebt×EQ_jones			0.0676*			
			(1.6565)			
Odebt×EQ_dacc				0.0035		
				(0.1164)		
Bdebt					-0.0190**	-0.0184**
					(-2.2238)	(-2.1520)
Bdebt×EQ_jones					-0.1400**	
					(-2.0740)	
Bdebt×EQ_dacc						-0.1164
						(-0.9879)
Size	-0.0031***	-0.0031***	-0.0034***	-0.0023***	-0.0027***	-0.0027***
	(-11.9522)	(-11.9394)	(-4.3755)	(-7.9638)	(-9.1281)	(-9.2448)
Roa	0.0154**	0.0142**	0.0468***	0.0004	0.0049	0.0033
	(2.2921)	(2.0990)	(4.7498)	(0.0628)	(0.7481)	(0.5090)
Roe	-0.0002	-0.0001	0.0005	0.0006	0.0007	0.0006

续表

	(1) UInv	(2) UInv	(3) UInv	(4) UInv	(5) UInv	(6) UInv
	(−0.2344)	(−0.1694)	(0.5292)	(0.7020)	(0.8626)	(0.7118)
Grow	0.0023***	0.0023***	0.0024**	0.0023***	0.0020**	0.0021**
	(2.6846)	(2.7843)	(2.5385)	(2.6713)	(2.3203)	(2.4514)
Cost	0.0019	0.0021	0.0478***	−0.0154*	−0.0168*	−0.0175**
	(0.1954)	(0.2165)	(2.6417)	(−1.7606)	(−1.9024)	(−1.9765)
Aturn	−0.0031***	−0.0031***	−0.0067***	−0.0021***	−0.0033***	−0.0033***
	(−4.8213)	(−4.8247)	(−3.1518)	(−2.7105)	(−4.5563)	(−4.4388)
Soe	−0.0024***	−0.0024***	0.0021	−0.0036***	−0.0038***	−0.0038***
	(−3.6822)	(−3.6430)	(0.7556)	(−5.2892)	(−5.5263)	(−5.5060)
Holdedtate5	0.0044*	0.0043*	0.0018	0.0022	0.0027	0.0025
	(1.7278)	(1.7005)	(0.2354)	(0.8456)	(1.0476)	(0.9610)
Ddsbl	0.0054	0.0055	−0.0005	0.0127**	0.0133**	0.0135**
	(1.0055)	(1.0096)	(−0.0506)	(2.3602)	(2.4601)	(2.4980)
Ceodum	−0.0013*	−0.0013	−0.0017	−0.0013	−0.0013*	−0.0013*
	(−1.6514)	(−1.6330)	(−1.2092)	(−1.6142)	(−1.6768)	(−1.6456)
N	6405	6405	6405	6405	6405	6405
Adj_R^2	0.0379	0.0377	−0.4373	0.0691	0.0678	0.0672
F	20.4238	20.2894	7.2717	11.8058	11.5865	11.4775

注：债务融资类型与盈余质量的其他代理变量（*EQ_em*、*EQ_emp*、*EQ_emc* 和 *EQ_emd*）的回归结果与此保持一致；* 为在 0.1 的水平上显著，** 为在 0.05 的水平上显著，*** 为在 0.01 的水平上显著。

6.5.7 债务融资类型、盈余质量与投资过度的检验结果分析

表 6-11 是债务融资类型、盈余质量与投资过度的检验结果。第（1）和第（2）列显示了银行贷款及银行贷款和盈余质量的交乘项对投资过度的回归结果，银行贷款与投资过度的系数分别为 0.0381 和 0.0381，且在 1% 的水平上显著，银行贷款和盈余质量的交乘项（$Tloan \times EQ\_jones$、$Tloan \times EQ\_dacc$）与投资过度的系数分别为 0.0602 和 0.0717，但是不具有显著性，说明随着盈余质量的提高，银行贷款恶化过度投资的作用将会被缓解。第（3）和第（4）列显示了商业信用融

资及商业信用融资和盈余质量的交乘项对投资过度的回归结果，商业信用融资与投资过度的系数分别为 −0.0370（在 1% 的水平上显著）和 −0.0372（在 1% 的水平上显著），商业信用融资和盈余质量的交乘项（*Odebt* × *EQ_ jones*、*Odebt* × *EQ_dacc*）与投资过度的系数分别为 −0.0332（在 5% 的水平上显著）和 −0.0579（不具有显著性），说明商业信用融资可以减少公司的过度投资，具有治理效应，且随着盈余质量的提高，这种治理效应更加凸显。第（5）和第（6）列显示了企业债券融资及企业债券融资和盈余质量的交乘项对投资过度的回归结果，企业债券融资与投资过度的系数分别为 0.0090 和 0.0087，均不显著，企业债券融资和盈余质量的交乘项（*Bdebt* × *EQ_ jones*、*Bdebt* × *EQ_dacc*）与投资过度的系数分别为 0.1414（不显著）和 0.1551（不显著），说明企业债券融资对投资过度的促进作用并不明显，虽然随着盈余质量的提高，企业债券融资依然促进了公司的过度投资，但这种作用不显著。

表 6–11 债务融资类型、盈余质量与投资过度的检验结果

	（1）	（2）	（3）	（4）	（5）	（6）
	OInv	*OInv*	*OInv*	*OInv*	*OInv*	*OInv*
_cons	0.0762*	0.0766*	0.0502	0.0514	0.0593	0.0600
	（1.8346）	（1.8449）	（1.2100）	（1.2392）	（1.4177）	（1.4337）
EQ_jones	−0.0106		−0.0127		−0.0106	
	（−0.9184）		（−1.1341）		（−0.9351）	
EQ_dacc		−0.0017		−0.0010		−0.0014
		（−0.1751）		（−0.1026）		（−0.1529）
Tloan	0.0381***	0.0381***				
	（6.7819）	（6.7923）				
Tloan×EQ_jones	0.0602					
	（0.8555）					
Tloan×EQ_dacc		0.0717				
		（1.2164）				
Odebt			−0.0370***	−0.0372***		
			（−5.7071）	（−5.7552）		
Odebt×EQ_jones			−0.0332**			

续表

	(1)	(2)	(3)	(4)	(5)	(6)
	OInv	OInv	OInv	OInv	OInv	OInv
			(-1.9906)			
Odebt×EQ_dacc				-0.0579		
				(-0.7190)		
Bdebt					0.0090	0.0087
					(0.5462)	(0.5273)
Bdebt×EQ_jones					0.1414	
					(0.5128)	
Bdebt×EQ_dacc						0.1551
						(0.6643)
Size	-0.0023***	-0.0024***	-0.0007	-0.0007	-0.0013**	-0.0013**
	(-3.8302)	(-3.8793)	(-1.0979)	(-1.1760)	(-2.0811)	(-2.1278)
Roa	0.0109	0.0099	-0.0467**	-0.0472**	-0.0270	-0.0273
	(0.5121)	(0.4628)	(-2.2413)	(-2.2637)	(-1.3071)	(-1.3223)
Roe	0.0109*	0.0108	0.0174***	0.0172***	0.0136**	0.0133**
	(1.6508)	(1.6326)	(2.6200)	(2.5826)	(2.0456)	(2.0053)
Grow	0.0122***	0.0124***	0.0132***	0.0134***	0.0129***	0.0131***
	(7.4870)	(7.6356)	(8.1082)	(8.2561)	(7.9307)	(8.0435)
Cost	-0.1204***	-0.1205***	-0.0623***	-0.0613***	-0.0559***	-0.0553**
	(-5.1498)	(-5.1597)	(-2.9130)	(-2.8697)	(-2.5907)	(-2.5637)
Aturn	-0.0081***	-0.0080***	-0.0058***	-0.0057***	-0.0090***	-0.0090***
	(-5.3538)	(-5.3014)	(-3.5821)	(-3.5553)	(-5.9637)	(-5.9312)
Soe	-0.0051***	-0.0052***	-0.0049***	-0.0049***	-0.0052***	-0.0052***
	(-3.7175)	(-3.7671)	(-3.5466)	(-3.5762)	(-3.7253)	(-3.7591)
Holdedtate5	0.0063	0.0065	0.0062	0.0064	0.0068	0.0069
	(1.1692)	(1.1980)	(1.1452)	(1.1828)	(1.2487)	(1.2619)
Ddsbl	-0.0007	-0.0005	-0.0034	-0.0030	0.0001	0.0005
	(-0.0617)	(-0.0448)	(-0.3035)	(-0.2699)	(0.0098)	(0.0422)
Ceodum	-0.0008	-0.0009	-0.0002	-0.0002	-0.0004	-0.0005
	(-0.5423)	(-0.5539)	(-0.1309)	(-0.1555)	(-0.2714)	(-0.3016)

续表

	(1)	(2)	(3)	(4)	(5)	(6)
	OInv	*OInv*	*OInv*	*OInv*	*OInv*	*OInv*
N	4436	4436	4436	4436	4436	4436
Adj_R^2	0.0761	0.0761	0.0735	0.0732	0.0665	0.0663
F	9.4934	9.5007	9.1806	9.1496	8.3436	8.3240

注：债务融资类型与盈余质量的其他代理变量（*EQ_em*、*EQ_emp*、*EQ_emc* 和 *EQ_emd*）的回归结果与此保持一致；* 为在 0.1 的水平上显著，** 为在 0.05 的水平上显著，*** 为在 0.01 的水平上显著。

通过检验债务融资类型、盈余质量以及两者的交乘项对投资不足和投资过度的影响可知，相比于投资过度样本，债务融资类型和盈余质量对投资不足样本的影响更为突出。

6.6 稳健性检验

参考第 4 章和第 5 章的稳健性检验方法，改变企业资本配置效率的定义方式，借鉴王淑芳（2014）和朱明园（2016）的研究方法，将前文采用 Richardson 模型回归所得的残差值的绝对值进行降序排列，按其大小进行分组，取前五分之二的分位样本作为投资过度样本，取后五分之二的分位样本作为投资不足样本，对实证模型重新验证，发现其结果保持稳健性。

6.7 本章小结

本章选取 2003—2019 年沪深 A 股上市公司作为研究样本，对不同类型的债务融资、盈余质量与资本配置效率的关系进行了检验，研究结果如下。

（1）银行贷款和企业债券融资与资本配置效率显著正相关，说明银行贷款和企业债券融资对投资行为起到了积极的治理作用。商业信用融资与资本配置效率显著负相关，即商业信用融资降低了资本配置效率。由此可知，不同类型的债务融资对企业投资行为的影响有所不同。进一步分组检验发现，在投资不足样本中，银行贷款虽然可以抑制公司的投资不足，但是这种抑制作用不显著。而商业信用融资显著抑制了公司的投资不足问题，提高了公司的投资水平。企业债券融资不仅不能缓解公司的投资不足问题，一定程度上还加重了公司的投资不足问题。在投资过度样本中，银行贷款使公司投资加大，恶化了公司的过度投资行为。商业信用融资显著抑制了公司的过度投资，提高了公司的投资水平。企业债券融资虽然加大了公司过度投资的程度，但是这种作用并不显著。

（2）银行贷款和商业信用融资无法抑制管理层的投机行为，公司的管理层为了减少债务违约成本和获得更多的资金，可能会加大盈余管理程度，从而导致盈余质量降低。而企业债券融资可以抑制公司管理层的盈余管理行为，提高公司盈余质量，起到显著的治理作用。

然后，在上述检验的基础上，将不同类型的债务融资与盈余质量的各个代理变量的交乘项加入实证模型进行检验，并将样本进一步分为投资不足和投资过度两个子样本分别进行测试，研究结果如下。

银行贷款强化了盈余质量的改善对资本配置效率的治理效应，商业信用融资强化了盈余质量的改善对资本配置效率的治理效应，而企业债券融资显著弱化了盈余质量的改善对资本配置效率的治理效应。

当存在投资不足时，银行贷款和商业信用融资削弱了盈余质量的改善对投资不足的缓解作用。企业债券融资能够抑制公司的投资不足，特别是随着盈余质量的提高，这种抑制作用更加明显。

当存在投资过度时，随着盈余质量的提高，银行贷款对过度投资行为的恶化作用会得到缓解。商业信用融资可以减少公司的过度投资，具有治理效应，且随着盈余质量的提高，这种治理效应更加凸显。企业债券融资对投资过度的促进作用并不明显，虽然随着盈余质量的提高，企业债券融资依然促进了公司的过度投资，但这种作用不显著。

相比于投资过度样本，债务融资类型和盈余质量对投资不足样本的影响更为突出。

7 研究结论与启示

7.1 研究结论

本书以我国沪深A股上市公司为研究样本，根据理论分析以及研究假设，在Richardson模型与扩展的Jones模型的基础上，通过相关性分析、多元线性回归分析，主要对以下四个方面的问题进行了实证研究：一是盈余质量对资本配置效率的影响以及该影响在投资不足和投资过度的公司是不是不同；二是分别从融资约束路径、代理冲突路径以及融资约束和代理冲突的双重路径研究盈余质量对资本配置效率的影响；三是考察债务融资的治理效应和盈余质量的治理效应，探究二者是相互促进，还是相互制约，进而检验二者的交乘项对资本配置效率的影响；四是探究不同类型的债务融资对盈余质量和企业资本配置效率的影响是不是存在差异。经过实证检验，得出以下研究结论。

第一，在控制了公司成长性、产权性质、公司规模、年度效应以及行业效应等因素的影响后，发现盈余质量与资本配置效率显著正相关。分组检验后发现，投资不足公司和投资过度公司在盈余质量提高的情况下，其投资不足或者投资过度的情况将得到缓解。进一步检验盈余质量对不同性质企业资本配置效率的影响发现，相对于国有企业，盈余质量在非国有企业中对资本配置效率的影响更为明显。进一步分投资不足和投资过度两个子样本进行检验，发现加入产权性质后，盈余质量的提高对投资不足的缓和作用将会降低，盈余质量的提高对投资过度的缓和作用也将会减少。进行稳健性检验后发现，这些研究结果均保持稳健不变。

第二，融资约束和代理冲突在盈余质量对公司资本配置效率的影响中起到中介作用，高质量的盈余信息可以通过缓解融资约束、减少代理冲突来提高资本配置效率。进一步研究表明，融资约束在盈余质量影响投资不足机制中的中介作用比在盈余质量影响投资过度机制中的中介作用更为凸显。代理冲突在盈余质量影响投资不足的机制中有较小的部分中介作用，而在盈余质量影响投资过度的机制中有显著的部分中介作用。

第三，基于融资约束和代理冲突双重路径的检验发现，融资约束和代理冲突在盈余质量影响公司资本配置效率的机制中起着重要的中介作用。进一步将全样本划分为投资不足和投资过度两个子样本，分别检验发现，融资约束和代理冲突这两者在盈余质量影响投资不足或投资过度的机制中都具有显著的双重中介效应。

第四，债务融资比例与资本配置效率呈倒“U”型关系，即当债务融资比例较低时，债务融资的积极治理效应占优势，债务融资提高了资本配置效率，但债务融资比例较高时，债务融资的负面效应占优势，债务融资降低了资本配置效率。进一步将样本分为投资不足和投资过度两个子样本，分别检验发现：债务融资比例与投资不足显著负相关，而债务融资比例的平方项与投资不足显著正相关，这说明债务融资比例与投资不足呈“U”型关系；债务融资比例与投资过度显著正相关，而债务融资比例的平方项与投资过度显著负相关，这说明债务融资比例与投资过度呈倒“U”型关系。

第五，债务融资比例与盈余质量呈倒“U”型关系，即债务融资可以减少公司的盈余管理行为，从而提高公司的盈余质量，起到治理作用，但是这种治理作用会随着债务融资比例的提高而弱化，也就是说，当债务融资比例提高到一定程度时，债务融资会降低盈余质量。

第六，盈余质量的改善能够提高资本配置效率，随着债务融资比例的提高，盈余质量对资本配置效率的影响会强化；但是当债务融资比例提高到一定程度时，债务融资比例对盈余质量与资本配置效率关系的调节效应将会显著弱化。进一步将样本分为投资不足和投资过度两个子样本，分别检验发现：债务融资比例越高，公司越不可能存在投资不足，但会出现投资过度的情况，随着债务融资比例的提高，盈余质量的改善对投资不足的缓解效应将会弱化，盈余质量的改善对投资过度的抑制作用也会降低。

第七，银行贷款和企业债券融资与资本配置效率显著正相关，说明银行贷款和企业债券融资对投资行为起到了积极的治理作用。商业信用融资与资本配置效率显著负相关，即商业信用融资降低了资本配置效率。由此可知，不同类型的债务融资对企业投资行为的影响有所不同。进一步分组检验发现，在投资不足样本中，银行贷款虽然可以抑制公司的投资不足，但是这种抑制作用不显著。而商业信用融资显著抑制了公司的投资不足问题，提高了公司的投资水平。企业债券融资不仅不能缓解公司的投资不足问题，一定程度上还加重了公司的投资不足问题。在投资过度样本中，银行贷款使公司投资加大，恶化了公司的过度投资行为。商业信用融资显著抑制了公司的过度投资，提高了公司的投资水平。企业债券融资虽然加大了公司过度投资的程度，但是这种作用并不显著。

第八，银行贷款强化了盈余质量的改善对资本配置效率的治理效应，商业信用融资强化了盈余质量的改善对资本配置效率的治理效应，而企业债券融资显著弱化了盈余质量的改善对资本配置效率的治理效应。将样本分为投资不足和投资过度两个子样本，分别进行检验。在投资不足样本中，银行贷款和商业信用融资削弱了盈余质量的改善对投资不足的缓解作用。企业债券融资能够抑制公司的投资不足，特别是随着盈余质量的提高，这种抑制作用更加明显。在投资过度样本中，随着盈余质量的提高，银行贷款恶化过度投资的作用将会被缓解。商业信用融资可以减少公司的过度投资，具有治理效应，且随着盈余质量的提高，这种治理效应更加凸显。企业债券融资对投资过度的促进作用并不明显，虽然随着盈余质量的提高，企业债券融资依然促进了公司的过度投资，但这种作用不显著。相比于投资过度样本，债务融资类型和盈余质量对投资不足样本的影响更为突出。

7.2 研究启示

资本配置是公司经营管理的重要课题，也是公司未来实现现金流量大幅增长和获得成长的前提。有效的资本配置对公司未来的价值创造具有重要意义。综观我国的资本市场，理论上资本结构理想无摩擦的环境是不存在的，有时候公司的投资决策行为并不是和投资效益最大化的目标相一致，也会发生非效率投资现象（投资过度或投资不足现象）。随着公司外部融资需求的增加，以及外部资金整体供给的收紧，公司为了争取融资，可能会选择进行盈余管理，美化财务信息。会计信息的经济后果体现为企业财务状况（资产负债表）、经营成果（利润表）以及现金流量情况（现金流量表），但盈余管理活动会改变财务报告的盈余分布，从而影响财务信息的真实可靠性。而低质量的财务信息会导致信息不对称，产生信息风险，加剧代理冲突，从而影响资本配置效率。因此，本书系统探讨了债务融资对盈余质量的影响，以及债务融资和盈余质量的交互作用对企业资本配置效率的影响。借助实证研究结论，本书分别从政府监管、企业和债权人的视角提出不同层面的研究启示。

7.2.1 基于政府监管视角的研究启示

一是政府要优化公司投资和融资的市场环境，严格规范公司的财务信息披露行为，提高财务信息质量。在我国，银行作为金融体系的主体，是企业进行融资的最主要渠道。所以，当银行向企业提供信贷资金时，应加强企业信贷资金风险调查和贷后监控。与此同时，政府应该减少对贷款决策过程和行为的干预，加强风险管理意识，完善破产机制，保护债权人的利益。政府也应逐步建立健全债券市场，完善企业信用评级的方法，全方位拓宽企业的融资渠道。

二是政府应加强对金融监管的顶层设计，从制度源头遏制企业的盈余管理行为。目前，我国金融监管体制的碎片化对金融市场产生了一定的负面影响，同时也为企业管理者提供了进行盈余管理的机会。因此，政府应继续加大金融监管体制的改革力度，逐步完善金融监管框架，从而减少公司的机会主义倾向，最终约束盈余管理行为，提高公司的盈余质量。

三是政府应强化企业政策信息披露机制，加大对企业粉饰财务信息行为的惩罚力度，加强对企业的监管，并制定相应的措施，改善信息不对称，提高公司的信息披露意识，同时引导企业对重要信息进行有效传播，使企业能够充分了解政策方向，对一切可能出现的政策风险做好准备，积极应对。

7.2.2 基于企业视角的研究启示

一是企业需要优化资本结构，合理安排债务融资规模和债务融资类型。前文研究结论表明，不同的债务融资规模（比例）和类型对企业盈余质量及企业资本配置效率有着差异化的影响，并且在我国国有企业预算软约束的大环境下，债务融资的治理效应被弱化。一方面，需要优化企业的外部治理机制，引导企业强化内部治理，规范债务融资行为；另一方面，需要强化企业的自我约束、自我监管意识，建立和完善内部信息披露和资金运行监督机制，加强企业相关信息的披露，从而降低债权人和债务人双方的信息不对称程度，更好地约束管理者的投资行为，逐步弱化债权人对负债企业监督管理的软约束。

二是企业需要加强内部控制制度建设，提升债务契约建立的可能性。去杠杆和稳杠杆的大环境对企业的债务融资是十分不利的，同时新冠肺炎疫情对经济运行产生了不确定性影响。因此，企业应减少内部控制制度缺陷，规范内部控制信息披露的内容和标准，履行内部控制信息披露的义务，提高内部控制信息披露的质量，从而提高银行信用评估的真实性，加强银行与企业的相互信任，使企业成功获得债务融资。此外，内部控制制度的完善还可以帮助企业在发行公司债券时，较易获得债券发行审批机构（中国证监会公司债券监管部）的核准，并且债券发行审批机构承担的风险也会更小，最终提高了公司债券发行的可能性。

三是企业应完善内部治理结构，提高盈余质量。当企业内部治理结构合理时，有利于形成股东代表大会、董事会、监事会和管理当局等利益主体相互依赖又相互制约的局面，可以减少控股股东的“掏空效应”，维护中小股东和其他利益相关者的切身利益，也可以抑制管理当局的个人机会主义行为，督促其提高企业经营效率，确保企业客观公正地披露盈余信息，提高企业的资本配置效率，促进企业持续稳定发展。

7.2.3 基于债权人视角的研究启示

一是建立健全盈余管理识别机制，防范商业银行的投资风险。商业银行处于被服务企业的外部，受信息不对称的不利影响，不可能全部识别企业的盈余管理行为。因此，商业银行应大力引进相关人力资本，建立健全被服务企业盈余管理识别机制，帮助其在贷款决策时更好地识别被服务企业的盈余管理行为，从而真正降低商业银行贷款的违约风险。

二是摒弃围绕单一的盈余指标设计的评价体系，建立多指标的检验标准。因为债权人或者债券发行机构等在评价企业时最关注的指标之一就是企业的利润水平（盈余），所以企业为了迎合债权人或者债券发行机构等的评价需求，往往会有针对性地实施盈余管理。因此，债权人或者债券发行机构等应摒弃以前围绕盈余指标设计的评价体系，建立多指标结合的综合评价体系，从而更加客观和全面地评价企业的财务状况，减少企业的盈余管理活动。

参考文献

[1] Ahn S, Choi W. Do underwriting relationships matter: perspectives from issuers' earnings management behavior [J]. SSRN Electronic Journal, 2009.

[2] Aikaterini C F, Seraina C A. Accrual based and real earnings management before and after IFRS adoption: the case of Greece [J]. Journal of Applied Accounting Research, 2016, 17 (1): 2-23.

[3] Akagawa E, Lee H, Tatsumi E, et al. Effects of mechanical valve orifice direction on the flow pattern in a ventricular assist device [J]. Journal of Artificial Organs, 2007 (2): 85-91.

[4] Akerlof G A. The market for "lemons": quality uncertainty and the market mechanism [J]. Quarterly Journal of Economics, 1970, 84 (3): 488-500.

[5] Alam N, Ramachandran J, Nahomy A H. The impact of corporate governance and agency effect on earnings management - a test of the dual banking system [J]. Research in International Business and Finance, 2020, 54 (C).

[6] Almeida H, Campello M, Weisbach M S. The cash flow sensitivity of cash [J]. The Journal of Finance, 2004, 59 (4): 1777-1804.

[7] Alsharairi M, Salama A. Does high leverage impact earnings management? Evidence from non-cash mergers and acquisitions [J]. Journal of Financial and

Economic Practice, 2012, 12 (1): 17–33.

[8] Alzoubi E S S.Audit quality, debt fmancing, and earnings management: evidence from Jordan [J]. Journal of International Accounting, Auditing and Taxation, 2018, 30 (C): 69–84.

[9] Alzoubi E S S.Earning management using real activities: evidence from nonprofit hospitals [J]. The Accounting Review, 2011, 86 (15): 1605–1630.

[10] Arrow K. Research in management controls: a critical synthesis [M]. 1963.

[11] Balakrishnan K, Core J, Veri R S. The relation between reporting quality and financing and investment: evidence from shocks to financing capacity [J]. Journal of Accounting Research, 2014, 54 (2): 516–553.

[12] Ball R, Brown P. Empirical evaluation of accounting income numbers [J]. Journal of Accounting Research, 1968, 6 (2): 159–178.

[13] Barclay M J, Smith C W. The maturity structure of corporate debt [J]. The Journal of Finance, 1995, 50 (2): 609–631.

[14] Baron R M, Kenny D A. The moderator–mediator variable distinction in social psychological research: conceptual, strategic, and statistical considerations [J]. Journal of Personality and Social Psychology, 1986, 51 (6): 1173–1182.

[15] Barth F. Towards greater naturalism in conceptualizing societies [J]. Conceptualizing Study, 1992: 17–33.

[16] Bartov E, Radhakrishnan S, Krinsky I. Investor sophistication and patterns in stock returns after earnings announcements [J]. The Accounting Review, 2000, 75 (1): 43–63.

[17] Beatty A, Weber J. Accounting discretion in fair value estimates: an examination of SFAS 142 goodwill impairments [J]. Journal of Accounting Research, 2010, 44 (2): 257–288.

[18] Beatty A, Weber J. The effects of debt contracting on voluntary accounting method changes [J]. Accounting Review, 2003, 78 (1): 119–142.

[19] Beneish E. On the dual of the procesi–formanek lattice [J]. Algebras &

Representation Theory, 2012, 15 (3): 581-592.

[20] Beneish M. Stock prices and the dissemination of analysts' recommendations [J]. Insurance: Mathematics and Economics, 1993, 12 (1): 79.

[21] Berkovitch E, Kim E H. Financial contracting and leverage induced over - and under - investment incentives [J]. The Journal of Finance, 1990, 45 (3): 765-794.

[22] Bertrand M, Mullainathan M S. Ferreting out tunneling: an application to Indian business groups [J]. Quarterly Journal of Economics, 2002, 117 (1): 121-148.

[23] Beuselinck C, Cascino S, Deloof M, et al. Earnings management within multinational corporations [J]. The Accounting Review, 2019, 94 (4): 45-76.

[24] Bharath S T, Sunder J, Sunder S V. Accounting quality and debt contracting [J]. The Accounting Review, 2006, 83 (1): 1-28.

[25] Bhattacharya U, Daouk H, Welker M. The world price of earnings opacity [J]. The Accounting Review, 2003, 78 (3): 641-678.

[26] Biddle G C, Hilary G, Verdi R S. How does financial reporting quality relate to investment efficiency? [J]. Journal of Accounting and Economics, 2009, 48 (2/3): 112-131.

[27] Biddle G C, Hilary G. Accounting quality and firm-level capital investment [J]. Accounting Review, 2006, 81 (5): 963-982.

[28] Braam G, Nandy M, Weitzel U, et al. Accrual-based and real earnings management and political connections [J]. The International Journal of Accounting, 2015, 50 (2): 111-141.

[29] Bushman R M, Smith A J. Bank CEO materialism, corporate culture and risk [J]. Social Science Electronic Publishing, 2016.

[30] Bushman R M, Smith A J. Financial accounting information and corporate governance [J]. Social Science Electronic Publishing, 2001, 31 (1/3): 237-333.

[31] Bushman R, Engel E, Smith A. An analysis of the relation between the

stewardship and valuation roles of earnings [J]. Social Science Electronic Publishing, 2006, 44 (1): 53-83.

[32] Bushman R, Piotroski J, Smith A. Capital allocation and timely accounting recognition of economic losses [J]. Journal of Business, Finance and Accounting, 2011, 38 (2): 1-33.

[33] Carmo C R, Moreira J A C, Miranda M C S. Earnings quaky and cost of debt: evidence from Portuguese private companies [J].Journal of Financial Reporting and Accounting, 2016 (2): 178-197.

[34] Carpenter R E, Fazzari S M, Petersen B C. Financing constraints and inventory investment: a comparative study with high-frequency panel data [J]. The Review of Economics and Statistics, 1998, 80 (4): 513-519.

[35] Chan H, Faff R W, Mather P R, et al. The relationship between directors' independence, reputation and management earnings forecasts [J]. Social Science Electronic Publishing, 2016, 6 (2): 404-419.

[36] Chaney T, Sraer D, Thesmar D. The collateral channel: how real estate shocks affect corporate investment [J]. American Economic Review, 2012, 102 (6): 2381-2409.

[37] Chava G, Falcone G, Teodoriu C. Plunger-lift modeling toward efficient liquid unloading in gas wells [J]. SPE Projects Facilities & Construction, 2010, 5(1): 38-45.

[38] Childs P D, Mauer D C, Ott S H.Interactions of corporate financing and investment decisions: the effects of agency conflicts [J]. Journal of Financial Economics, 2005, 76 (3): 667-690.

[39] Claessens S, Djankov S, Fan J, et al. Disentangling the incentive and entrenchment effects of large shareholdings [J]. The Journal of Finance, 2002, 57(6): 2741-2771.

[40] Cohen D A, Zarowin P. Accrual-based and real earnings management activities around seasoned equity offerings [J]. Journal of Accounting and Economics,

2010, 50 (1): 2–19.

[41] Collins D W, Kothari S P. An analysis of intertemporal and cross–sectional determinants of earnings response coefficients [J] . Journal of Accounting and Economics, 1989, 11 (2/3): 143–181.

[42] Collins D W, Kothari S P. An analysis of intertemporal and cross–sectional determinants of earnings response coefficients [J] . Journal of Accounting and Economics, 1989, 11 (2/3): 143–181.

[43] D' Mello R, Miranda M. Long–term debt and overinvestment agency problem [J] . Journal of Banking & Finance, 2010, 34 (2): 324–335.

[44] Dasgupta P, Stiglitz J. Resource depletion under technological uncertainty [J] . Econometrica, 1981, 49 (1): 85–104.

[45] Dechow P M, Dichev I D. The quality of accruals and earnings: the role of accrual estimation errors [J] . Social Science Electronic Publishing, 2002, 77 (Supplement): 35–59.

[46] Dechow P, Ge W. The persistence of earnings and cash flows and the role of special items: implications for the accrual anomaly [J] . Review of Accounting Studies, 2006.

[47] Defond M L, Jiambalvo J.Debt covenant violation and manipulation of accruals [J] . Journal of Accounting & Economics, 1994, 17 (1/2): 145–176.

[48] Denis D J, Osobov I, et al. Why do firms pay dividends? International evidence on the determinants of dividend policy [J] . Journal of Financial Economics, 2008, 89 (1): 62–82.

[49] Diamond D W. Debt maturity structure and liquidity risk [J] . Quarterly Journal of Economics, 1991, 106 (3): 709–737.

[50] Dichev I D, Skinner D J. Large–sample evidence on the debt covenant hypothesis [J] . Journal of Accounting Research, 2002, 40 (4): 1091–1123.

[51] Durnev A, Mangen C. Corporate investments: learning from restatements [J] . Journal of Accounting Research, 2009, 47 (3): 679–720.

[52] Eldenburg L. Cost management: measuring, monitoring, and motivating performance [M] . [S.l.]: John Wiley, 2011.

[53] Enomoto M, Kimura F, Yamaguchi T. Accrual-based and real earnings management: an international comparison for investor protection [J] . Journal of Contemporary Accounting & Economics, 2015 (11): 183–198.

[54] Fama E F, Jensen M C. Separation of ownership and control [J] . The Journal of Law and Economics, 1983, 26 (2): 301–325.

[55] Fama E F. Banking in the theory of finance [J] . Journal of Monetary Economics, 1980, 6 (1): 39–57.

[56] Fan M C, Zhang H T, Wang M . Bipartite flocking for multi-agent systems [J] . Communications in Nonlinear Science & Numerical Simulation, 2014, 19 (9): 3313–3322.

[57] Fazzari S M, Petersen B C. Working capital and fixed investment: new evidence on financing constraints [J] . The Journal of Economics, 1993, 24 (2): 328–342.

[58] Fazzari S M, Hubbard R G, Petersen B C. Financing constraints and corporate investment [J] . Brookings Papers on Economic Activity, 1988 (1): 141–195.

[59] Firth M, Lin C, Zou H. Friend or foe? The role of state and mutual fund ownership in the split share structure reform in China [J] . Journal of Financial and Quantitative Analysis, 2010, 45 (3): 685–706.

[60] Franz D R, Hassabelnabv H R, Lobo G J. Impact of proximity to debt covenant violation on earnings management [J] .Review of Accounting Studies, 2014, 19 (1): 473 –505.

[61] Gao H, Shen Z, Li Y, et al. Institutional investors, real earnings management and cost of equity: evidence from listed high-tech firms in China [J] . Emerging Markets Finance and Trade, 2019 (1): 1–17.

[62] Ghosh A, Moon D. The effect of CEO ownership on the information content of

reported earnings [J]. Review of Quantitative Finance & Accounting, 2010, 35 (4): 393-410.

[63] Ghosh C, He F. Investor protection, investment efficiency and value: the case of cross-listed firms [J]. Financial Management, 2015 (3): 499-546.

[64] Giannetti M, Burkart M, Ellingsen T. What you sell is what you lend? Explaining trade credit contracts [J]. Review of Financial Studies, 2011, 24 (4): 1261-1298.

[65] Gomariz M, Ballesta J. Financial reporting quality, debt maturity and investment efficiency [J]. Journal of Banking & Finance, 2014, 40: 494-506.

[66] Goncharov I, Zimmermann J. Supply and demand of accounting information: the case of bank financing in Russia [J]. Economics of Transition, 2006.

[67] Grossman S J, Hart O D. Corporate financial structure and managerial incentives [J]. Social Science Electronic Publishing, 1983.

[68] Gunny K A. The relation between earnings management using real activities manipulation and future performance: evidence from meeting earnings benchmarks [J]. Contemporary Accounting Research, 2010, 27 (3): 855-888.

[69] Hackbarth D, Mauer D C. Optimal priority structure, capital structure, and investment [J]. Review of Financial Studies, 2012 (3): 747-796.

[70] Hadlock C J, Pierce J R. New evidence on measuring financial constraing: moving beyond the KZ Index [J]. Review of Financial Studies, 2010, 23 (2): 529-544.

[71] Halim Z A, How J, Verhoeven P. Agency costs and corporate sukuk issuance [J]. Pacific-Basin Finance Journal, 2017, 42: 83-95.

[72] Harford J, Li K, Zhao X S. Corporate boards and the leverage and debt maturity choices [J]. International Journal of Corporate Governance, 2008, 1 (1): 3-27.

[73] Heinkel R, Zechner J. Financial distress and optimal capital structure adjustments [J]. Journal of Economics & Management Strategy, 1993, 2 (4): 531-565.

[74] Holmstrom B，Costa J R I. Managerial incentives and capital management [J] . The Quarterly Journal of Economics，1986，101（4）：835–860.

[75] Jensen M C，Meckling W H. Theory of the firm：managerial behavior，agency costs and ownership structure [J] . Journal of Financial Economics，1976，3（4）：305–360.

[76] Jensen M C. Agency costs of free cash flow，corporate finance，and takeovers [J] . The American Economic Review，1986，76（2）：323–329.

[77] Jensen M C.Some anomalous evidence regarding market efficiency [J] . Journal of Financial Economics，1978，6（2/3）：95–101.

[78] Joe R J，Henock L，Robinson D. Managers' and investors' responses to media exposure of board ineffectiveness [J] . Journal of Financial and Quantitative Analysis，2009，44（3）：579–605.

[79] John K，Knyazeva A，Knyazeva D. Does geography matter? Firm location and corporate payout policy [J] . Journal of Financial Economics，2011，101（3）：533–551.

[80] Johnson S A. Debt maturity and the effects of growth opportunities and liquidity risk on leverage [J] . Review of Financial Studies，2003（1）：209–236.

[81] Jung B，Lee W J，Weber D. Financial reporting quality and labor investment efficiency [J] . Contemporary Accounting Research，2014，31（4）：1047–1076.

[82] Kanodia C，Lee D. Investment and disclosure：the disciplinary role of periodic performance reports [J] . Journal of Accounting Research，1998，36（1）：33–55.

[83] Kaplan S N，Zingales L. Investment–cash flow sensitivities are not valid measures of financing constraints [J] . The Quarterly Journal of Economics，2000，115（2）：707–712.

[84] Kedia S，Philippon T. The economics of fraudulent accounting [J] . The Review of Financial Studies，2009，22（6）：2169–2199.

[85] Kieschnick U.Earnings management and convertible debt arbitrage [J] .

Review of Pacific Basin Financial Markets and Policies, 2016 (3): 543–571.

[86] Kothari S P, Leone A J, Wasley C E. Performance matched discretionary accrual measures [J]. Journal of Accounting and Economics, 2005, 39 (1): 163–197.

[87] Kumbhakar S C, Parmeter C F. The effects of match uncertainty and bargaining on labor market outcomes: evidence from firm and worker specific estimates [J]. Journal of Productivity Analysis, 2009, 31 (1): 1–14.

[88] La Porta R, Lopez - de - Silanes F, Shleifer A, et al. Agency problems and dividend policies around the world [J]. The Journal of Finance, 2000, 55 (1): 1–33.

[89] Lai K W. The cost of debt when all–equity firms raises finance: the role of investment opportunities, audit quality and debt maturity [J]. Journal of Banking & Finance, 2011, 35 (8): 1931–1940.

[90] Lang L H P, Stulz R M. Tobin's q, corporate diversification, and firm performance [J]. Journal of Political Economy, 1994, 102 (6): 1248–1280.

[91] Lee K W, Lev B, Yeo G. Organizational structure and earnings management [J]. Journal of Accounting, Auditing and Finance, 2007, 22 (2): 293–331.

[92] Louis H. Management and market performance of acquiring firms [J]. Journal of Financial Economics, 2015, 74 (1): 121–131.

[93] Lyandres S. "The first time when I heard about palace revolution was after the revolution...": record of the conversation between NA Bazilya and AS Lukomsky (Paris, 24th of February 1933) [J]. Russian History, 2005, 32 (2): 215–258.

[94] McNichols M F, Stubben S R. The role of target firms' accounting information in acquisitions [J]. Engineering, 2009.

[95] McNichols M F. Research design issues in earnings management studies [J]. Journal of Accounting & Public Policy, 2004, 19 (4): 313–345.

[96] Meyer J R, Kuh E. List of works cited: the investment decision an empirical study [J]. Journal of Finance, 1957.

[97] Modigliani F, Miller M H. The cost of capital, corporate finance, and the

theory of investment [J] . American Economic Review, 1958, 48 (3): 261–297.

[98] Morck R, Shleifer A, Vishny R W. Management ownership and corporate performance: an empirical analysis [J] . NBER working paper series, 1986.

[99] Mullainathan S, Bertrand M. Enjoying the quiet life? Corporate governance and managerial control [J] . Journal of Political Economy, 2003, 111 (5): 1043–1075.

[100] Myers S C, Majluf N S. Corporate financing decisions when firms have information investors do not have [J] . Journal of Financial Economics, 1984, 13 (2): 187–221.

[101] Nissim D, Penman S H. An empirical analysis of the effect of changes in interest rates on accounting rates of return, growth, and equity values [J] . SSRN Electronic Journal, 2001.

[102] Nopphon T. The role of corporate governance in reducing the negative effect of earnings management [J] . International Journal of Economics and Finance, 2013, 5 (3): 213–220.

[103] O' Glove T L, Sobel R. Quality of earnings: the investor' s guide to how much money a company is really making [M] . [S.l.]: Free Press, 1987.

[104] Ohlson M. Growth and nutrient characteristics in bog and fen populations of Scots pine (Pinus sylvestris) [J] . Plant and Soil, 1995, 172 (2): 235–245.

[105] Othman H B, Zhegal D. A study of earnings–management motives in the Anglo–American and Euro–Continental accounting models: the Canadian and French cases [J] . The International Journal of Accounting, 2006, 41 (4): 406–435.

[106] Raviv A.Capital structure and the information role of debt [J] . The Journal of Finance, 2015, 23 (2): 301–329.

[107] Raviv M. Compost as a tool to suppress plant diseases: established and putative mechanisms [J] . Acta Horticulturae, 2016, 1146 (1146): 11–24.

[108] Richard A L, Leuz C, Verrecchia R E. Accounting information, disclosure, and the cost of capital [J]. Journal of Accounting Research, 2007, 45(2):

385–420.

[109] Richardson J C . Establishing the (extra) ordinary in chronic widespread pain [J] . Health, 2005, 9 (1): 31–48.

[110] Richardson S. Over–investment of free cash flow [J] . Review of Accounting Studies, 2006, 11 (2/3): 159–189.

[111] Robert H. Capital–market imperfections and investment [J] . Journal of Economic Literature, 1998, 36 (1): 193–227.

[112] Robin A, Larkan N, Laila R, et al. Korean Brassica oleracea germplasm offers a novel source of qualitative resistance to blackleg disease [J] . European Journal of Plant Pathology, 2017, 149: 611–623.

[113] Rodríguez–Pérez G, Hemmen S. Debt, diversification and earnings management [J] . Journal of Accounting and Public Policy, 2010, 29 (2): 138–159.

[114] Roychowdhury S. Earnings management through real activities manipulation [J] . Journal of Accounting & Economics, 2006, 42 (3): 335–370.

[115] Schulze M, Koetter I, Ernemann U, et al. MRI findings in inflammatory muscle diseases and their noninflammatory mimics [J] . American Journal of Roentgenology, 2009, 192 (6): 1708–1716.

[116] Shleifer A, Vishny R W . Management entrenchment [J] . Journal of Financial Economics, 1989, 25 (1): 123–139.

[117] Stewart M, Majluf N.Corporate financing and investment decisions when firms have information that investors do not have [J] .Journal of Financial Economics, 1984 (13): 187–221.

[118] Stocken P C, Verrecchia R.Financial reporting system choice and disclosure management [J] . The Accounting Review, 2004, 79 (3): 1181–203.

[119] Sufi A. Bank lines of credit in corporate finance: an empirical analysis [J] . Review of Financial Studies, 2009, 22 (3): 1057–1088.

[120] Verdi R S, Beatty P, Blouin J, et al. Financial reporting quality and investment efficiency [J] . Social Science Electronic Publishing, 2006.

［121］Wang X，Chen F，Hope O K，et al. Financial reporting quality and investment efficiency of private firms in emerging markets［J］. Social Science Electronic Publishing，2011，86（4）：1255–1288.

［122］Watts R L，Zimmerman J L. A positive accounting theory［J］. Accounting Review，1986，65.

［123］Whited T M，Wu G. Financial constraints risk［J］. Review of Financial Studies，2006，19（2）：531–559.

［124］Yang D，Lu Z，Luo D. Political connections，media monitoring and long-term loans［J］. China Journal of Accounting Research，2014，7（3）：165–177.

［125］Zhong K，Gribbin D W. Are defense contractors rewarded for risk，innovation，and influence?［J］. Quarterly Journal of Finance and Accounting，2009，48（3）：61–73.

［126］薄澜，冯阳．债务契约与盈余管理关系的实证研究［J］．财经问题研究，2014（2）：102–107.

［127］蔡吉甫．会计信息质量与公司投资效率：基于2006年会计准则趋同前后深沪两市经验数据的比较研究［J］．管理评论，2013（4）：166–176.

［128］曹春方，林雁．异地独董、履职职能与公司过度投资［J］．南开管理评论，2017，20（1）：16–29，131.

［129］曹璐萌，刘宏一．上市公司负债融资对盈余管理的影响研究：基于货币政策视角的实证分析［J］．中国市场，2017（20）：64–72，84.

［130］曾峻，伍中信，陈共荣．IFRS、会计信息国际可比性与上市公司的资本配置效率［J］．会计研究，2018（12）：19–25.

［131］曾雪云，王裕，贺浩淼．战略承诺、融资约束与债务选择：债券市场支持了谁的战略发展［J］．经济理论与经济管理，2016，36（10）：84–98.

［132］陈耿，周军．企业债务融资结构研究：一个基于代理成本的理论分析［J］．财经研究，2004，30（2）：58–65.

［133］陈骏．谁影响了上市公司高管薪酬激励：来自中国证券市场的经验证据［J］．山西财经大学学报，2010（9）：70–79.

［134］陈其安，李红强，徐礼．股权激励、银行债务约束、控制权私利与我国国有控股上市公司经营者过度投资行为［J］．系统管理学报，2013，22（5）：675-684.

［135］陈如青．基于投资效率视角的公司治理与企业绩效关系研究［J］．企业改革与管理，2021（3）：26-27.

［136］陈晓，单鑫．债务融资是否会增加上市企业的融资成本？［J］．经济研究，1999（9）：39-46.

［137］陈旭东，杨硕，周煜皓．政府引导基金与区域企业创新：基于“政府+市场”模式的有效性分析［J］．山西财经大学学报，2020，42（11）：30-41.

［138］陈艳，李鑫，李孟顺．现金股利迎合、再融资需求与企业投资：投资效率视角下的半强制分红政策有效性研究［J］．会计研究，2015（11）：69-75.

［139］陈艳，郑雅慧，秦妍．负债融资、资本成本与公司投资效率：基于债务异质性视角的实证分析［J］．经济与管理评论，2016（4）：79-86.

［140］陈运森，朱松．政治关系、制度环境与上市公司资本投资［J］．财经研究，2009，35（12）：27-39.

［141］程新生，武琼，刘孟晖，等．企业集团现金分布、管理层激励与资本配置效率［J］．金融研究，2020（2）：91-108.

［142］池国华，邹威．EVA考核、管理层薪酬与非效率投资：基于沪深A股国有上市公司的经验证据［J］．财经问题研究，2014（7）：43-50.

［143］储一昀，王安武．上市公司盈利质量分析［J］．会计研究，2000（9）：31-36.

［144］邓莉．商业银行在上市企业公司治理中的作用研究［D］．重庆：重庆大学，2007.

［145］丁含，徐云，赵静．投资信息审计意见可以提高公司投资效率吗？——基于公司内部治理环境的调节效应［J］．审计与经济研究，2021，36（1）：37-47.

［146］方红星，刘淑花．盈余管理与企业债务期限［J］．财经问题研究，2017（5）：57-64.

[147] 方杰，温忠麟，张敏强，等. 基于结构方程模型的多重中介效应分析 [J]. 心理科学，2014，37（3）：735-741.

[148] 丰壮丽. 异质性债务、内部控制与非效率投资：基于 A 股上市公司的实证研究 [J]. 广东开放大学学报，2018（4）：87-94.

[149] 冯展斌，李庆德. 市场化进程、债务融资与盈余质量 [J]. 财会通讯（下），2014（1）：69-72.

[150] 冯展斌，杨兴全，李庆德. 企业借款增强抑或降低盈余质量：基于外部治理环境和宏观经济政策的研究 [J]. 金融论坛，2013，18（12）：68-77.

[151] 冯展斌，杨兴全，李庆德. 银行借款、过度投资与盈余质量：来自中国上市公司的经验证据 [J]. 贵州财经大学学报，2014（1）：35-43.

[152] 傅利福，魏建. 政府管制、利率市场化和商业银行净利差 [J]. 财经论丛，2014（7）：90-96，封 3.

[153] 高海霞. 上市公司债务融资与盈余管理相关性研究 [J]. 管理科学，2018（3）：67-73.

[154] 顾慧芳，符钢战. 资本理性配置与社会企业债券融资 [J]. 南京社会科学，2014（9）：25-30，62.

[155] 郭桂花，池玉莲，宋晴. 市场化进程、会计信息质量与融资约束的相关性分析：基于最终控制人的视角 [J]. 审计与经济研究，2014（1）：68-76，85.

[156] 郭雅楠. 创业板上市公司债务融资对盈余管理影响的实证研究 [D]. 保定：河北农业大学，2019.

[157] 韩国文，赵刚. 会计信息质量和债务期限结构对企业投资效率的交互影响 [J]. 武汉大学学报（哲学社会科学版），2016（4）：58-65.

[158] 郝秋红. 媒体报道是否影响公司盈余质量？——基于盈余信息价值相关性的考察 [J]. 中国注册会计师，2020（4）：55-60.

[159] 郝颖，刘星. 大股东自利动机下的资本投资与配置效率研究 [J]. 中国管理科学，2011，19（1）：167-176.

[160] 贺云龙，康舒怡. 大股东增持对上市公司投资效率的影响研究：基于沪深 A 股数据的实证分析 [J]. 吉林工商学院学报，2021，37（1）：21-27.

[161] 胡建雄，茅宁．债务来源异质性对企业投资扭曲行为影响的实证研究[J]．管理科学，2015，28（1）：47–57.

[162] 胡文卿，左拙人．债务融资来源异质性与企业投资：基于宏观经济政策视角[J]．审计与经济研究，2020，35（2）：107–116.

[163] 胡文卿，左拙人．债务异质性、宏观经济与上市公司投资[J]．现代财经（天津财经大学学报），2019，39（5）：3–23.

[164] 黄海杰，吕长江，Lee E．“四万亿投资”政策对企业投资效率的影响[J]．会计研究，2016（2）：51–57，96.

[165] 黄海杰，吕长江，丁慧．独立董事声誉与盈余质量：会计专业独董的视角[J]．管理世界，2016（3）：128–143，188.

[166] 黄俊，李挺．盈余管理、IPO 审核与资源配置效率[J]．会计研究，2016（7）：10–18.

[167] 黄珺，黄妮．过度投资、债务结构与治理效应：来自中国房地产上市公司的经验证据[J]．会计研究，2012（9）：67–72，97.

[168] 黄莲琴，屈耀辉．经营负债杠杆与金融负债杠杆效应的差异性检验[J]．会计研究，2010（9）：59–65，97.

[169] 黄乾富，沈红波．债务来源、债务期限结构与现金流的过度投资：基于中国制造业上市公司的实证证据[J]．金融研究，2009（9）：143–155.

[170] 黄琼宇，吴嘉丽．房地产企业债务结构对盈余管理影响的实证研究[J]．财会学习，2016（15）：1–4.

[171] 黄蓉，黄琦晶．盈余质量与资本配置效率的实证研究：基于战略性新兴产业的数据分析[J]．金融与经济，2017（1）：64–68.

[172] 黄文青．我国上市公司债权融资的治理效应研究[J]．财经问题研究，2010（8）：69–72.

[173] 黄晓波，梁诗佳，危思琦．机构持股、盈余质量与债务资本成本[J]．南京审计大学学报，2020（5）：9–19.

[174] 黄欣然．盈余质量影响投资效率的路径：基于双重代理关系的视角[J]．财经理论与实践，2011，32（2）：62–68.

［175］黄兴李，邓路，曲悠．货币政策、商业信用与公司投资行为［J］．会计研究，2016（2）：58-65.

［176］黄政，吴国萍．信息透明度对资本配置效率的影响：来自中国制造业上市公司的经验证据［J］．财经理论与实践，2014（5）：40-45.

［177］黄志典，李宜训．公司治理、现金股利与公司价值［J］．证券市场导报，2017（3）：26-36.

［178］纪洋，王旭，谭语嫣，等．经济政策不确定性、政府隐性担保与企业杠杆率分化［J］．经济学（季刊），2018，17（2）：449-470.

［179］江伟，雷光勇．制度环境、审计质量与债务融资［J］．当代经济科学，2008（2）：117-123.

［180］江伟．金融发展、银行贷款与公司投资［J］．金融研究，2011（4）：113-128.

［181］姜付秀，朱冰，唐凝．CEO 和 CFO 任期交错是否可以降低盈余管理?［J］．管理世界，2013（1）：158-167.

［182］金碚．企业竞争力测评的理论与方法［C］．第二届中国财富论坛，2006.

［183］李炳燃．不同时点上债务融资与盈余管理的关系：基于退市公司数据的实证研究［J］．理财产场，2016（6）：10-14.

［184］李海凤，史燕平．信息披露质量影响资本配置效率实证检验［J］．重庆大学学报（社会科学版），2015，21（2）：42-47.

［185］李海燕．国有企业内部审计风险分析及防控策略探讨［J］．企业改革与管理，2021（24）：162-163.

［186］李青原，罗婉．财务报表重述与公司非效率投资行为［J］．审计与经济研究，2014（5）：48-58.

［187］李青原，时梦雪．监督型基金与盈余质量：来自我国 A 股上市公司的经验证据［J］．南开管理评论，2018，21（1）：172-181.

［188］李青原．会计信息质量、审计监督与公司投资效率：来自我国上市公司的经验证据［J］．审计研究，2009（4）：65-73，51.

［189］李四海，李晓龙，宋献中．产权性质、市场竞争与企业社会责任行为：

基于政治寻租视角的分析［J］. 中国人口·资源与环境，2015，25（1）：162–169.

［190］李维安 . 重视初始治理安排避免落入治理陷阱［J］. 南开管理评论，2007，10（4）：1.

［191］李增福，董志强，连玉君 . 应计项目盈余管理还是真实活动盈余管理？——基于我国 2007 年所得税改革的研究［J］. 管理世界，2011（1）：121–134.

［192］李增福，郑友环，连玉君 . 股权再融资、盈余管理与上市公司业绩滑坡：基于应计项目操控与真实活动操控方式下的研究［J］. 中国管理科学，2011（2）：49–56.

［193］李竹薇，王晓姗，黄赛梅，等 . 产融结合、债务融资类型与投资效率［J］. 投资研究，2020，39（9）：19–33.

［194］廖秀梅. 会计信息的信贷决策有用性：基于所有权制度制约的研究［J］. 会计研究，2007（5）：31–38.

［195］廖志超 . 政府干预、市场化程度与国有企业资本配置效率研究［D］. 湘潭：湖南科技大学，2019.

［196］刘超，邢嘉宝 . 政府补贴、货币政策与企业研发投入：基于地域和产权性质的异质性研究［J］. 山东社会科学，2020（12）：135–140，134.

［197］刘丹 . 政府关系、债务融资与过度投资相关性分析［J］. 财会通讯（下），2018（6）：96–100.

［198］刘海明，李明明 . 货币政策对微观企业的经济效应再检验：基于贷款期限结构视角的研究［J］. 经济研究，2020，55（2）：117–132.

［199］刘慧龙，王成方，吴联生 . 决策权配置、盈余管理与投资效率［J］. 经济研究，2014（8）：93–106.

［200］刘芹 . 机构投资者持股比例对民营上市公司盈余管理影响研究［J］. 统计与决策，2012（3）：174–176.

［201］刘晓红，周晨 . 会计稳健性、审计师声誉与企业投资效率［J］. 山东社会科学，2021（3）：151–156.

［202］刘星，刘理，窦炜 . 融资约束、代理冲突与中国上市公司非效率投资行

为研究［J］. 管理工程学报，2014，28（3）：64–73.

［203］刘行，赵健宇，叶康涛 . 企业避税、债务融资与债务融资来源：基于所得税征管体制改革的断点回归分析［J］. 管理世界，2017（10）：113–129.

［204］柳建华，魏明海，郑国坚 . 大股东控制下的关联投资："效率促进"抑或"转移资源"［J］. 管理世界，2008（3）：133–141，187.

［205］卢闯，陈玲 . 盈余质量与债务代理成本：兼论会计信息的公司治理作用［J］. 中央财经大学学报，2011（9）：87–91.

［206］卢太平，张东旭 . 融资需求、融资约束与盈余管理［J］. 会计研究，2014（1）：35–41.

［207］陆正飞，韩霞，常琦 . 公司长期负债与投资行为关系研究：基于中国上市公司的实证分析［J］. 管理世界，2006（1）：120–128.

［208］陆正飞，祝继高，孙便霞. 盈余管理、会计信息与银行债务契约［J］. 管理世界，2008（3）：152–158.

［209］罗斌元 . 非条件稳健性、条件稳健性与企业投资效率［J］. 中南财经政法大学学报，2014（2）：119–127，160.

［210］罗栋梁，王方慧，焦雨蒙 . 机构持股公司的债务特征及其盈余管理［J］. 贵州商学院学报，2019（1）：61–72.

［211］罗韵轩 . 金融生态环境、异质性债务治理效应与债务重组：基于中国上市公司的实证研究［J］. 会计研究，2016（3）：43–49.

［212］吕明晗，徐光华，沈弋，等 . 异质性债务治理、契约不完全性与环境信息披露［J］. 会计研究，2018（5）：67–74.

［213］吕青军 . 债务契约对应计与真实盈余管理行为选择的影响研究［D］. 沈阳：东北大学，2012.

［214］吕宙 . 中国宏观资本配置与均衡研究［D］. 北京：中央财经大学，2000.

［215］马春丽 . 股权关系、债务融资与投资过度［J］. 财会通讯（下），2017（30）：102–106.

［216］马榕，石晓军 . 中国债券信用评级结果具有甄别能力吗？——基于盈余管理敏感性的视角［J］. 经济学（季刊），2015（4）：197–216.

［217］马永强，赖黎，曾建光．盈余管理方式与信贷资源配置［J］．会计研究，2014（12）：39–45.

［218］马忠，王龙丰，崔茹梦．子公司业务、债务承担与上市公司融资约束［J］．经济管理，2020（1）：174–193.

［219］潘玉香，杨悦，魏亚平．文化创意企业管理者特征与投资决策关系的研究［J］．中国软科学，2015（3）：172–181.

［220］屈文彬，吴一帆．管理层权力、融资约束与非效率投资［J］．财会通讯，2021（4）：63–67.

［221］屈文洲，谢雅璐，叶玉妹．信息不对称、融资约束与投资－现金流敏感性：基于市场微观结构理论的实证研究［J］．经济研究，2011（6）：105–117.

［222］饶育蕾，汪玉英．中国上市公司大股东对投资影响的实证研究［J］．南开管理评论，2006（5）：67–73.

［223］任春艳，赵景文．会计信息质量对公司资本配置效率影响的路径：来自中国上市公司经验证据的研究［J］．经济管理，2011（7）：106–111.

［224］邵林．银企关系对债务融资和企业投资效率的影响［J］．财经问题研究，2018（9）：76–82.

［225］沈红波，寇宏，张川．金融发展、融资约束与企业投资的实证研究［J］．中国工业经济，2010（6）：55–64.

［226］沈洪涛，杨熠．公司社会责任信息披露的价值相关性研究：来自我国上市公司的经验证据［J］．当代财经，2008（3）：103–107.

［227］孙铮，李增泉，王景斌．所有权性质、会计信息与债务契约：来自我国上市公司的经验证据［J］．管理世界，2006（10）：100–107，149.

［228］唐齐鸣，张宇迪．信贷冲击、债务期限与企业投资行为［J］．财会月刊，2020（2）：16–24.

［229］陶燕．债务期限约束、高管薪酬与盈余管理［J］．财会月刊，2018（6）：18–25.

［230］田利辉．国有产权、预算软约束和中国上市公司杠杆治理［J］．管理世界，2005（7）：123–128，147.

[231] 童盼，陆正飞. 负债融资对企业投资行为影响研究：述评与展望 [J]. 会计研究, 2005 (12): 71-76.

[232] 童盼，陆正飞. 负债融资、负债来源与企业投资行为：来自中国上市公司的经验证据 [J]. 经济研究，2005 (5): 75-84.

[233] 童盼，陆正飞. 股东 - 债权人冲突对企业投资决策影响研究述评 [J]. 中国注册会计师, 2004 (6): 54-57.

[234] 童梓. 债券融资对企业投资效率的影响研究 [J]. 湖南财政经济学院学报, 2017，33 (3): 85-93.

[235] 万红波，阮铭华，王蓓蓓. 负债融资、债务契约与盈余信息质量关系研究：基于中国上市公司面板数据的实证分析 [J]. 首都经济贸易大学学报, 2010 (5): 53-60.

[236] 汪玉兰，周守华. 股票错误定价对上市公司投资效率的影响：基于中国证券市场的实证研究 [J]. 当代财经，2018 (6): 124-132，封 3.

[237] 王兵. 盈余质量与资本成本：来自中国上市公司的经验证据 [J]. 管理科学, 2008, 21 (3): 67-73.

[238] 王宏斌. 高新技术企业融资方式影响盈余管理的机理研究 [D]. 青岛：青岛科技大学，2018.

[239] 王化成，佟岩. 控股股东与盈余质量：基于盈余反应系数的考察 [J]. 会计研究, 2006 (2): 66-74，97.

[240] 王积田，闫婷婷. 融资需求、盈余管理与公司资本配置效率 [J]. 工业技术经济, 2017, 36 (9): 104-112.

[241] 王佳，张林. 盈余信息质量对企业创新的影响研究：基于债务异质性的中介效应检验 [J]. 商业研究，2020 (6): 135-143.

[242] 王淑芳. 产权性质、会计稳健性与非效率投资 [D]. 北京：北京工商大学，2014.

[243] 王彦超，林斌. 金融中介、非正规金融与现金价值 [J]. 金融研究, 2008 (3): 177-199.

[244] 王洋洋. 关键高管薪酬差距对投资效率的影响及其经济后果研究 [D].

南昌：江西财经大学，2020.

［245］王云 . HD 公司应收账款风险控制研究［D］. 镇江：江苏大学，2016.

［246］魏凤 . 盈余质量、识别技术与债务契约关系探讨［J］. 财会学习，2020（1）：128，130.

［247］魏明海，柳建华 . 国企分红、治理因素与过度投资［J］. 管理世界，2007（4）：88–95.

［248］魏群，靳曙畅 . 货币政策、商业信用与科技创新投资［J］. 科技进步与对策，2018，35（11）：124–130.

［249］魏群 . 企业生命周期、债务异质性与非效率投资［J］. 山西财经大学学报，2018，40（1）：96–111.

［250］魏志华，曾爱民，李博 . 金融生态环境与企业融资约束：基于中国上市公司的实证研究［J］. 会计研究，2014（5）：73–80，95.

［251］温忠麟，张雷，侯杰泰，等 . 中介效应检验程序及其应用［J］. 心理学报，2004，36（5）：614–620.

［252］吴秋生，马文琪 . 应计盈余管理与现金流操控相互关系研究［J］. 财经研究，2021（2）：154–168.

［253］吴韶颖 . 探究债务融资对会计盈余质量的影响［J］. 现代经济信息，2017（9）：184–185.

［254］吴祖光，万迪昉 . 产权性质、债务融资与盈余质量：来自我国制造业上市公司的经验证据［J］. 经济管理，2011（5）：129–136.

［255］夏立军 . 盈余管理计量模型在中国股票市场的应用研究［J］. 中国会计与财务研究，2003，5（2）：94–154.

［256］冼依婷，赵兴楣 . 盈余管理程度、现金股利与非效率投资［J］. 统计与决策，2020（24）：170–174.

［257］向锐，宋聪敏 . 学者型独董与公司盈余质量：基于中国上市公司的经验数据［J］. 会计研究，2019（7）：27–34.

［258］谢建，吴德军，唐洁珑 . 管理层能力、产权性质与会计信息价值相关性［J］. 当代财经，2015（8）：120–128，封 3.

［259］谢伟峰，陈省宏．公司治理质量、债务期限与投资效率：来自中国上市公司的证据［J］．工业技术经济，2016（7）：104–111.

［260］辛清泉，林斌，杨德明．中国资本投资回报率的估算和影响因素分析：1999—2004 年上市公司的经验［J］．经济学（季刊），2007，6（4）：1143–1164.

［261］熊剑，王金．债权人能够影响高管薪酬契约的制定吗：基于我国上市公司债务成本约束的视角［J］．南开管理评论，2016，19（2）：42–51.

［262］胥雅男，张云翔．盈余质量对投资效率影响路径的理论分析［J］．中国市场，2016（33）：258–259.

［263］徐朝辉，周宗放．融资需求驱动下的盈余管理对公司信用风险的影响研究［J］．管理评论，2016，28（7）：12–21.

［264］徐晨阳，王满，马影．债务契约与过度投资："治理扭曲"抑或"帝国建造"［J］．山西财经大学学报，2018，40（6）：113–124.

［265］徐晨阳．存款利率市场化改革与企业资金配置效率：基于现金持有的视角［J］．中国软科学，2020（8）：184–192.

［266］徐龙炳，李科．政治关系如何影响公司价值：融资约束与行业竞争的证据［J］．财经研究，2010，36（10）：60–69.

［267］徐玉德，李挺伟，洪金明．制度环境、信息披露质量与银行债务融资约束：来自深市 A 股上市公司的经验证据［J］．财贸经济，2011（5）：51–57.

［268］薛光，王丽丛，李延喜．盈余质量、高管集权与企业投资效率：面板数据固定效应模型的分析［J］．现代财经（天津财经大学学报），2016（2）：87–100.

［269］闫珍丽，梁上坤，袁淳．高管纵向兼任与企业投资效率：促进还是抑制［J］．管理工程学报，2021，35（3）：56–63.

［270］杨继伟，于永婕．政府干预、债权治理与投资效率［J］．财会月刊（中），2016（5）：120–123.

［271］杨蓉，路莉娜．外部治理环境、财务杠杆与过度投资：基于深交所上市公司的实证检验［J］．华东师范大学学报（哲学社会科学版），2014（4）：116–126，155–156.

[272] 杨淑娥．企业财务危机预警的经济动因与循环机理剖析 [J]．会计之友，2006 (1B)：4-6.

[273] 杨兴全，梅波．成长机会、债务融资与公司价值：来自中国上市公司的经验证据 [J]．云南财经大学学报，2008 (2)：70-78.

[274] 杨兴全．债务融资、债务期限与企业的成长性：来自我国上市公司的经验证据 [J]．河北经贸大学学报，2007，28 (4)：51-57.

[275] 姚文英，张晓凤．晋升激励、薪酬管制与投资效率 [J]．新疆大学学报（哲学·人文社会科学版），2021，49 (2)：10-18.

[276] 叶蓓，袁建国．经理人过度自信、不对称信息与企业投资决策 [J]．财会月刊（下），2008 (11)：6-9.

[277] 叶志锋，胡玉明，纳超洪．基于银行借款融资动机的盈余管理研究：来自中国证券市场的经验证据 [J]．山西财经大学学报，2008 (1)：118-124

[278] 于东智．董事会、公司治理与绩效：对中国上市公司的经验分析 [J]．中国社会科学，2003 (3)：29-41，205-206.

[279] 余怒涛，陆开森，谢获宝．机构投资者异质性、应计与真实盈余管理研究 [J]．江西财经大学学报，2017 (5)：36-47.

[280] 余怒涛，张华玉，李文文．非控股大股东退出威胁究竟威胁了谁？——基于企业投资效率的分析 [J]．中央财经大学学报，2021 (2)：55-72.

[281] 余玉苗，孙迪，潘珺．审计委员会召集人特征、CEO 权力与公司盈余信息质量 [J]．当代会计评论，2019，12 (3)：111-133.

[282] 张彩林，薛小荣，刘莹斌．审计委员会、盈余质量与资本配置效率：基于我国民营上市公司数据 [J]．会计之友，2019 (11)：117-122.

[283] 张东旭，江新峰．债务契约设计与盈余管理 [J]．中国注册会计师，2013 (8)：46-53.

[284] 张功富，宋献中．我国上市公司投资：过度还是不足？——基于沪深工业类上市公司非效率投资的实证度量 [J]．会计研究，2009 (5)：69-77，97.

[285] 张会丽，陆正飞．控股水平、负债主体与资本结构适度性 [J]．南开管理评论，2013，16 (5)：142-151.

［286］张劲松，季秀杰．论会计信息质量对企业融资和投资的影响［J］．商业经济，2004（7）：93-94.

［287］张林．会计盈余功用理论的拓展研究：以盈余质量与资本配置效率为视角［J］．审计与经济研究，2010（1）：47-56，81.

［288］张玲，李祥利，李名威．河北省中小企业会计信息化实施策略研究［J］．会计之友，2009（29）：46-48.

［289］张柳．债务契约期限与盈余管理的实证研究［J］．财会通讯（下），2017（11）：106-110.

［290］张楠．中国区域经济增长差异研究进展与展望［J］．纳税，2018（3）：182，185.

［291］张蕊，王洋洋．公司战略对投资水平与资本配置效率的影响：基于战略性新兴产业的研究［J］．证券市场导报，2019（10）：33-40，72.

［292］张润宇，余明阳．社会资本、债务约束与非效率投资：基于中国上市家族企业数据的分析［J］．管理评论，2020，32（12）：61-77.

［293］张新民．国有企业财务风险管理研究［J］．东方企业文化，2015（4S）：2-6.

［294］张亦春，李晚春，彭江．债权治理对企业投资效率的作用研究：来自中国上市公司的经验证据［J］．金融研究，2015（7）：190-203.

［295］张悦玫，张芳，李延喜．会计稳健性、融资约束与投资效率［J］．会计研究，2017（9）：35-40，96.

［296］张悦玫，张芳．会计稳健性、投资效率与外部融资方式的实证研究［J］．管理评论，2019，31（4）：175-186.

［297］张宗益，郑志丹．融资约束与代理成本对上市公司非效率投资的影响：基于双边随机边界模型的实证度量［J］．管理工程学报，2012，26（2）：119-126.

［298］赵璨，王竹泉，杨德明，等．企业迎合行为与政府补贴绩效研究：基于企业不同盈利状况的分析［J］．中国工业经济，2015（7）：130-145.

［299］赵刚，梁上坤，王玉涛．会计稳健性与银行借款契约：来自中国上市公司的经验证据［J］．会计研究，2014（12）：18-24，95.

［300］赵卿．金融发展、债务治理与上市公司过度投资行为［J］．南方经济，2012（11）：67–79.

［301］郑曼妮，黎文靖，柳建华．利率市场化与过度负债企业降杠杆：资本结构动态调整视角［J］．世界经济，2018，41（8）：149–170.

［302］钟凤英，杨川莹．费用粘性、盈余信息质量与审计溢价［J］．财会通讯，2021（1）：46–50.

［303］周春梅，张慧．盈余质量与资本配置效率的关系研究［J］．宏观经济研究，2009（4）：57–60.

［304］周春梅．盈余质量对资本配置效率的影响及作用机理［J］．南开管理评论，2009（5）：109–117.

［305］周雪峰．商业信用对非效率投资的影响：融资抑或治理［J］．财经论丛（浙江财经大学学报），2014，185（9）：53–59.

［306］周中胜，陈汉文．会计信息透明度与资源配置效率［J］．会计研究，2008（12）：56–62，94.

［307］朱明园．高管薪酬差距、产权性质与非效率投资［D］．大连：东北财经大学，2016.

［308］朱太辉，魏加宁，刘南希，等．如何协调推进稳增长和去杠杆？——基于资金配置结构的视角［J］．管理世界，2018，34（9）：25–32，45.

［309］朱永明，李玲玲．信息披露质量、融资约束与企业投资效率［J］．会计之友，2018（22）：11–17.

［310］朱志标．盈余信息质量、债务期限结构与投资效率［J］．商业研究，2016（12）：24–33.